De même que l'homme s'instruit du dedans par l'usage, il se façonne au dehors par le choc.

PAUL CLAUDEL *(Art poétique)*

C.

Fouillez mon cœur, et si vous y trouvez
Rien autre qu'un désir immortel, jetez-le
au fumier, faites le manger par les cloportes !

Le premier

Non.

C.

Si mon cœur vit ? d'une pensée vile,
Que je ne souille pas plus longtemps de
ma respiration le pôle auguste,
Mais tuez-moi ! que je tombe frappé de mort
sans laisser plus de mémoire que le muguet
ou l'épine !

Le second

L'homme est noble vraiment.
Que ferons-nous ?

Le troisième

Nous soumettrons-nous à lui ? Obéirai-je
donc maintenant, et moi
Renoncerai-je à ma dignité honorable ?

Cassius s'avançant

Personne de vous ne parlera-t-il ? Qui ose
dire : que ferons-nous ? qui ose
Parler de Monsieur lui-même encore ?
Comment ! ils se taisent ! Garderez-vous le silence
Quand les paroles qu'il a dites devraient
d'un applaudissement les saluer !

CLAUDEL

paul-andré lesort

écrivains de toujours/seuil

La voix de Paul Claudel

Me voici,
Imbécile, ignorant,
Homme nouveau devant les choses inconnues,
Et je tourne la face vers l'Année et l'arche pluvieuse, j'ai plein mon cœur d'ennui !
Je ne suis rien et je ne peux rien. Que dire ? que faire ? A quoi emploierai-je ces mains qui pendent ? ces pieds qui m'emmènent comme les songes ?
Tout ce qu'on dit, et la raison des sages m'a instruit
Avec la sagesse du tambour ; les livres sont ivres.
Et il n'y a rien que moi qui regarde, et il me semble
Que tout, l'air brumeux, les labours frais,
Et les arbres et les nuées aériennes,
Me parlent avec un langage plus vague que le ia ! ia ! de la mer, disant :
« O être jeune, nouveau ! qui es-tu ? que fais-tu ?
« Qu'attends-tu, hôte de ces heures qui ne sont ni jour ni ombre,
« Ni bœuf qui hume le sommeil, ni laboureur attardé à notre bord gris ? »
Et je réponds : Je ne sais pas ! et je désire en moi-même
Pleurer, ou crier,
Ou rire, ou bondir et agiter les bras !
« Qui je suis ? » Des plaques de neige restent encore, et je vois

L'auteur de Tête d'Or,
aux environs de sa vingt-cinquième année.

la haie des branches sans nombre
  Produire ses bourgeons, et l'herbe des champs,
  Et les fauves brebillettes du noisetier ! et voici les doux minonnets !
  Ah ! aussi que l'horrible été de l'erreur et l'effort qu'il faut s'acharner sans voir
  Sur le chemin du difficile avenir
  Soient oubliés ! ô choses, ici,
  Je m'offre à vous !
  Voyez-moi, j'ai besoin
  Et je ne sais de quoi, et je pourrais crier sans fin
  Comme piaule le nid des crinches tout le jour quand le père et la mère corbeaux sont morts !
  O vent, je te bois ! ô temple des arbres ! soirée pluvieuse !
  Non, en ce jour, que cette demande ne me soit pas refusée, que je forme avec l'espérance d'une bête [1] *!*

Il faut lire et relire cette page, et à voix haute, au rythme syncopé de ces alinéas qui ne semblent hasardeux que jusqu'à l'instant où le souffle qui leur obéit retrouve du même coup la nécessité et la liberté qui les animent : et voici que retentit la voix même de Paul Claudel, Paul Claudel par lui-même parce que par sa voix même – cette voix qui l'exprime tout entier, cri de désir et fureur, sourd grommellement et rire soudain, peur, véhémence, refus, interrogation incessante, revendication insatiable, tumulte sonore, dont il ne sait si les appels jaillissent d'horizons contraires ou sont échos d'un même chœur obstinément invisible –, la voix de Paul Claudel à vingt ans.

Car cette page, la première de la première version de *Tête d'Or*, est de 1889. Ces plaques de neige qui subsistent, ces haies encore dénudées, ces fleurs du noisetier et ces chatons du saule : nous sommes en mars. Paul Claudel aura vingt et un ans l'été prochain [2]. Voilà déjà plus de deux ans qu'à Notre-Dame de Paris une parole l'a bouleversé, dont la douceur et l'exigence suscitent en lui à la fois, depuis lors,

---
1 Les notes et les références se trouvent à la p. 136 et suivantes.

l'épouvante et l'horreur [1]. *Qui je suis ?* Nulle réponse aujourd'hui, ni de la *raison des sages* pareille au roulement assourdi de la creuse caisse des tambours, ni du vague langage des arbres et des nuées, ni du passé ni de l'avenir, ni des choses auxquelles l'offrande reste vaine. Cébès parle seul, il attend il ne sait quoi. C'est alors que Simon Agnel va entrer, portant sur ses épaules le cadavre d'une femme, puis creusant la terre pour l'y enfouir. Avant que commence l'aventure qui les emportera tous deux, Cébès aux côtés de Simon, et Simon Tête d'Or à la conquête de la gloire sous l'invocation du Soleil, voici le passé qu'il faut ensevelir ; et Tête d'Or à son tour reprend à Cébès, dans la polyphonie intérieure du Claudel de vingt ans, le cri du désarroi mais d'où rejaillit violemment celui du désir, de la conquête et de la puissance [2].

La forme humaine qu'en ce moment le jeune Claudel, partagé entre Cébès et Simon, partagé entre une amère nostalgie et un espoir sans nom, rêve et regrette d'ensevelir, il ne suffit pas de la terre sur son corps pour la faire oublier. Car sans doute elle est aussi quelque chose de lui-même, ne serait-ce que l'ombre dans la mémoire, comme sera aussi quelque chose de lui-même l'autre femme qui apparaît ensuite dans le drame, cette Princesse mystérieuse, *portant un voile comme la joie et la douleur* [3] et que Tête d'Or repousse, mais qui saura l'attendre et, les mains clouées à un arbre, lui être présente jusqu'à la mort.

Tête d'Or au naturel

Ce Paul Claudel de vingt ans, ses amis de l'époque, non plus que les membres de sa famille, ne soupçonnent la crise qu'il est en train de vivre. L'idée de la leur révéler, la nécessité d'avoir peut-être à le faire un jour, lui font horreur [4]. Lorsque, l'année suivante, il publiera son drame, sans nom d'auteur, à ses frais, à cent exemplaires, nul ne verra de rapport entre cette pièce symboliste – où l'on retrouve le ton de l'avant-garde d'alors, la conception mallarméenne du

Mot, des situations à la Maeterlinck [1] – et le débat alors peu croyable d'un retour à une Église catholique qui ne semble plus que le refuge des dévotes et le musée d'un monde fini. Romain Rolland, qui est son ami depuis leur année commune de rhétorique à Louis-le-Grand, donc depuis six ans, lui trouve « une personnalité violente et une sensibilité passionnée jusqu'à la boursouflure », mais il le juge « très superficiel, très incohérent », et pense que « son ennemi personnel, c'est la Métaphysique » ; c'est dans son journal intime du 3 mars 1889 que Romain Rolland note ces impressions, alors que Claudel, Suarès et lui viennent de rentrer à pied, en discutant, du Conservatoire où ils ont entendu ensemble la Messe en ré de Beethoven [2]. Pour sa famille, c'est sans doute un garçon bourru, renfermé et violent comme le sont tous les Claudel [3], qui s'intéresse à la littérature et à la musique tout en achevant sa licence en droit et les Sciences politiques, sans trop savoir encore vers quel concours s'orienter ; en tout cas il sera fonctionnaire, comme son père [4]. Il travaille sérieusement, prépare en ce moment un mémoire consacré à l'impôt sur le thé en Angleterre [5] ; il ira perfectionner son anglais sur place au cours de l'été [6]. S'il se rend de temps en temps aux réunions de poètes que Stéphane Mallarmé préside dans son petit appartement de la rue de Rome, il s'y tient silencieux dans un coin [7]. Politiquement, alors que dans le milieu étudiant, comme partout, règne le nationalisme boulangiste et que Déroulède soulève les foules [8], il sympathise plutôt avec le mouvement anarchiste [9]. Avec sa mère et sa sœur Camille, il vit, 31 boulevard de Port-Royal, au sixième étage sans ascenseur [10]. Sa sœur Louise s'est mariée l'an passé. Son père est conservateur des Hypothèques à Compiègne, où la famille se rend le dimanche : bonne occasion de grandes promenades en forêt [11], pour lui qui aime marcher à pied [12] et qui pendant la semaine fait à travers Paris de longues courses solitaires [13]. Pour les vacances, il suit ses parents, tantôt à La Bresse, dans les Vosges, d'où est originaire la famille paternelle, – tantôt, et c'est le plus souvent, à Villeneuve-sur-Fère-en-Tardenois, dans l'Aisne, où s'est fixée depuis quelques dizaines d'années la famille

L'ancienne grange, aujourd'hui salle de billard.

maternelle : là il retrouve, près de la maison, cette grange où il fait bon se réfugier pour écrire [1], et le verger, et la campagne où marcher encore, la forêt de la Tournelle, les roches du Géyn, et toutes ces fermes, Combernon, Belle-Fontaine, et ces villages, Cœuvres, Violaine... [2]. Ce n'est pas la forêt de Compiègne, ce ne sont pas les rues de Paris, ce n'est pas la vallée vosgienne, ce n'est ni plus agréable ni plus beau, c'est même sinistre quand, si souvent, tombe la pluie obstinément et souffle la tempête [3], – mais c'est là qu'il se retrouve lui-même, car c'est là qu'il a commencé à se faire et à faire.

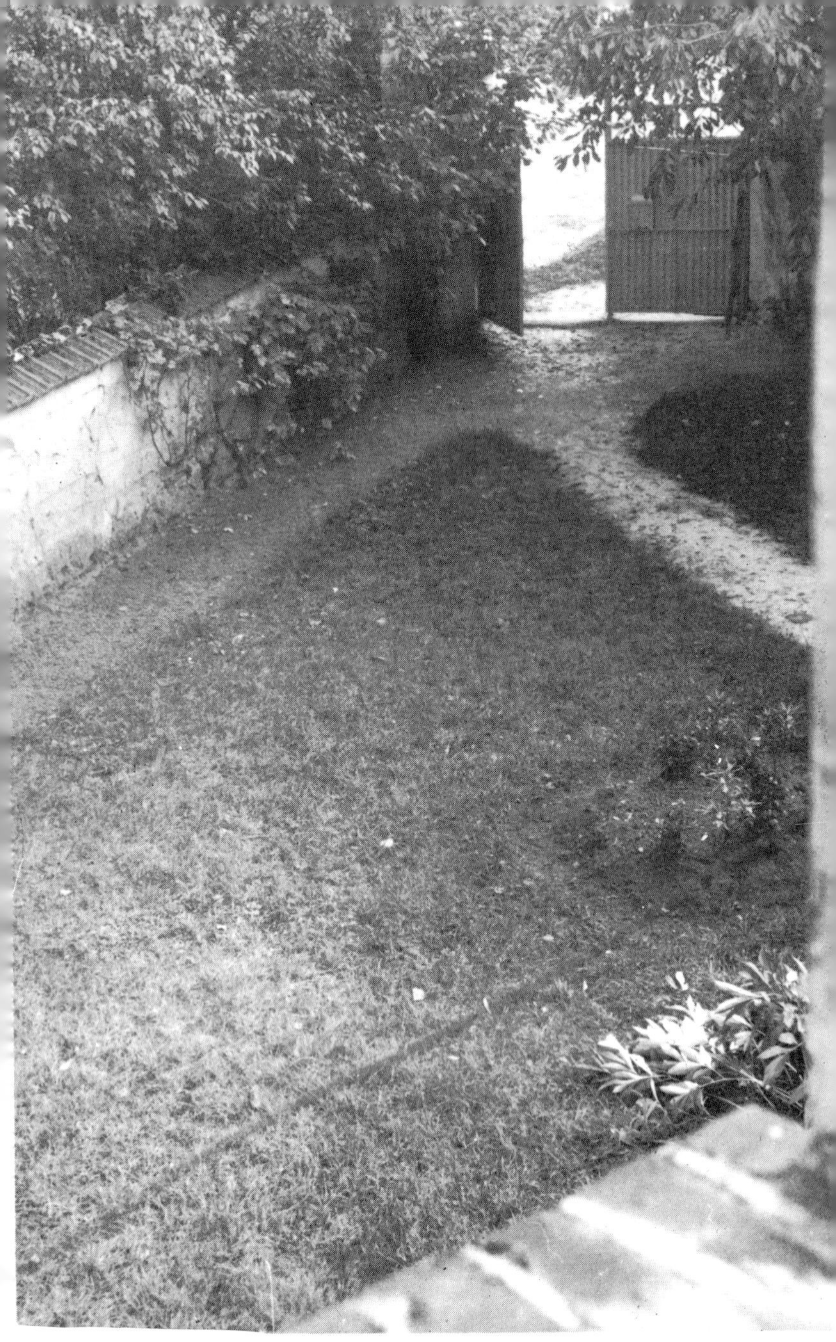

Villeneuve-sur-Fère-en-Tardenois

C'est là qu'il est né, en effet, le 6 août 1868, dans le vieux presbytère désaffecté qui s'adosse à l'église. Est-ce à quatre heures du matin comme l'a inscrit l'état-civil [1] ? Et un jeudi, selon le calendrier ? Ou *un dimanche, par un grand soleil, au moment où sonnaient les cloches de la grand'messe*, comme le dit l'intéressé [2] ? Fut-il baptisé le 8 septembre, fête de la Sainte Vierge, comme il le disait à ses biographes [3] ? Ou le 11 octobre, comme l'assure le registre paroissial [4] ? Dès les premiers instants, voici qu'il y a deux Paul Claudel. Faut-il opposer la réalité et le mythe ? Paul Claudel au naturel et Paul Claudel en poésie ? Paul Claudel par l'histoire et Paul Claudel par lui-même ? L'œuvre, la correspondance, les *Mémoires improvisés*, les témoignages, les données biographiques fourmillent ainsi de contradictions mineures, qui ne relèvent parfois que de l'imprécision ou de l'erreur matérielle, mais qui souvent soulèvent ces questions. Dans son étude sur la conversion de Claudel [5], Henri Guillemin a traqué, avec sa science et sa verve féroces, toutes les amplifications, transpositions, tous les transferts et symboles [6], qui lui permettent, croit-il, de découvrir un vrai Claudel sous le Claudel des poèmes, des drames et des confessions, sous le Claudel de l'œuvre claudélienne. Quelle satisfaction tirerait-on de telles recherches, si Claudel n'était pas un être, mais une chose ! Alors l'avancée vers l'infinitésimal des actes et des humeurs serait une avancée vers la vérité. Mais quel homme a un « vrai » soi-même ? Et si le « vrai » était celui qu'il ne cesse de faire, avec ce qu'il a, bien sûr, mais aussi avec ce qu'il n'a pas ? Et si, non pas le résultat, mais le pétrissement même de toute cette matière avec ce vide était « lui-même » ?

Villeneuve-sur-Fère-en-Tardenois est grain, pâte de cette matière, et ne nous intéresserait nullement s'il ne l'était pas. C'est ce que Claudel en a fait qui importe. Dans l'inconscient, dans le conscient ; dans l'œuvre d'homme, dans l'homme en œuvre, et c'est tout un. C'est tout un parce que c'est fait non de deux Claudel, l'homme tout nu et l'écrivain

De la chambre où naquit Paul Claudel,
le jardin de ses premiers pas.

habillé de verbe, mais d'innombrables Claudel, les véridiques et les fabulateurs, les oublieux et les mémorants, les innocents et les panacheux, les marcheurs et les assis, les avares, les humbles, les comptables et les conquérants, les baptisés d'enfance, les convertis et les païens, et l'on voudrait que Claudel lui-même eût entrepris avec son vocabulaire prodigieux cette énumération indicative. Mais il n'aura nulle envie de se contempler [1] : l'univers et Dieu lui feront matière suffisante.

Villeneuve-sur-Fère-en-Tardenois, c'est la première poignée d'univers que saisit l'enfant Paul Claudel : ce limon, cet *adama*, auquel il appartient mais auquel il doit transmettre son propre souffle pour lui donner une forme.

Car l'entrée dans le monde est simultanément prise sur le monde, la naissance est genèse d'un ordre organique qui se cherche à travers ce qui l'entoure, elle est *co-naissance au monde*, comme le dira l'*Art poétique* [2]. L'enfant ne fait que le pressentir, et c'est l'adulte qui, plus tard, jetant un regard sur son pays, déchiffrera dans les quatre horizons de l'espace les appels intérieurs qui travaillent son être et son œuvre :

Villeneuve, bâti sur une espèce de promontoire, jouit de quatre horizons, tous aussi peuplés pour moi, aussi riches de suggestions et de légendes que ceux de l'Edda. Il y a l'horizon de l'Est, qui est la triste région des bergeries et des plateaux, en proie à tous les mouvements d'une énorme nue toujours en voie de migration, de composition et de décomposition. Il y a le sombre horizon du Sud qui est la forêt de la Tournelle, précédée par la fontaine de la Sibylle (ce n'est que tout récemment que j'ai appris que Sibylle en vieux français signifiait une vieille fille). Il y a l'horizon du Nord qui est le commencement de cette plaine qui s'en va indéfiniment jusqu'à la mer, couverte alternativement de labours et de moissons et que peuplent cent villages aux beaux noms, Saponay, Cramaille, le Grand-Rozoy, Arcy-Sainte-Restitue, sans parler, plus loin du côté de Soissons, de Violaine et de Cœuvres. De ce côté m'appelaient les grandes cathédrales invisibles, Laon, Reims, Soissons. Au premier plan les vieilles fermes de Combernon et de Belle-Fontaine. Et enfin l'horizon de l'Ouest tel qu'on le

Du verger, l'horizon du nord et la ferme de Bellefontaine.

découvre de ce cap où se dressait l'antique pignon de Chinchy : la butte du Géyn, de bruyères et de sable blanc avec ses roches fantastiques, et puis la vallée de l'Ourcq, la trouée vers Paris, vers le monde, vers la mer, vers l'avenir [1] !

Ici la mémoire organise la vision. La mémoire de l'œuvre qui cherche ses sources. Bien souvent la mémoire de Claudel cherchera à repétrir son passé, et on le dirait brûlé par le désir inassouvi de retrouver dans l'argile comme une empreinte originelle dont le temps enfin lui aurait révélé le sens.

C'est ainsi que la plupart de ses drames, chaque fois qu'ils lui reviendront dans les mains, il ne résistera pas au besoin de les malaxer à nouveau. Et parfois la figure qu'il a cru soudain discerner après coup sous l'ébauche en sort en effet plus puissante, plus rayonnante de la force qu'il y avait déposée ; mais parfois aussi il charge l'œuvre antérieure d'un sens qui n'était sans doute pas en jeu dans le travail instinctif, révélateur, de la première création. De la première version de *la Jeune Fille Violaine* en 1892 à la dernière version de *l'Annonce faite à Marie* en 1948, il n'y aura pas moins de cinq drames de Violaine. Il y aura deux *Échange*, deux *Père humilié*, deux *Protée*, deux *Tête d'Or*, deux *Ville*, deux *Soulier de Satin* ; il y aura trois *Partage de Midi*, et, pour tenter de lire dans le premier ce que veut dire le dernier, cette préface de 1948 qui est la vision la plus incompréhensive qu'un créateur puisse donner de son œuvre [1].

C'est à Villeneuve que le jeune Claudel a commencé de percevoir cette communication de toutes choses dans un échange mutuel de signes et de sens. Un texte célèbre, écrit vers 1897, évoquera cet éveil du regard chez l'enfant qui, par dessus les murs séparateurs, domine la campagne du haut d'un arbre du verger [2]. C'est à Villeneuve aussi que se tisse en lui un autre réseau, celui qui fait communiquer les choses d'aujourd'hui à celles d'hier, par *les histoires du vieux temps* que lui raconte une paysanne tout en gardant sa vache [3], par la chronique locale du bourg et des villages des alentours, par la tradition familiale enfin qui s'enracine dans cette terre.

Turelure et Coûfontaine

Louis-Prosper Claudel, son père, est né à La Bresse, dans les Vosges ; son grand-père, Nicolas Claudel, y était receveur-buraliste et débitant de tabac [4]. Louise-Athénaïs Cerveaux, sa mère, appartient par son père à une famille de Goudelancourt, près de Notre-Dame de Liesse, dans l'Aisne [5]. Ce sont ainsi les Vosges et l'Ile-de-France qui se partagent son ascendance. La mère de Louise-Athénaïs, une Thierry, est du Tardenois. C'est donc une double erreur, souvent commise, de

Porche de la ferme de Combernon

voir en Paul Claudel un « paysan champenois ». Athanase Cerveaux, le grand-père maternel, est médecin, et sa femme, née Thierry, est fille d'un marchand de bois qui succède à son père comme maire du village. Paul Claudel est lié au monde paysan, mais comme les juristes de l'ancienne France l'étaient à la noblesse : ils appartenaient à la noblesse de robe, il appartient à la paysannerie de papier. A Fère-en-Tardenois, son père, receveur de l'Enregistrement, est au centre de la toile où se nouent âprement les intérêts du commerce et de la propriété ; et du côté maternel, les Thierry sont de ce milieu rural, mi-serf mi-bourgeois, dont la Révolution de 1789, les affaires de Biens Nationaux, les brassages du premier Empire ont exalté violemment le goût profond pour l'avoir et le pouvoir : c'est de là que sort tout droit le Toussaint Turelure de *l'Otage* et du *Pain dur* [1]. Paul Claudel aimera assez dire qu'il se sent proche de Turelure [2]. Il pense l'être par la violence de l'humeur, mais peut-être l'est-il plus encore par une certaine alliance secrète entre le besoin du risque et celui de l'ordre, un désir de balancer en toutes choses le débit et le crédit, un amour de la comptabilité, du contrat, des catégories juridiques : dans *l'Échange*, le titre est à prendre au pied de la lettre, et Claudel fera grand éloge du « côté pratique » de Thomas Pollock Nageoire [3]. Son langage, dans les écrits les plus lyriques et jusqu'en pleine théologie, déborde d'images monétaires, bancaires, procédurières [4] ; et l'*Art poétique* n'hésite pas à y puiser bien des analogies pour éclairer les rapports de l'homme et de l'univers [5].

Dans *l'Otage*, pas plus que Toussaint Turelure, figure de la Révolution, ne représente le désordre, Sygne de Coûfontaine ne représente la sainte hiérarchie des castes. Là-dessus les contemporains ont pu se tromper et les interprétations de Claudel ont d'ailleurs varié, ce qui est tant mieux [6]. Sygne de Coûfontaine, même si elle représente un certain « ordre ancien », est aussi une sorte de figure qu'on pourrait appeler végétale, parce que tenant au sol de toutes ses racines : le fief de Coûfontaine, ce terroir du Tardenois, elle n'en tire pas seulement son nom, mais en même temps sa sève, et sa vie [7]. L'arrachement qui lui est demandé, cette greffe sur l'arbre des Turelure, est pour elle une épreuve à laquelle on ne comprendrait rien en n'y voyant qu'une mésalliance. Sygne de Coûfontaine ressemble à Mnémosyne dont il est dit, dans la première des *Cinq Grandes Odes, les Muses* :

Elle écoute, elle considère.
Elle ressent (étant le sens intérieur de l'esprit),

Pure, simple, inviolable ! elle se souvient.
Elle est le poids spirituel. Elle est le rapport exprimé par un chiffre très beau. Elle est posée d'une manière qui est ineffable. Sur le pouls même de l'Être [1] *!*

Aussi le drame de *l'Otage* est-il autant celui de la mémoire et du désir que de la possession et du dépouillement, de la stabilité et de l'arrachement. La terre du Tardenois d'où il jaillit, c'est bien la substance de Claudel.

Ce qui n'interdit pas d'accueillir d'autres représentations du conflit qui ont frappé l'imagination du jeune Claudel parce qu'elles étaient liées à cette terre du Tardenois : l'histoire du garçon voué à la prêtrise par ses parents (ce serait celle du grand-oncle Cerveaux, curé de Villeneuve)[2], l'épisode des aïeux cachant un prêtre sous la Révolution [3], le souvenir du duc de Coigny, propriétaire de La Tournelle et héros d'un grand procès sous Louis-Philippe [4], les récits du pèlerinage de Liesse (immense voyage, aux yeux de l'enfant [5], et qui préfigure celui d'Anne Vercors à Jérusalem), les légendes autour de la fontaine de la Sibylle et des roches du Géyn [6], la vision de la route de Reims où serait passée Jeanne d'Arc pour aller faire sacrer le dauphin [7] ; et, pour nouer le tout, la tradition, peut-être tardive, peut-être gratuite, mais si riche de rêves, qui fait épouser à l'ancêtre Thierry, le marchand de bois, une fille de la famille de Vertus, qui descendrait de Louis d'Orléans [8] et se rattacherait donc au poète Charles d'Orléans et à Dunois, le compagnon de Jeanne d'Arc!

Paul Claudel n'est âgé que de deux ans, pourtant, quand il quitte Villeneuve-sur-Fère pour Bar-le-Duc où son père reçoit un nouveau poste. Mais l'enfouissement des premiers souvenirs sous les ans ne les fait que mieux germer. Et l'enfant reviendra bien souvent pour les vacances dans la maison qu'habite toujours le grand-père, Athanase Cerveaux. C'est dans cette maison que celui-ci agonisera, en la présence de son petit-fils horrifié, âgé de treize ans [9]. Plus tard, c'est là que le jeune consul, entre deux séjours à l'étranger, ira chercher la solitude ; à trente-sept ans, dans une période douloureuse, c'est là qu'il écrira *Partage de Midi* [10].

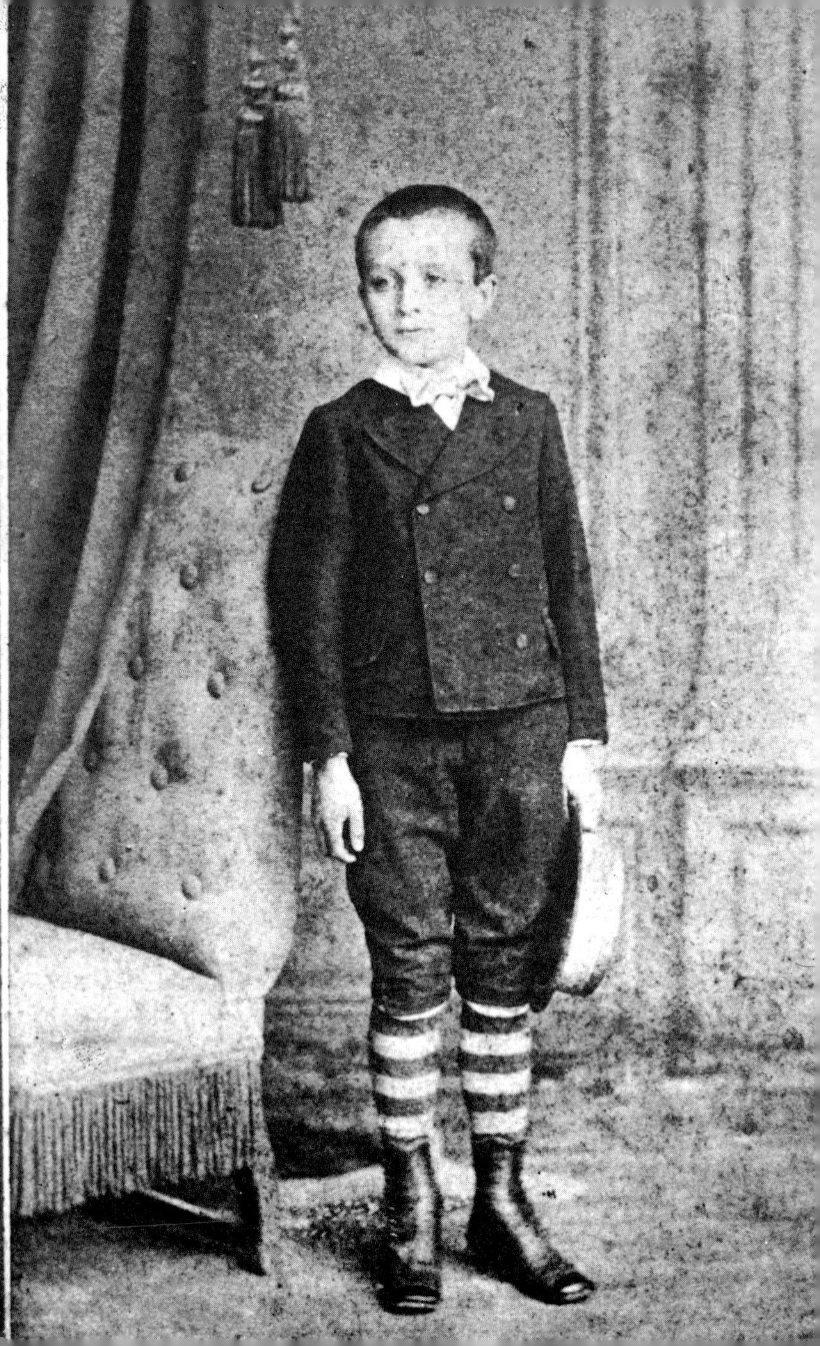

Taine-et-Renan

A Bar-le-Duc, après deux années chez les sœurs de la Doctrine chrétienne, Paul Claudel entre au lycée, en classe primaire, à sept ans. Puis, son père étant nommé à Nogent-sur-Seine, il y reçoit les leçons d'un précepteur. A onze ans, c'est le collège municipal, à Wassy, où Louis-Prosper Claudel est devenu conservateur des Hypothèques. Enfin, à douze ans, voici Paris, où la mère et les trois enfants s'installent, sur un coup de tête de Camille qui veut étudier la sculpture ; le père suivra de loin, à Rambouillet d'abord, puis à Compiègne ; Paul Claudel entre à Louis-le-Grand, et se présente au baccalauréat deux ans plus tard, à l'automne, juste après ses quinze ans ; malgré un premier prix de discours français (que Renan lui a remis de ses mains, au mois d'août 83 [1]) il échoue à l'examen, mais recommence l'année suivante avec succès, termine sa philosophie au moment d'avoir dix-sept ans, puis aborde la licence en droit [2].

Ce qu'ont été pour lui ses parents, nous ne le savons guère. Les quelques lettres de son père, d'ailleurs tardives, ne laissent pressentir aucune intimité [3]. Quelques indications dans les *Mémoires improvisés* [4] ; quelques lignes dans des lettres à Frizeau, à Gide, à Suarès, au moment de la mort de son père [5] ; et dans des lettres à Frizeau et à sœur du Sarment lors de la mort de sa mère [6] ; un passage des *Conversations dans le Loir-et-Cher* qui décrit sûrement son père [7] ; une note atroce, enfin, dans le *Journal* de mars 1913 [8]; voilà pour le témoignage direct. Mais dans l'œuvre ? Rien de plus conventionnel, parmi les personnages de son théâtre, que ceux des parents de Violaine (c'est presque le trait le plus constant des versions successives, de *la Jeune Fille* à *l'Annonce*) ; rien de plus amer que les rapports de Turelure avec son fils Louis, dans *le Pain dur ;* ni de plus extérieur que ceux de Sichel et de sa fille Pensée dans *le Père humilié* [9] ; les autres pièces ne connaissent ni père ni mère [10].

Paul Claudel s'est fait dans la solitude. Cette solitude le marquera toute sa vie [11]. Ses premières lectures, il semble les

19

A Nogent, vers sa dixième année.

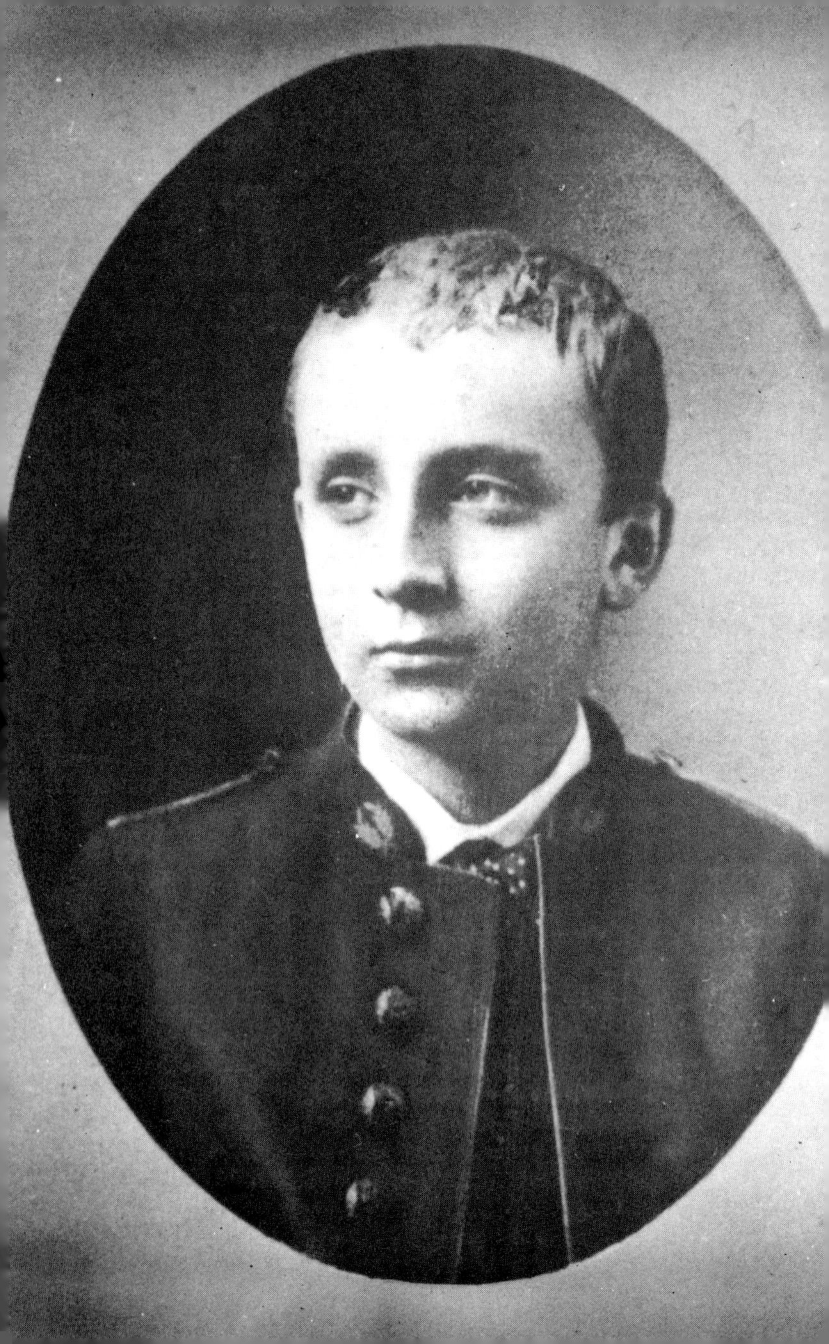

devoir au hasard, à part quelques morceaux choisis lus par son précepteur quand il avait huit ans [1] ; les romans de Victor Hugo, *la Joie de vivre* de Zola, dévorés entre douze et seize ans [2], la *Vie de Jésus* de Renan [3], surtout, lui donnent une vision du monde désespérée mais qu'il ne communique à personne ; le souvenir de l'agonie de son grand-père le hante [4]; tout cela fermente en lui au cours des longues marches à travers rues et forêts ; les premiers poèmes, qui sont liés encore à cette période, débordent d'une extrême amertume [5]. De l'école des sœurs, à Bar, et du catéchisme de Wassy, il ne reste qu'une vision d'images d'Épinal [6], de processions à bannières [7], et d'une cérémonie de communion qui a marqué le terme en même temps de l'enfance et des « pratiques religieuses [8] ». A Louis-le-Grand, il s'enfonce à la fois dans le pessimisme et dans la révolte. Tout lui est intolérable : la mort et la vie, la camaraderie et la solitude, l'autorité et l'esprit critique. Plus tard, se penchant sur ce passé, sera-t-il injuste en tenant pour responsables de son désespoir non seulement les philosophies régnantes, le positivisme, le déterminisme, mais les hommes qui les incarnent à ses yeux, Taine et Renan [9], qu'il traitera alors de *poison* et de *pourriture* [10] ? On serait tenté de croire qu'il a noirci le tableau pour mieux faire briller la lumière qui lui fera contraste et qu'il a exagéré la puissance des maîtres. Pourtant, ce n'est pas Claudel, c'est Thibaudet qui notera : « Durant les trente dernières années du XIXe siècle, le tétrasyllabe Taine-et-Renan rendait dans la langue des lettres un son indivisible comme Tarn-et-Garonne. C'était le nom de deux maîtres, associés et complémentaires, d'une génération ; le nom d'une magistrature collégiale [11]. » Ce mécanisme, ce matérialisme, qu'engendre alors la foi toute neuve dans la Science, ce n'est pas non plus Claudel qui leur prête un caractère absolu : c'est Zola qui en 1879 écrit : « Il n'y a pas de principes ; il n'y a que des lois (...) nous n'acceptons pas le libre arbitre (...) l'homme n'est pour nous qu'une machine animale agissant sous l'influence de l'hérédité et du milieu [12]. » Et si l'on cherche un témoignage direct sur l'atmosphère du lycée Louis-le-Grand en ces années où Paul Claudel y fait ses classes, voici ce qu'écrit Romain

---

A Louis-le-Grand, tel que Renan le couronna.

Rolland dans *le Voyage intérieur* : « Je ne puis dire à quel point les esprits de ceux qui m'entouraient, maîtres et camarades, toute l'atmosphère morale de Paris, vers 1880, étaient déicides [1]. » Et dans ses *Mémoires* : « L'atmosphère malsaine du lycée, cette caserne d'adolescents en rut, la fermentation du Quartier Latin, la fièvre gluante des rues, la Ville hallucinée, me soulevaient le cœur. (...) La lutte pour la vie commençait, implacable, imposée sur les épaules débiles d'un petit bonhomme de quatorze ans. Aucun étai où s'appuyer. Le peu de foi de province, écroulée. Les gamins de ce temps crachaient dessus. Même nos professeurs (certains, et non les moindres) faisaient rire à ses dépens. Un positivisme matérialiste, plat et gras, étalait son huile rance sur l'étang aux poissons. Le petit jeté à l'eau, dans l'eau sale, qui l'écœure, n'ose pas, de dégoût, appeler au secours (quel secours ?), ferme la bouche, et meurt [2]... »

Mais Paul Claudel ne veut pas mourir. Et il vomit. Il vomit tout à la fois, la civilisation avec la Ville [3], les classiques avec les romantiques [4], Racine et Corneille avec Hugo [5], Kant avec Auguste Comte, la critique biblique avec Renan [6], l'histoire avec Taine [7], l'évolutionnisme avec Darwin [8], et le devenir, et le progrès, et la contingence, et la nécessité [9]... Plus tard, au voyageur par ailleurs intrépide cette nausée interdira l'accès de bien des mondes ; parfois il finira par la dominer (il retrouvera Racine et Hugo [10], mais non pas Corneille ni Stendhal ni Zola [11]) ; parfois elle continuera de le tenir aux entrailles, et c'est l'histoire de son débat forcené, sans issue, contre la critique historique en exégèse, contre l'évolution en cosmologie. Mais pour l'instant il suffoque et désespérément il cherche de l'air : ce que, d'après Romain Rolland, il nommerait Amour, Désir, Flamme, Vie [12], et qui en réalité n'a pas de nom, et dont seules lui apportent des bouffées une certaine musique, celle de Beethoven et de Wagner [13], une certaine poésie, celle d'Eschyle [14], de Shakespeare [15] et de Baudelaire [16], et tout d'un coup celle de Rimbaud.

Au balcon du boulevard de Port-Royal, en 1886 ou 87
(devant lui, son père et sa sœur Camille ; en avant, sa mère et sa sœur Louise).

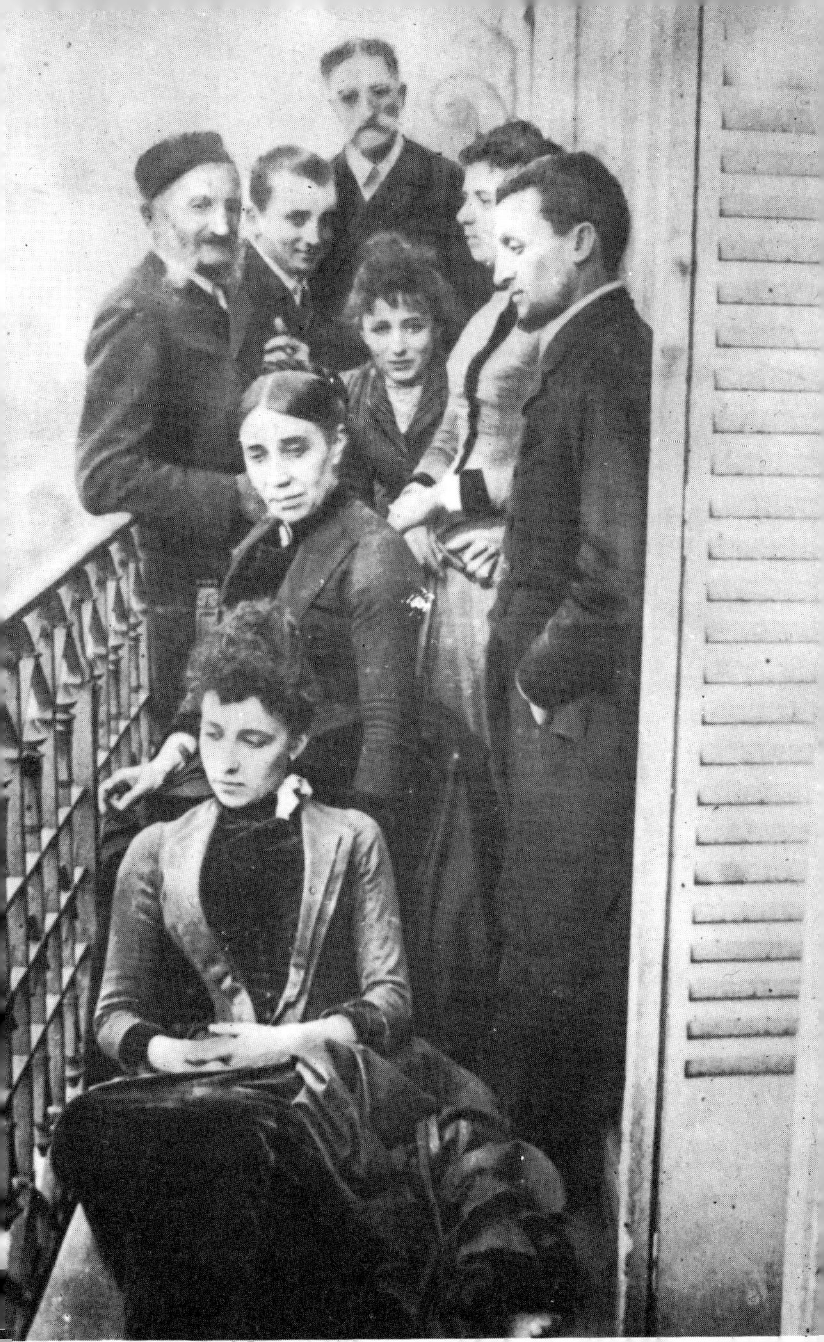

la Vogue

Et vogue la galère !

PRIX : 50 CENTIMES

I. — M. ARTHUR RIMBAUD : *Les Illuminations.*
II. — M. GUSTAVE KAHN : *Mélopées.*
III. — M. LÉO D'ORFER : *Médailles*, Jean Moréas
(*Portrait*, par M. DAVID ESTOPPEY.)
IV. — M. CHARLES VIGNIER : *Rondel.*
V. — M. LE COMTE DE VILLIERS DE L'ISLE ADAM :
L'Ève Future.
VI. — M. STUART MERRILL : *Flûte.*
VII. — *Les Livres : Croquis Parisiens.*

BUREAUX
41, RUE DES ÉCOLES, A PARIS
Librairie J. Barbou:

Arthur Rimbaud

Je me rappellerai toujours cette matinée de juin 1886 où j'achetai cette petite livraison de la Vogue *qui contenait le début des* Illuminations. *C'en fut vraiment une pour moi. Je sortais enfin de ce monde hideux de Taine, de Renan et des autres Moloch du dix-neuvième siècle, de ce bagne, de cette affreuse mécanique entièrement gouvernée par des lois parfaitement inflexibles et pour comble d'horreur connaissables et enseignables. (Les automates m'ont toujours inspiré une espèce d'horreur hystérique). J'avais la révélation du surnaturel* [1].

Est-ce d'abord le surnaturel qui lui a donné ce coup au cœur ? Je croirais plutôt que c'est d'abord la fraternité. Paul Claudel a nommé *séminale et paternelle* [2] cette action de Rimbaud sur lui ; parole d'amour et de respect, qui témoigne

Visages de Rimbaud, dans le cabinet de travail du boulevard Lannes.

d'une reconnaissance du sang : ce qu'il a soudain entendu clamer, c'est la même voix qui en lui grondait étouffée. Il s'est reconnu fils de la même famille invisible, arbre de la même semence. Tous deux solitaires, tous deux assoiffés, tous deux enfouis par leurs racines dans la même terre durcie et comme tirés par toutes leurs branches vers un monde inconnu : « La force et l'amour que nous, debout dans les rages et les ennuis, nous voyons passer dans le ciel de tempête. (...) O fécondité de l'esprit et immensité de l'univers [1] ! » Et quelques mois plus tard, lisant *Une saison en enfer* [2] : « Je m'aperçois que mon esprit dort. S'il était bien éveillé toujours à partir de ce moment, nous serions bientôt à la vérité, qui peut-être nous entoure avec ses anges pleurant ! (...) O pureté ! pureté ! C'est cette minute d'éveil qui m'a donné la vision de la pureté ! Par l'esprit on va à Dieu ! Déchirante infortune [3] ! » Ce ne sont peut-être pas tellement ces mots-là, ou tels autres, si souvent cités, et par Claudel lui-même, « Dure nuit ! Le sang séché... », « Le combat spirituel [4]... », qui lui sont une révélation, mais leur bruissement sauvage, ce même souffle qui les brasse, et qui ranime on ne sait quels pouvoirs endormis, on ne sait quels sens à travers les cinq sens de la chair. Paul Claudel croit rester le même, en état *d'asphyxie et de désespoir* [5]. Il ne sait pas que maintenant il sait respirer.

Noël 1886

Tel était le malheureux enfant qui, le 25 décembre 1886, se rendit à Notre-Dame de Paris pour y suivre les offices de Noël. Je commençais alors à écrire et il me semblait que dans les cérémonies catholiques, considérées avec un dilettantisme supérieur, je trouverais un excitant approprié et la matière de quelques exercices décadents. C'est dans ces dispositions que, coudoyé et bousculé par la foule, j'assistai, avec un plaisir médiocre, à la grand'messe. Puis, n'ayant rien de mieux à faire, je revins aux vêpres. Les enfants de la maîtrise en robe blanche et les élèves du petit séminaire de Saint-Nicolas-du-Chardonnet qui les assistaient, étaient en train de chanter ce que je sus plus tard être le Magnificat. J'étais moi-même debout dans la foule, près du second pilier à l'entrée du chœur à droite du côté de la sacristie. Et c'est alors que se produisit l'événement qui domine toute ma vie. En un instant mon cœur fut touché et je crus. Je crus, d'une telle force d'adhésion, d'un tel soulèvement de tout mon être, d'une conviction si puissante, d'une telle certitude ne laissant place à aucune espèce de doute, que, depuis, tous les livres, tous les raisonnements, tous les hasards d'une vie agitée, n'ont pu ébranler ma foi, ni, à vrai dire, la toucher. J'avais eu tout à coup le sentiment déchirant de l'innocence, l'éternelle enfance de Dieu, une révélation ineffable. En essayant, comme je l'ai fait souvent, de reconstituer les minutes qui suivirent cet instant extraordinaire, je retrouve les éléments suivants qui cependant ne formaient qu'un seul éclair, une seule arme, dont la Providence divine se servait pour atteindre et s'ouvrir enfin le cœur d'un pauvre enfant désespéré : « Que les gens qui croient sont heureux! Si c'était vrai, pourtant ? C'est vrai ! Dieu existe, il est là. C'est quelqu'un, c'est un être aussi personnel que moi ! Il m'aime, il m'appelle. » Les larmes et les sanglots étaient venus et le chant si tendre de l'Adeste ajoutait encore à mon émotion. Émotion bien douce où se mêlait cependant un sentiment d'épouvante et presque d'horreur ! Car mes convictions philosophiques étaient entières. Dieu les avait laissées dédaigneusement où elles étaient, je ne voyais rien à y changer, la religion catholique me semblait toujours le même trésor d'anecdotes absurdes, ses prêtres et les

Le second pilier à l'entrée du chœur à droite

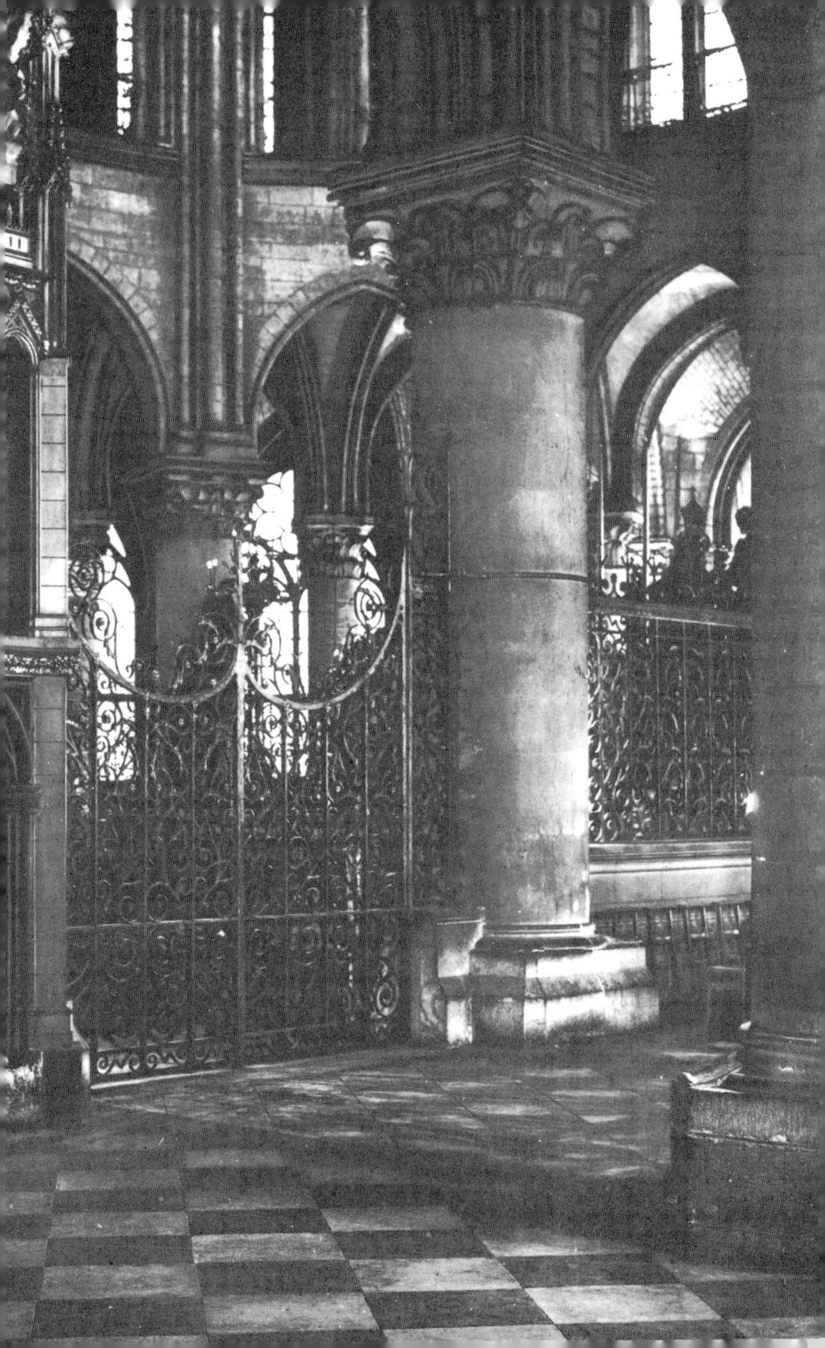

fidèles m'inspiraient la même aversion qui allait jusqu'à la haine et jusqu'au dégoût. L'édifice de mes opinions et de mes connaissances restait debout et je n'y voyais aucun défaut. Il était seulement arrivé que j'en étais sorti. Un être nouveau et formidable avec de terribles exigences pour le jeune homme et l'artiste que j'étais s'était révélé que je ne savais concilier avec rien de ce qui m'entourait. L'état d'un homme qu'on arracherait d'un seul coup de sa peau pour le planter dans un corps étranger au milieu d'un monde inconnu est la seule comparaison que je puisse trouver pour exprimer cet état de désarroi complet. Ce qui était le plus répugnant, à mes opinions et à mes goûts, c'est cela pourtant qui était vrai, c'est cela dont il fallait bon gré, mal gré, que je m'accommodasse. Ah! Ce ne serait pas du moins sans avoir essayé tout ce qu'il m'était possible pour résister.

Cette résistance a duré quatre ans. J'ose dire que je fis une belle défense et que la lutte fut loyale et complète. Rien ne fut omis. J'usai de tous les moyens de résistance et je dus abandonner l'une après l'autre des armes qui ne me servaient à rien. Ce fut la grande crise de mon existence, cette agonie de la pensée dont Arthur Rimbaud a écrit : « Le combat spirituel est aussi brutal que la bataille d'hommes. Dure nuit! le sang séché fume sur ma face! » Les jeunes gens qui abandonnent si facilement la foi ne savent pas ce qu'il en coûte pour la recouvrer et de quelles tortures elle devient le prix. Le pensée de l'Enfer, la pensée aussi de toutes les beautés et de toutes les joies, dont, à ce qu'il me paraissait, mon retour à la vérité devait m'imposer le sacrifice, étaient surtout ce qui me retirait en arrière.

Mais enfin, dès le soir même de ce mémorable jour à Notre-Dame, après que je fus rentré chez moi par les rues pluvieuses qui me semblaient maintenant si étranges, j'avais pris une bible protestante qu'une amie allemande avait donnée autrefois à ma sœur Camille, et pour la première fois j'avais entendu l'accent de cette voix si douce et si inflexible qui n'a cessé de retentir dans mon cœur. Je ne connaissais que par Renan l'histoire de Jésus, et, sur la foi de cet imposteur, j'ignorais même qu'il se fût jamais dit le Fils de Dieu. Chaque mot, chaque ligne démentait, avec une simplicité majestueuse, les impudentes affirmations de l'apostat et me dessillait les yeux. C'est vrai, je l'avouais avec le Centurion, oui, Jésus était le Fils de Dieu. C'est à moi, Paul, entre tous, qu'il s'adressait et il me promettait son amour. Mais en même temps, si je ne le suivais, il ne me laissait d'autre alternative que la damnation. Ah, je n'avais pas besoin qu'on m'expliquât ce qu'était l'Enfer et j'y avais fait ma « Saison ». Ces quelques heures m'avaient suffi pour me montrer que l'enfer est partout où n'est pas Jésus-Christ. Et que m'importait le reste du monde auprès de cet être nouveau et prodigieux qui venait de m'être révélé[1] *?*

Ce texte date de 1913. Vingt-sept ans après l'événement. Et au moment où Paul Claudel se décide à l'écrire, sur les instances du directeur d'une revue religieuse[2], il lui est *très pénible* de le faire... *et il y a des choses plus importantes qu'un sentiment de pudeur :* c'est à André Gide qu'il confie cet aveu[3]. Le temps passé entre l'événement et le récit a-t-il coloré, grossi, simplifié la réalité ? Une lettre de 1904, à Gabriel Frizeau qu'il désire *ramener à la vérité et à la joie,* montre qu'alors déjà la mémoire de cette minute de Noël est fixée : *J'assistai aux vêpres à Notre-Dame, et j'eus la révélation en écoutant le* Magnificat *d'un Dieu qui me tendait les bras*[4]. Puis, en 1906, la troisième ode, qui s'intitule, justement, *Magnificat :*

O les longues rues amères autrefois et le temps où j'étais seul et un !
La marche dans Paris, cette longue rue qui descend vers Notre-Dame !
Alors comme le jeune athlète qui se dirige vers l'Ovale au milieu du groupe empressé de ses amis et de ses entraîneurs,
Et celui-ci lui parle à l'oreille, et, le bras qu'il abandonne, un autre rattache la bande qui lui serre les tendons,
Je marchais parmi les pieds précipités de mes dieux !
Moins de murmures dans la forêt à la Saint-Jean d'été,
Il est un moins nombreux ramage en Damas quand au récit des eaux qui descendent des monts en tumulte
S'unit le soupir du désert et l'agitation au soir des hauts platanes dans l'air ventilé,
Que de paroles dans ce jeune cœur comblé de désirs !

O mon Dieu, un jeune homme et le fils de la femme vous est plus agréable qu'un jeune taureau !
Et je fus devant vous comme un lutteur qui plie,
Non qu'il se croie faible, mais parce que l'autre est plus fort.
Vous m'avez appelé par mon nom
Comme quelqu'un qui le connaît, vous m'avez choisi entre tous ceux de mon âge.
O mon Dieu, vous savez combien le cœur des jeunes gens est plein d'affection et combien il ne tient pas à sa souillure et à sa vanité !
Et voici que vous êtes quelqu'un tout à coup !
Vous avez foudroyé Moïse de votre puissance, mais vous êtes à mon cœur ainsi qu'un être sans péché.
O que je suis bien le fils de la femme ! car voici que la raison, et la leçon des maîtres, et l'absurdité, tout cela ne tient pas un rien
Contre la violence de mon cœur et contre les mains tendues de ce petit enfant [1] *!*

Nous n'en saurons pas plus. Mais de qui savons-nous plus, sur de tels instants décisifs où tourne une destinée [2] ? Le poème se suffit, parce qu'il est à l'image de l'instant : pur jaillissement de l'être, chaos de l'émerveillement, rumeur de l'existence que perce un cri soudain. Le récit de 1913, par contre, s'il était celui d'un personnage de drame ou de roman, pas un critique qui ne ferait la moue devant la brusquerie, l'invraisemblance, la gratuité trop commode de la brisure qui le marque : et sans doute Claudel lui-même, dont tous les personnages ont une cohérence, non certes psychologique ou rationnelle, mais dramatique et pragmatique. La seule représentation qu'il ait tentée de cet instant, dans la première *Ville*, a disparu de la seconde. La conversion n'est pas théâtrale. La vocation, au contraire, peut se faire jour, s'obscurcir, s'éclairer, à travers les gestes des êtres et la présence des choses (le lépreux de Violaine, le pape de Sygne, le soulier de Prouhèze). L'imaginaire a besoin des vraisemblances, qui sont les pièces à conviction de son procès. Le récit de 1913 n'en cherche pas. Il ne peut que dire, constater, et ce ne sont pas la vie ni l'œuvre qui éclairent l'*instant*, mais c'est l'instant, irréductible, qui éclaire la vie et l'œuvre [3].

Le combat spirituel

Car l'œuvre est commencée. Et rien ne montre mieux l'étendue de la conquête qui reste à faire que les premiers textes de Claudel. L'*instant* n'est qu'une semence, et il reste toute la terre de l'homme à défricher ; celle de Claudel est sauvage et dure. Elle est ingrate. Que le poème *Pour la messe des hommes* [1], antérieur de quelques mois à ce Noël 86, évoque étrangement le Fils de Dieu, c'est avec une sombre nostalgie de l'impossible [2]. Dans *Ce qui n'est plus* [3], *le Sombre Mai* [4], *Larmes sur la joue vieille* [5] (tous trois datés de 87, et donc écrits ou récrits l'année après l'événement) il n'y a pas trace de cette nostalgie-là ; s'il y a appel, c'est languissamment vers *les Princesses aux yeux de chevreuil* [6] ; s'il y a certitude, c'est de *la Mort qui vient bientôt, la dame au front baissé* [7]. Le *Fragment d'un drame* (reste de *Une mort prématurée*, écrit en 1888 et détruit avant 1891) [8] ne parle que de *nuit*, de *douleur*, de *larmes*, de *honte*, et de *dormir dans le sommeil du sang et de la mort* [9]. Quant à la première pièce complète, *l'Endormie*, que Claudel sur le tard aimera dater de 1883 (il l'aurait écrite à quatorze ans [10]) et qui est probablement de 87 [11], c'est une farce, mais une farce contre soi-même, où le gros rire hargneusement pourchasse le rêve : le *Faune* de Mallarmé a pu fournir au jeune Claudel l'occasion de cette satire, mais ce n'est pas seulement le monde des faunes et des nymphes, ce ne sont pas seulement l'ivresse verbale et le désir amoureux qu'il faut rendre illusions grotesques, c'est la poésie elle-même, c'est la recherche au fond de la nuit d'un amour caché, c'est le désir tout court. Le désir, que Paul Claudel, un an ou deux plus tard, ne pouvant plus le moquer, le découvrant plus grand que jamais, donnera pour maître et pour sauveur à ce Cébès angoissé qui interrogeait l'horizon : car Tête d'Or, c'est le désir :

Fouillez mon cœur ! et si vous y trouvez
 Rien d'autre qu'un désir immortel, jetez-le au fumier,
faites-le manger par les cloportes [12] *!*

Aller jusqu'au bout du désir, parce qu'*il y a dans l'homme un besoin de bonheur épouvantable et il faut qu'on lui donne son aliment ou il dévorera tout comme un feu* [1] *!* – telle est maintenant l'entreprise (faut-il dire désespérée ? Non, car elle brûle de ce noir espoir de tout atteindre) dans laquelle se jette une âme qui refuse la malédiction de la mort. Mais s'il est possible, et nécessaire, de nommer le désir, en évoquant *Tête d'Or*, il faut bien se garder de faire de chacun des personnages du drame le symbole, et pire encore l'allégorie, des sentiments, des idées, et des forces, que les œuvres ultérieures ont magnifiés. Que Claudel l'ait tenté lui-même ne surprendra pas. Car c'est d'un même mouvement qu'à chaque époque il cherche à dégager du monde obscur du possible les figures de ses drames, et à lire dans les figures antérieures le sens qui les subordonne à l'unité de l'œuvre en cours. Cette unité existe ; mais ce n'est pas celle d'un édifice, c'est celle d'un arbre.

Si Claudel, dès 1891, écrit à Mockel que *Cébès est l'homme ancien par rapport à l'homme nouveau*, et que *la Princesse représente toutes les idées de douceur et de suavité : l'âme, la femme, la Sagesse, la Piété* [2], c'est offrir de ses personnages une image dont la complexité reste sauvegardée par l'ampleur ou la multiplicité des composantes symboliques. S'il écrit à Byvanck, en 1894, que Tête d'Or est *l'homme qui explore le monde avec le feu et l'épée pour voir si vraiment ce grand monde contient quelque chose qui le satisfasse et qui ne le trouve pas* [3], c'est déjà projeter sur la conclusion du drame ce qui fut son écho dans la vie de Claudel quelques mois après : sa confession, sa « réconciliation », de décembre 90. Mais si, soixante ans plus tard, il fait de la marche de Tête d'Or vers le soleil une poursuite de *la Cause*, et qu'à la Princesse devenue médiatrice de ce soleil il fait dire : *Je suis l'Église catholique* [4], alors il tranche lui-même dans les racines de l'arbre. Bien en vain. Car l'image de l'Église qui s'est formée dans l'œuvre claudélienne, comme toutes les autres, doit son suc à de longues maturations : il fallait que l'arbre croisse, que la sève y monte, que la lumière le travaille, et qu'il puise dans le monde autour de lui et dans ses profondeurs la substance que transforme la vie.

Tout est Claudel dans *Tête d'Or :* Cébès, et Simon, et la Princesse, et le Caucase, et le Soleil. Tout est voix entendue au fond de Claudel : voix de Cébès solitaire, voix de Simon parlant à Cébès, voix des dieux inconnus résonnant en Simon, voix de la Princesse s'adressant à Simon. Tout est simultanément désir au cœur de Claudel : silence et tumulte, offrande et conquête, solitude et amour, dévastation et consécration. Tout cela est Claudel, parce que tout cela est incommensurablement plus vaste que Claudel mais qu'il y plonge et qu'il y puise de toutes parts, et qu'à ces voix toutes mêlées d'une bataille sauvage, d'un univers en éruption, il donne sa propre voix, son verbe.

Le langage de Claudel est né de cette écoute passionnée des souffles qui traversent un être, de cette attention à la respiration du monde, de cet amour de la parole où viennent alterner l'aspiration de toutes choses à la conscience humaine et leur expiration intelligible sous la pression de l'esprit [1]. Que l'imitation formelle du verset biblique s'y soit alors mêlée, c'est peu probable [2]. Dans *Tête d'Or,* c'est l'instinct qui cherche et qui parle. *Le vers sert à représenter le rapport inexplicable de l'instinct muet et du mot proféré,* écrit Claudel en 1891 [3]. Et c'est en 1890, immédiatement après *Tête d'Or,* au premier acte de la première version de *la Ville,* que Claudel fait dire à Ly, ce personnage qui semble souffrir d'un tourment si pareil à celui de Cébès :

Je ne parle pas selon ce que je veux, d'abord le souffle m'est enlevé !

Et de nouveau, de l'existence de la vie se soulève le désir de respirer !

Et j'absorbe l'air, et le cœur profond, baigné,
Il dit, et je restitue une parole ;
Et alors je sais ce que j'ai dit. Et telle est ma joie [4] *!*

Sept ans plus tard, Claudel développera ce thème, en le prêtant à Cœuvre, dans la seconde version de *la Ville* [5] (si différente de la première), et ce développement portera alors la marque de la poétique théorisée qu'exposera ultérieurement le *Traité de la co-naissance* [6]. Mais la première version de *la*

Ville a pour source même, en Claudel, cette exaltation de la parole comme respiration de la vie, dans la violence du désir et dans l'obscurité de l'intention. Le jaillissement des voix y est plus brutal encore que dans *Tête d'Or*, et elles sont si nombreuses que ce n'est plus le *ramage en Damas* mais la cacophonie des émeutes. Trente personnages, sans compter les comparses, combattent les uns contre les autres, et ce n'est plus aux lointains espaces de l'Europe orientale, mais dans l'étroite chaudière de Paris où bouillonne et tressaille le peuple sous les appels entrecroisés de Besme et du néant, de Thalie et de l'amour féminin, de Ly et de la poésie, d'Avare et de la haine, de Cœuvre et de la joie, de Bavon et de la justice, de Ligier et de la peur, et de tous les appétits, angoisses, volontés, espoirs, répulsions que soulève le destin de la Ville – une Ville qui, bien sûr, est celle où Claudel avait la sensation d'étouffer [1], mais qui surtout est son être même dont rien ne pouvait mieux alors *restituer* le tumulte que les dialogues haletants et les obscures invectives de cette foule incandescente. Avec *Partage de Midi*, la première *Ville* est certainement le drame où Claudel s'est livré le plus directement ; mais les personnages en ont été masqués par les emplois qu'ils ont reçus plus tard dans la seconde *Ville*. Dans la première, Cœuvre ne lance qu'un appel sourd, et l'apparition de la femme garde une grâce mystérieuse et violente que ne trouble pas l'allégorie. Ligier, frère du grand Besme, n'est pas le représentant de la vie collective, mais un être labouré par le pressentiment d'une vérité qu'il abhorre [2] ; et quand, au troisième acte, dans une scène extravagante, il répond (par l'*Adsum*, qui sera plus tard celui de Sygne de Coûfontaine) à l'appel du prêtre inconnu surgi des ruines, et qu'il reçoit mission de *rugir*, de *parler avec une bouche flamboyante* [3], c'est son compagnon, son double, Liboire, qui, appelé à la même mission, ose clamer sa panique : *Je ne peux pas ! Je ne peux pas ! Tu ne demandes pas cela ! (...) J'ai honte ! J'ai honte ! Je ne dois pas compte de ce que je pense* [4]. Mais à son tour, lui, qui faisait partie des vainqueurs par les armes, il est vaincu par la Parole. Toute cette scène, supprimée dans la seconde *Ville* au profit des discours de Cœuvre sur l'harmonie de la cité, est sans

> j'ai honte ! j'ai honte ! *Liboire* je ne dois pas compte de ce que je pense.
> Pourquoi ne suis-je pas comme un de ceux-là
> Que leurs genoux emportent vivement où le vent
> l'esprit grossier !
> Ma volonté est de tourner le visage en bas.
> Misérable ! tu ne me forceras point de parler
> Et montrant aux autres qui je suis, à proférer *prononcer* des
> mystères. Prêtre, tu ne le demandes point.
>   *Le prêtre*
> Je le commande.   *Liboire se jette par terre*

Manuscrit de la Ville, *1ʳᵉ version, 1890.*

doute injouable, mais non pas obscur ; invraisemblable, mais non pas irréelle. La vérité de l'épreuve la secoue de toutes parts. Car si Avare, tout au début de ce troisième acte, a renoncé soudain au pouvoir conquis à travers tant de peines, de haines, de violences, sa décision donne le sens du drame : mythe spirituel comme *Tête d'Or*, et non pas mythe social comme la seconde *Ville*. Ce n'est pas alors un abandon que le geste d'Avare, mais c'est la marche enfin vers la présence que la bataille n'avait pour but que de repousser :

> *Une voix est entendue de l'espace inoccupé, comme celui*
> *Qui, endormi près d'un malade, entend un soupir et se réveille :*
> *Avare ! mon nom ;*
> *Et je voulais répondre, crier,*
> *Et gravir le cheval terrible pour chasser les hommes devant moi*
> *A coups de fouet, pour éventrer les villes comme des fourmilières !*
> *Mais j'étais lourd comme du fer, et je restais sur le sable, sans rien dire.*
> *De nouveau : Avare ! Une troisième fois :*
> *Avare ! tel qu'un mot fait avec une bouche non sonore* [1].

Comment alors, tout au long de ce troisième acte, ne pas entendre en écho, bien plus que le récit solennel de Cœuvre [1] dans la deuxième *Ville* de 1897, les *Vers d'exil* de 1895 :

> *J'ai fui en vain : partout j'ai retrouvé la Loi.*
> *Il faut céder enfin ! ô porte, il faut admettre*
> *L'hôte ; cœur frémissant, il faut subir le maître,*
> *Quelqu'un qui soit en moi plus moi-même que moi* [2].

Le 25 décembre 1890, alors qu'il n'a encore écrit que les deux premiers actes de *la Ville* [3], Paul Claudel, *forcé, réduit et poussé à bout* [4], s'est rendu à la *parole absolue* [5].

Menace de Violaine

Mais qu'exige désormais la *parole absolue* ? Voici l'aveu donné, et la communion reçue. Il reste un homme qui sait avec certitude ce que poursuit le désir, mais non comment l'atteindre. Tête d'Or est mort aux pieds de la Princesse. Avare a fui la Ville détruite. Rimbaud s'est fait *piéton de toutes les routes vers le désert* [6]. Paul Claudel, entre la terre de son passé, de son être, et la mer d'un avenir inconnu déjà toute proche à l'horizon, sent la déchirure qui se dessine. Aimer la terre, ce qu'elle est, ce qu'elle donne, aimer le pain, aimer l'amour, aimer *tellement ces choses visibles*, aimer les *voir, avoir avec appropriation* [7], faut-il donc y renoncer ? Son métier va l'obliger à s'exiler (reçu au concours en février 90, il attend son premier poste à l'étranger) ; mais n'est-ce pas l'annonce d'un exil plus intérieur, d'un dépouillement plus profond, d'un don de soi peut-être total ? C'est sans doute de cette hantise que naît *la Jeune Fille Violaine*. L'œuvre évoque une menace autant qu'un appel, et conjure l'image en la rendant démesurée. Le sacrifice fait par Violaine en renonçant à l'homme qu'elle aime et qui l'aime est si cruel et si injustifiable qu'on pourrait s'attendre à y voir l'objet du drame : Il n'en est rien. Dans cette première *Violaine* de 1892, nous ne savons ni pourquoi ni comment Violaine accepte la suggestion

de sa sœur jalouse. C'est seulement en 99, dans la seconde version, que Pierre de Craon apparaîtra, pour faire résonner en Violaine la *parole irréparable* [1]. Et c'est plus tard encore, dans la première *Annonce faite à Marie*, en 1910-1911, que Pierre de Craon sera lépreux, et que Violaine devra son sacrifice au mouvement de charité qui la porte vers lui [2]. Dans la première *Violaine*, ce n'est pas l'objet du sacrifice qui est en question, ce ne sont pas ses raisons non plus. C'est l'idée du sacrifice. Et c'est l'image du formidable *fatum* que déclenche l'acceptation. Violaine, renonçant à son amour, accepte du même coup l'accusation d'avoir failli, se laisse arracher sa part de Combernon, et recevant de sa sœur des cendres brûlantes dans les yeux devient aveugle. Elle perd l'amour, l'honneur, la terre, et la lumière. Dans sa caverne du Géyn, les guérisons qu'elle opère ressemblent plus à celles d'une magicienne qu'à celles que Dieu donnerait à sa prière. Tout concourt à repousser dans l'irréalité de la légende – pathétique, mais légende – les conséquences possibles d'une exigence divine. Jusqu'à la réconciliation finale de tous les personnages, qui semble tenir beaucoup moins de la nécessité dramatique ou mystique que d'une volonté forcenée d'optimisme : voici rassurés, dans la paix retrouvée et l'abondance des fruits, tous ceux qui ont délégué Violaine au sacrifice, jusqu'à la mort. Et Bibiane (la future Mara de la seconde version), la voici comblée, après un bref repentir. Elle a tué la figure vivante du don de soi, et ainsi elle garde sa terre, son homme et son enfant [1]. C'est dans la seconde version que Mara s'accusera désespérément, qu'elle accusera Dieu, et qu'elle sentira entre Jacques et elle alors *quelque chose de fini* et en elle *quelque chose de rompu* [2]. Dans la version de 92, la menace est au contraire totalement conjurée et, Violaine ensevelie, il n'y a plus pour Anne Vercors qu'à contempler ses biens avec une joie grave, et pour Jacquin et Bibiane qu'à évoquer les enfants qu'ils auront et la *force de la terre*, l'herbe verte, les grains, et les fruits, et le vin [3].

Claudel a-t-il été conscient du sens que l'on peut ainsi donner à la première *Violaine* ? Non, sans doute. Cependant, il était insatisfait de sa pièce [4] ; dans le *Théâtre* de 1911, c'est la seule dont il ne publiera pas la première version ; il sentait la nécessité de la recommencer et une sorte de répugnance à le faire [5]. C'est qu'il ne lui était pas possible de devancer une certaine expérience que seule apportera la vie, et qui donnera au sacrifice sa profondeur et sa vérité : le baiser de Violaine au lépreux, dans *l'Annonce*, sera l'image non d'une volonté d'ascétisme mais d'un consentement de tout l'être à l'appel bouleversant d'une présence. Et l'innocence de Violaine ne sera que plus éclatante, à porter invisiblement le poids de cette certitude que Dieu ne peut pas être devancé. Mais le poète devra être passé par la fournaise de *Partage de Midi* pour comprendre cette consumption de la volonté.

Vice-consul aux États-Unis

Ma vie est à moi

En avril 1893, Paul Claudel a franchi l'Océan, et le voici en Amérique, à New-York. Premier poste de sa carrière consulaire. Première expérience de l'exil. Pauvreté et solitude [1]. Mais la vie américaine l'intéresse, avec son brassement de peuples, de marchandises, le mouvement des gens et de l'argent [2]. L'économie théorique qu'il a étudiée à la faculté de Droit et aux Sciences politiques se met à vivre pour lui dans la métropole du commerce. Lui qui a fait des conflits sociaux de *la Ville* l'image des conflits intérieurs de soi-même, et qui maintenant, par métier, doit tenir compte chaque jour des cours des valeurs, des frets, des marchandises, sent la puissante matière dramatique que roule ce monde des échanges ; le vice-consul, le paysan de papier, le poète se conjuguent pour rêver ensemble à une *dramaturgie de l'or* [3]. Mais il y a aussi le converti de Noël qui est là, et dont le cœur cherche bien autre chose ; en lui Tête d'Or toujours vivant projette au-delà de l'horizon visible un désir qui se moque des prix à payer et des frontières à franchir, et Violaine non moins vivante exige de servir jusqu'à la dépossession, l'aveuglement et la mort un être dont l'appel est grâce, c'est-à-dire gratuité. Échange des voix dans le drame intérieur, échange des êtres dans la multiplicité des possibles, échange des valeurs dans l'ambiguïté du désir, échange de l'avoir contre le devoir, du futur contre le présent, de la liberté contre le sacrifice – la dynamique de l'échange, sous la poigne du Claudel de vingt-cinq ans, va brasser tout cela dans la pièce la plus serrée, la plus rapide, qu'il ait écrite : *l'Échange.*

Il la commence à New-York, sans doute en juillet 93 [1], il l'achève à Boston (où il a été nommé à la fin de l'année gérant du consulat [2]) en juillet 94 [3]. En 1900, dans une lettre à Schwob, il en définira ainsi le sujet : *L'esclavage où je me trouvais en Amérique m'était très pénible, et je me suis peint sous les traits d'un jeune gaillard qui vend sa femme pour recouvrer sa liberté. J'ai fait du désir perfide et multiforme de la liberté une actrice américaine, en lui opposant l'épouse légitime en qui j'ai voulu incarner la « passion de servir ». Tous ces rôles sortent tout entiers du thème, comme dans une symphonie on confie telle partie aux violons et telle autre aux bois. En résumé c'est moi-même qui suis tous les personnages, l'actrice, l'épouse délaissée, le jeune sauvage et le négociant calculateur* [4]. Plus tard encore, en 1951, dans les *Mémoires improvisés*, il insistera sur le caractère symphonique, concertant, de cette œuvre, mais à tel point qu'il en évacuera le caractère tragique [5] ; et la seconde version de *l'Échange*, contemporaine des *Mémoires improvisés*, gâtera la simplicité dramatique de l'ouvrage par des développements insistants, et son lyrisme direct par un langage artificiellement familier, qui confirment les étranges distances que peut prendre une œuvre à l'égard de son créateur. Car même la lettre à Schwob, six ans après la création, ne définit qu'un des sens de la pièce : comment croire que la servitude professionnelle du jeune vice-consul suffirait à expliquer l'explosion de rancune et de haine qui soulève le « jeune gaillard », Louis Laine, contre la douce Marthe qu'il a désirée, épousée, amenée avec lui en Amérique, et qui l'aime totalement ? Ce qui donne un autre sens au drame, c'est qu'il n'y a pas seulement haine ici, mais peur :

Je me défie de toi.
Car que fais-tu de mon âme, l'ayant prise,
Comme un oiseau qu'on prend par les ailes, tout vivant, et que l'on empêche de voir ?
(...) Qui es-tu donc
Pour que je te remette ainsi mon âme entre les mains ?
(...) Ma vie est à moi et je ne la donnerai pas à un autre.
Je suis jeune, j'ai toute la vie à vivre !
(...) Je serai libre en tout ! Je ferai ce qu'il me plaira de faire[1] *!*

Et, plus tard, au moment de consommer la rupture :

Ce que tu as à dire, tu le dis. Tu es comme une lampe allumée, et où tu es, il fait clair.
C'est pourquoi il arrive que j'ai peur et je voudrais me cacher de toi[2].

Il y a en Louis Laine un Caïn qui s'enfuit pour échapper à la voix qui le poursuit. Ce n'est pas « Qu'as-tu fait de ton frère ? », mais « Que fais-tu de ta femme ? » parce que Marthe est ici un avatar de Violaine, douceur bouleversante mais implacable, signe de l'amour qui ne demande plus seulement le désir mais la foi.

La force du drame est en même temps dans son ambiguïté, car Louis Laine n'a pas simplement à choisir entre son épouse Marthe et sa maîtresse l'actrice Lechy Elbernon comme entre le devoir et la liberté, d'où naîtrait un conflit moral facile à trancher dans l'abstrait, avec le bien côté cour et le mal côté jardin. A un autre niveau, les attraits sont inverses : Marthe est sans doute le devoir, mais comme figure de la loi, et Lechy Elbernon la liberté, mais comme figure de la grâce ; le conflit n'est plus alors moral, mais spirituel ; ce que seront Erato dans la première des *Odes*, la *Muse qui est la grâce* dans la quatrième, Ysé dans *Partage de Midi*, Prouhèze dans *le Soulier de Satin*, naît ici dans le personnage de Lechy. Et à ce niveau spirituel encore, quelque chose aussi annonce la parabole d'*Animus et Anima* [1] : mais Anima est double, à la fois Marthe silencieuse au foyer de son amour, et Lechy qui sait faire entendre le chant qui vient d'ailleurs.

Claudel ne cessera d'être hanté par cette double vocation de la femme et par ce double signe qu'elle pose dans la vie de l'homme [2]. Ce n'est pas de la crise de *Partage de Midi* que date le thème, mais c'est là qu'il prendra sa force la plus mystérieuse parce que Ysé elle-même sera double, malice et innocence, voix du péché et voix du salut (la première Ysé, la vraie ; la seconde est devenue trop consciente de son rôle pour en garder la plénitude). Quand l'orchestre du *Soulier de Satin* s'emparera du thème à son tour, peut-être les cuivres et les caisses de la Providence couvriront-ils un peu souvent le chant d'Anima. Mais l'Ange gardien de Prouhèze lui-même sait que celle-ci est double, *séparée* et *conductrice*, flamme et eau, porteuse à la fois d'oubli et de désir, d'interdiction et de promesse [3] : pour Rodrigue il n'y aura donc pas d'*échange* possible ; l'espoir fou de Louis Laine d'échapper par une femme à l'exigence de l'autre aura lui aussi disparu dans le feu de *Partage de Midi*.

Dis-moi ce que tu veux

Revenu en France en février 1895 [4], Paul Claudel a repris la mer trois mois plus tard [5], mais cette fois pour la Chine. A la mi-juillet il est à Shanghaï, où il va rester une dizaine de mois [6], puis il sera nommé à Foutchéou [7], reviendra à Shanghaï en décembre 1896 [8], sera envoyé à Hankéou en mars 1897 pour quelques mois [9], enfin après une mission dans le Kiang-Si [10] et un voyage au Japon [11] retrouvera Foutchéou qu'il quittera en octobre 1899 pour rentrer en France. Quatre années pendant lesquelles il écrira un seul drame nouveau : *le Repos du septième jour* (1896-97), deux secondes versions : celles de *la Ville* (1897) et de *la Jeune Fille Violaine* (1898-1900), et la première partie de *Connaissance de l'Est*.

Nouvel exil, plus sévère, mais qu'il a désiré tel [12], parce qu'il se sent étranger désormais au monde qu'il laisse derrière

A Shanghaï, vers 1895-1897.

lui [1]. Les *Vers d'exil* qu'il écrit à Shanghaï en juillet-août 95 [2] portent la marque à la fois de cette douleur de la rupture, d'un désir plus violent que jamais, et d'un extrême désarroi devant la réponse à donner à l'appel qui ne cesse en lui de retentir.

> *L'inexorable amour me tient par les cheveux.*
> *Puisque je suis à toi, découvre-moi ta face !*
> *Puisque tu tiens mes mains, que veux-tu que je fasse ?*
> *Toi qui m'as appelé, dis-moi ce que tu veux* [3].

Pour l'instant la réponse, peut-être provisoire, est dans le *devoir d'état* [4], son métier. Et ce métier exige la connaissance d'un monde nouveau, la Chine. Mais qu'est-ce que *connaître* ? Claudel ne s'est pas encore livré à la chirurgie du mot pour en explorer l'anatomie métaphysique. Il a cependant été formé à une école, qui était *une école pour l'attention, une classe pour les interprètes* [5] : celle de Mallarmé, et il continue de vouer au maître une grande admiration [6]. La devise mallarméenne : « Qu'est-ce que *cela* veut dire [7] ? » aiguillonne son regard sur toutes choses, et conduit sa recherche. Trente ans avant de s'initier au principe d'analogie selon saint Bonaventure [1], c'est dans le symbolisme mallarméen que Claudel a trouvé l'instrument de son art, comme en témoignent ses premières pièces. En même temps, il commence la lecture des deux *Sommes* de saint Thomas d'Aquin, et il y trouve ce qu'il appellera plus tard *une espèce de grammaire* [2] : un outil pour analyser l'univers, et découvrir son sens à travers sa structure. De la combinaison de ces deux outils [3] à l'expérience nouvelle que lui offre la terre d'Orient, sort la première œuvre de prose de Claudel : *Connaissance de l'Est*.

Textes brefs, explorations intensives de fragments soigneusement choisis dans la contexture du réel, descriptions minutieuses, définitions rigoureuses, mises en place des objets et de leurs perspectives, des heures et de leur rythme [4], recherches de la *composition* [5] des choses entre elles et des parties avec le tout : telles sont ces premières entreprises de *connaissance* et de *compréhension* [6] qu'il tente sur les villes, les montagnes, les fleuves, les jardins, les arbres, les temples, la pluie, la source, la lumière... C'est alors que lui revient la mémoire de sa vision d'enfant, à Villeneuve, *balancé parmi les pommes (...) spectateur du théâtre du monde (...) étudiant le relief et la conformation de la terre, la disposition des pentes et des plans*, et qu'il pense rétrospectivement : *Point n'est besoin de journal où je ne lis que le passé ; je n'ai qu'à monter à cette branche, et, dépassant le mur, je vois devant moi tout le présent* [7]. C'est de cet éblouissement par la composition du présent que naîtra, sept ans après, la théorie de l'*Art poétique* [8], et un tiers de siècle plus tard la méthode d'exploration spatiale et sémantique de l'œuvre d'art qu'il emploiera dans l'*Introduction à la peinture hollandaise*.

Mais s'il cherche à travers tout le visible *le point géométrique où le lieu, se composant dans son harmonie, prend, pour ainsi dire, existence et comme conscience de lui-même* [9], il poursuit la même recherche à travers l'invisible. A moins que ce ne soit l'invisible qui la poursuive à travers lui. Cette âme et ce corps qui sont inextricablement Paul Claudel, et que saint Thomas maintenant lui fait rigoureusement définir comme « forme » et « matière », comment les *comprendre* dans

Dans le verger de Villeneuve. Je n'ai qu'à monter à cette branche, et, dépassant le mur...

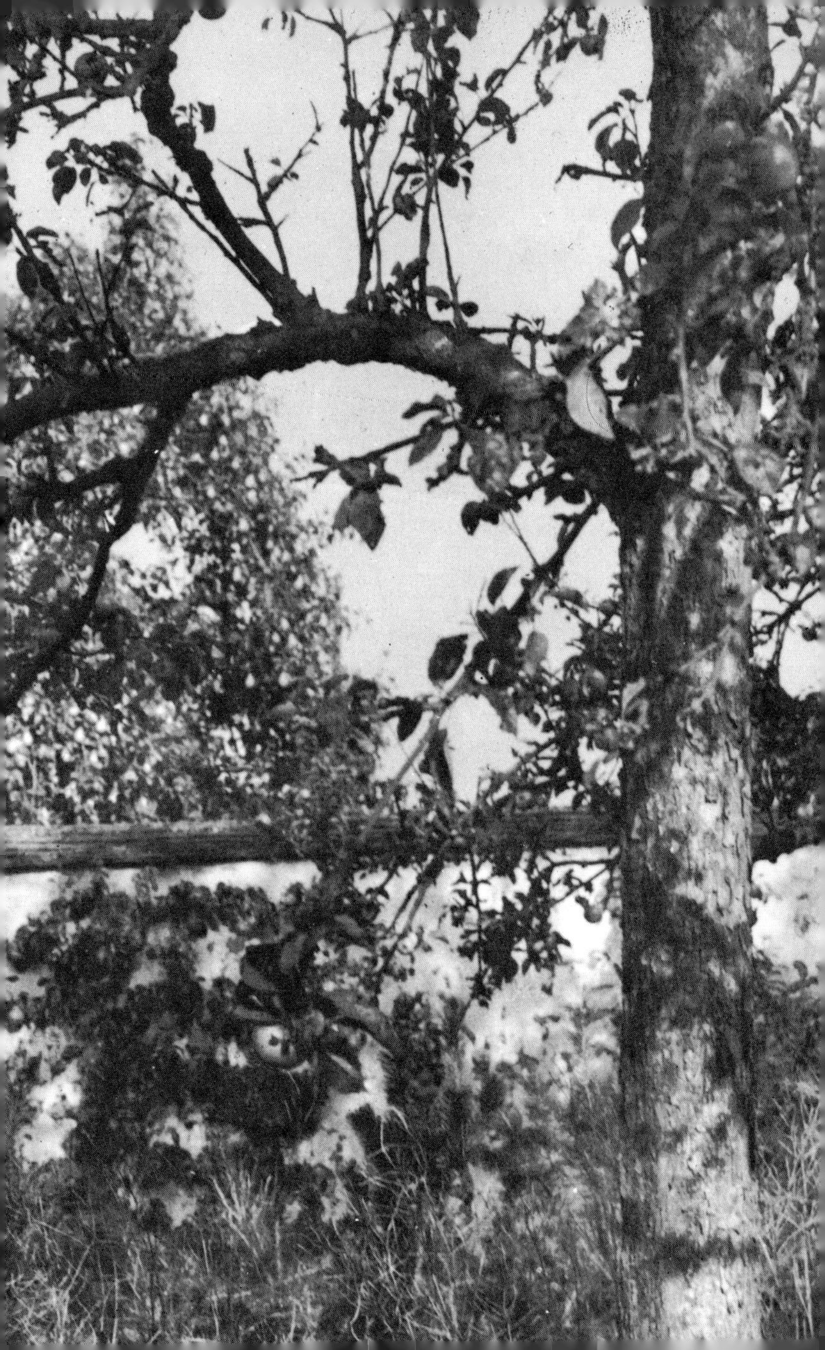

le monde ? Ce n'est plus la bataille des passions en cet instant qui laboure la conscience, mais le combat solitaire de la foi pour obtenir l'intelligence : *fides quaerens intellectum*, telle est la définition de la théologie pour saint Anselme. L'œuvre dans laquelle se jette Claudel sera donc théologique. Et ce sera moins un drame qu'un dialogue sur l'au-delà, le *Phédon* de Paul Claudel : *le Repos du septième jour*.

Il y avait trente personnages dans *la Ville*, quatre dans *l'Échange* ; il n'y en a plus qu'un maintenant : l'Empereur. Toute l'affabulation chinoise du premier acte n'a pour but que de justifier la situation extrême du second : l'Empereur des Vivants descend aux Enfers pour arracher son secret à l'Empereur des Morts. Tâtonnant dans la *Noirceur noire* [1], l'oreille résonnant de gémissements et de sanglots, à travers des présences sans chair, il vient demander compte des incursions nocturnes de morts inapaisés qui tourmentent les habitants de la terre. Et ce sont successivement le Démon et l'Ange qui lui révéleront le secret de la mort, c'est-à-dire le mal. Mais pour comprendre le mal, il faut comprendre l'Être, la création, la liberté, la justice, la cause, la fin [2] ; tout sera expliqué à l'Empereur (jusqu'au principe d'individuation par la matière [3] !). Car en Dieu *l'être n'est pas différent de l'existence* [4] ; *le Mal est ce qui n'est pas* [5] ; et le péché des hommes, c'est de prendre pour fin ce qui leur avait été remis pour le service de Dieu : la création, et d'abord eux-mêmes.

Car ils ont aimé la matière et voici qu'ils sont placés à même ;
Ils se sont adorés eux-mêmes, et repliés, les membres ramenés et collés au corps, comme les feuilles dans le bourgeon, comme l'enfant rond dans le ventre de sa mère,
Eux-mêmes ils possèdent leur chair avec leur âme [6].

Le Démon, suprême connaisseur, ayant tout exposé du Mal, c'est l'Ange alors qui donne enfin l'autre réponse : ce que Dieu attend de l'homme.

C'est pourquoi l'homme composé d'un corps et d'une intelligence
A été établi son prêtre sur le monde pour qu'il lui en fasse

la préparation, l'offrande, le sacrifice et la dédicace,
Et que, l'ayant reçu dans ses mains, il le lui restitue [1].

Tel est le sens du repos du septième jour : cessation de l'ouvrage au profit de la louange, sacrifice de l'œuvre à la prière. Devoir qui n'est pas seulement celui de tout homme au septième jour, mais qui peut être tous les jours celui de quelques hommes.

Ceux-ci ont été choisis entre dix mille et dix milliers de dix mille,
Afin qu'ils occupent inimaginablement la plénitude, et que ceci soit leur sort, qu'ils n'aient point d'autre joie que la Joie !
Le Suprême Être se les est choisis afin que ceux-ci soient à lui, et qu'ils soient sa famille et ses témoins, et les hôtes de sa magnificence.
Et comme une haute montagne recueille les eaux qui nourrissent la terre sauvage,
C'est ainsi que le peuple horrible des hommes vit
Du bénéfice de leur intercession [2].

C'est pourquoi, ayant livré le secret rapporté de sa saison en enfer, l'Empereur apparaît une dernière fois à son peuple, revêtu non plus de son costume royal mais de vêtements pontificaux : il renonce à sa place dans le monde, pour n'être plus que médiateur de la paix de Dieu.

Le Repos du septième jour aussitôt achevé, Claudel récrit *la Ville*, et dans cette seconde version c'est Cœuvre qui apparaît en vêtements pontificaux à la fin de la pièce : Cœuvre, c'est le poète, et pour sa fonction d'offrande et de prière voilà qu'il a renoncé à la poésie.

Rentré en France au début de l'année 1900, après un long périple en Terre Sainte [3], Paul Claudel écrit *Développement de l'Église* ; puis il va faire une retraite à Solesmes, et il y écrit, peut-être comme une sorte de testament [4], la plus grande partie de l'ode des *Muses* [5] ; enfin il se rend, en septembre ou octobre, au monastère bénédictin de Ligugé [6], afin de recevoir à la question ultime la réponse qu'il pressent.

Partage de Midi

Or la réponse est nette. Et ce n'est pas celle qu'il pressentait.

Un jour, j'étais allé à l'oratoire des novices, et là Dieu me fit nettement comprendre que ce n'était pas ma vocation. C'était non [1] *!*

Quelques semaines plus tard, il est en mer [2]. A bord de l'*Ernest-Simons* [3], il regagne son poste de consul à Foutchéou. Sans doute a-t-il emporté le manuscrit inachevé de l'ode des *Muses*, dans laquelle, d'après le sarcophage du Louvre, il évoquait autour de Mnémosyne (qui est *l'heure intérieure, ... la jointure à ce qui n'est point du temps exprimé par le langage* [4]) les neuf sœurs, les *neuf Nymphes intérieures* [5], les *Muses respiratrices* et les *Muses inspirées* [6] dont le souffle anime une poétique qui ne peut être pour lui que totale comme l'Univers. A-t-il évoqué déjà huit d'entre elles, a-t-il laissé dans un suspens prédestiné l'entrée en scène d'Erato ? Ou bien, à Foutchéou, en 1901 [7], biffera-t-il ce qu'il a dit déjà de celle-ci, pour donner place au nouveau chant qui jaillit de la révélation qu'il vient de recevoir ? Car voici qu'Érato soudain est apparue sur le bateau, non en pierre comme au Louvre, mais en chair et en âme, et que Paul Claudel en est bouleversé pour toujours :

Ô sages Muses ! sages, sages sœurs ! et toi-même ivre Terpsichore !

Comment avez-vous pensé captiver cette folle, la tenir par l'une et l'autre main,

La garrotter avec l'hymne comme un oiseau qui ne chante que dans la cage ?

O Muses patiemment sculptées sur le dur sépulcre, la vivante, la palpitante ! que m'importe la mesure interrompue de votre chœur ? je vous reprends ma folle, mon oiseau !

Voici celle qui n'est point ivre d'eau pure et d'air subtil !

Une ivresse comme celle du vin rouge et d'un tas de roses ! du raisin sous le pied nu qui gicle, de grandes fleurs toutes gluantes de miel !

La Ménade affolée par le tambour ! au cri perçant du fifre, la Bacchante roidie dans le dieu tonnant !

Toute brûlante ! toute mourante ! toute languissante ! Tu me tends la main, tu ouvres les lèvres,

Tu ouvres les lèvres, tu me regardes d'un œil chargé de désirs. « Ami !

C'est trop, c'est trop attendre ! prends-moi ! que faisons-nous ici ?

Combien de temps vas-tu t'occuper encore, bien régulièrement, entre mes sages sœurs ?

Comme un maître au milieu de son équipe d'ouvrières ! Mes sages et actives sœurs ! Et moi je suis chaude et folle, impatiente et nue !

Que fais-tu ici encore ! Baise-moi et viens !

Brise, arrache tous les liens ! prends-moi ta déesse avec toi !

Ne sens-tu point ma main sur ta main ? (Et en effet je sentis sa main sur ma main)

« Ne comprends-tu point mon ennui, et que mon désir est de toi-même ? ce fruit à dévorer entre nous deux, ce grand feu à faire de nos deux âmes ! C'est trop durer !

C'est trop durer ! Prends-moi, car je n'en puis plus ! C'est trop, c'est trop attendre ! »

Et en effet je regardai et je me vis tout seul tout-à-coup

Détaché, refusé, abandonné,

Sans devoir, sans tâche, dehors dans le milieu du monde,

Sans droit, sans cause, sans force, sans admission.

— "Ne sens-tu point ma main sur ta main?"
(Et en effet je sentis, je sentis sa main sur ma main !)

O mon amie sur le navire ! (Car l'année qui fut celle-là,

Quand je commençai à voir le feuillage se décomposer et l'incendie du monde prendre,

Pour échapper aux saisons le soir frais me parut une aurore, l'automne le printemps d'une lumière plus fixe,

Je le suivis comme une armée qui se retire en brûlant tout derrière elle. Toujours
Plus avant, jusqu'au cœur de la mer luisante !)
O mon amie ! car le monde n'était plus là
Pour nous assigner notre place dans la combinaison de son mouvement multiplié,

Mais décollés de la terre, nous étions seuls l'un avec l'autre,

Habitants de cette noire miette mouvante, noyés
Perdus dans le pur Espace, là où le sol même est lumière.

Et chaque soir, à l'arrière, à la place où nous avions laissé le rivage, vers l'Ouest,

Nous allions retrouver la même conflagration
Nourrie de tout le présent fondu, la Troie du monde réel en flammes !

Et moi, comme la mèche allumée d'une mine sous la terre, ce feu secret qui me ronge,

Ne finira-t-il point de flamber dans le vent ? qui contiendra la grande flamme humaine ?

Toi-même, amie, tes grands cheveux blonds dans le vent de la mer,

Tu n'as pas su les tenir bien serrés sur ta tête ; ils s'effondrent ! les lourds anneaux
Roulent sur tes épaules, la grande chose joconde
S'enlève, tout part dans le clair de la lune !

> *Et les étoiles ne sont-elles point pareilles à
> des têtes d'épingle luisantes ? et tout l'édifice
> du monde ne fait-il pas une splendeur aussi
> fragile*
> *Qu'une royale chevelure de femme
> prête à crouler sous le peigne ?*
> *O mon amie ! ô Muse dans le vent de la mer !
> ô idée chevelue à la proue !*
> *O grief ! ô revendication !*
> *Eiato ! tu me regardes, et je lis une résolution
> dans tes yeux !*
> *Je lis une réponse, je lis une question dans tes
> yeux ! Une réponse et une question dans les yeux !*
> *Le hourra qui prend en toi de toutes parts
> comme de l'or, comme du feu dans le
> fourrage !*
> *Une réponse dans tes yeux ! Une réponse et
> une question dans tes yeux !*

Tout le premier acte de *Partage de Midi* est déjà là, depuis l'amertume de l'homme refusé par le Dieu qu'il pensait posséder [2] jusqu'à la requête passionnée de l'amour qui refuse toute attente [3], depuis la fournaise de midi où rougeoie le désir dans l'immensité de l'espace [4] jusqu'au flamboiement de la chevelure pareil à l'incendie qui prend dans le fourrage [5].

C'est ce signe du feu qui domine, dans *Partage de Midi*, la rencontre d'Ysé et de Mésa, – ce feu qui ne cessera plus de brûler dans la symbolique claudélienne. Feu de l'esprit et de la chair s'embrasant mutuellement, feu de la souffrance et de la joie mêlées, feu de la consumption et de la lumière, *feu pur et simple qui fait de plusieurs choses une seule* [6]. Ce qui brûle tout au long des trois actes de *Partage de Midi*, pour en faire une seule flamme, c'est en même temps que la passion de Mésa et d'Ysé, tous les biens qu'ils croyaient en sûreté : leur passé, leur loi, leur volonté. A mesure que se fait la *commotion de la substance* [7], ils deviennent autres qu'eux-mêmes. *L'impossible* [8] même est étreint. Et c'est de la mort que jaillit la vie.

Car c'est bien cette *transfiguration de midi* [1] qui est l'essence du drame, et non pas le débat entre l'adultère et le devoir, entre la chair et l'esprit, auquel Claudel réduira sa pièce dans la préface de 1948 [2]. Comment peut-il d'ailleurs, dans cette préface, identifier ce même conflit à celui de la Loi et de la Grâce ? Sous lequel des deux patronages place-t-il « la chair » et « l'adultère » ? Comment ne pas sentir que c'est justement cette vision de la Loi et de la Grâce qui rend ici inutilisable, plus encore que dans *l'Échange*, le manichéisme moraliste qu'il essaye après coup d'y plaquer ? Pas plus que Claudel, Mésa n'est fait de deux éléments juxtaposés ou hostiles dont l'un devrait vaincre l'autre pour que la pièce finisse : *C'est tout en lui qui demande tout en une autre* [3]. C'est l'homme tout entier qui doit brûler pour être tout entier transfiguré. Mésa le pressent dès le premier acte, mais c'est au dernier acte seulement qu'il le saura, et que, devant la mort, il le clamera face à Dieu dans ce prodigieux *Cantique* que Claudel en 1948 altérera si profondément [4] :

Ah ! je sais maintenant
Ce que c'est que l'amour ! et je sais ce que Vous avez enduré sur votre croix, dans ton Cœur,
Si vous avez aimé chacun de nous
Terriblement comme j'ai aimé cette femme, et le râle, et l'asphyxie, et l'étau !
Mais je l'aimais, ô mon Dieu, et elle m'a fait cela ! Je l'aimais, et je n'ai point peur de Vous,
Et au-dessus de l'amour
Il n'y a rien, et pas Vous-même ! et Vous avez vu de quelle soif, ô Dieu, et grincement des dents,
Et sécheresse, et horreur, et extraction,
Je m'étais saisi d'elle ! Et elle m'a fait cela !
Ah, Vous Vous y connaissez, Vous savez, Vous,
Ce que c'est que l'amour trahi ! Ah, je n'ai point peur de Vous !
Mon crime est grand et mon amour est plus grand, et votre mort seule, ô mon Père,

La mort que vous m'accordez, la mort seule est à la mesure de tous deux !

Mourons donc et sortons de ce corps misérable !

Sortons, mon âme, et d'un seul coup éclatons cette détestable carcasse !

La voici déjà à demi rompue, habillée comme une viande au croc, par terre ainsi qu'un fruit entamé.

Est-ce que c'est moi ? Cela de cassé,

C'est l'œuvre de la femme, qu'elle le garde pour elle, et pour moi je m'en vais ailleurs.

Déjà elle m'avait détruit le monde et rien pour moi

N'existait qui ne fût pas elle et maintenant elle me détruit moi-même.

Et voici qu'elle me fait le chemin plus court.

Soyez témoin que je ne me plais pas à moi-même !

Vous voyez bien que ce n'est plus possible !

Et que je ne puis me passer d'amour, et à l'instant, et non pas demain, mais toujours, et qu'il me faut la vie même, et la source même,

Et la différence même, et que je ne puis plus,

Je ne puis plus supporter d'être sourd et mort [1] *!*

Quand Claudel récrira la pièce pour la scène, en 1948, il composera quatre versions successives de ce monologue de Mésa [2], qui ont toutes au moins une marque commune, la suppression de ce cri : *Et au-dessus de l'amour il n'y a rien, et pas Vous-même !* Et rien pourtant ne dit mieux ce qu'a été pour Mésa la rencontre d'Ysé. Certes, un regard en arrière permet de discerner les chemins détournés par lesquels Dieu fait passer un être pour le conduire à lui, de la passion au péché et de la souffrance au sacrifice [3] : mais c'est appliquer à l'aventure vécue un sens qui, justement, ne peut lui être que postérieur ; quand Claudel orchestrera ce thème dans *le Soulier de Satin*, il le fera en homme qui compose, conscient de la conduite de ses personnages et des conséquences de leurs actes. Le Claudel de 1905 qui écrit *Partage de Midi* est, lui, encore plongé dans le drame, et le cri qu'il prête à Mésa jaillit d'une telle profondeur qu'il paraîtra ensuite scandaleux à

La tombe en Oméga, à Foutchéou, en 1900...

celui qui le profère. Or c'est ce scandale qui est la clef de *Partage de Midi*. Scandale facile à nommer, impossible à vivre : que Dieu est amour. C'est non par des voies détournées mais par un coup direct que Mésa a été frappé. C'est la possibilité de se suffire qui, en un éclair, a été en lui détruite. C'est la volonté propre de l'homme qui est atteinte par le feu, parce que l'homme est rompu enfin, partagé par le milieu, ouvert comme une coque brisée. Le Mésa qui croyait qu'il savait se donner [1], gros caillou qui aurait à changer seulement de paysage, voilà que la foudre le fend. L'amour incréé l'atteint dans la fulguration même de l'amour créé. Oui, si Dieu n'était pas l'amour, l'amour alors serait plus que Dieu.

Quand, à la fin du troisième acte, Ysé revient à Mésa pour mourir avec lui, leur consentement mutuel l'un à l'autre pour toujours, rendu possible par le décès du mari d'Ysé, ne serait une fin « morale » que par une étrange morale, puisque Mésa est responsable de ce décès. Claudel, dans la version de 1948, cherchera visiblement à donner à cette aventure un caractère moins scandaleux, en atténuant la responsabilité des amants, en insistant sur la fatalité providentielle (notamment par le symbolisme de l'Omega qui se resserre autour d'eux depuis la tombe chinoise de l'acte 2 jusqu'au fauteuil de l'acte 3 [1]), puis en communiquant à Ysé finalement la foi de Mésa [2]. Mais ce besoin de cohérence morale risque de cacher l'essentiel : la transfiguration de l'union même de l'homme et de la femme en une réalité nouvelle, la fusion du symbole, l'embrasement du signe par l'esprit. Ce qui se célèbre finalement au dernier acte de *Partage de Midi*, c'est non pas devant la

... et à Marigny, en 1948.

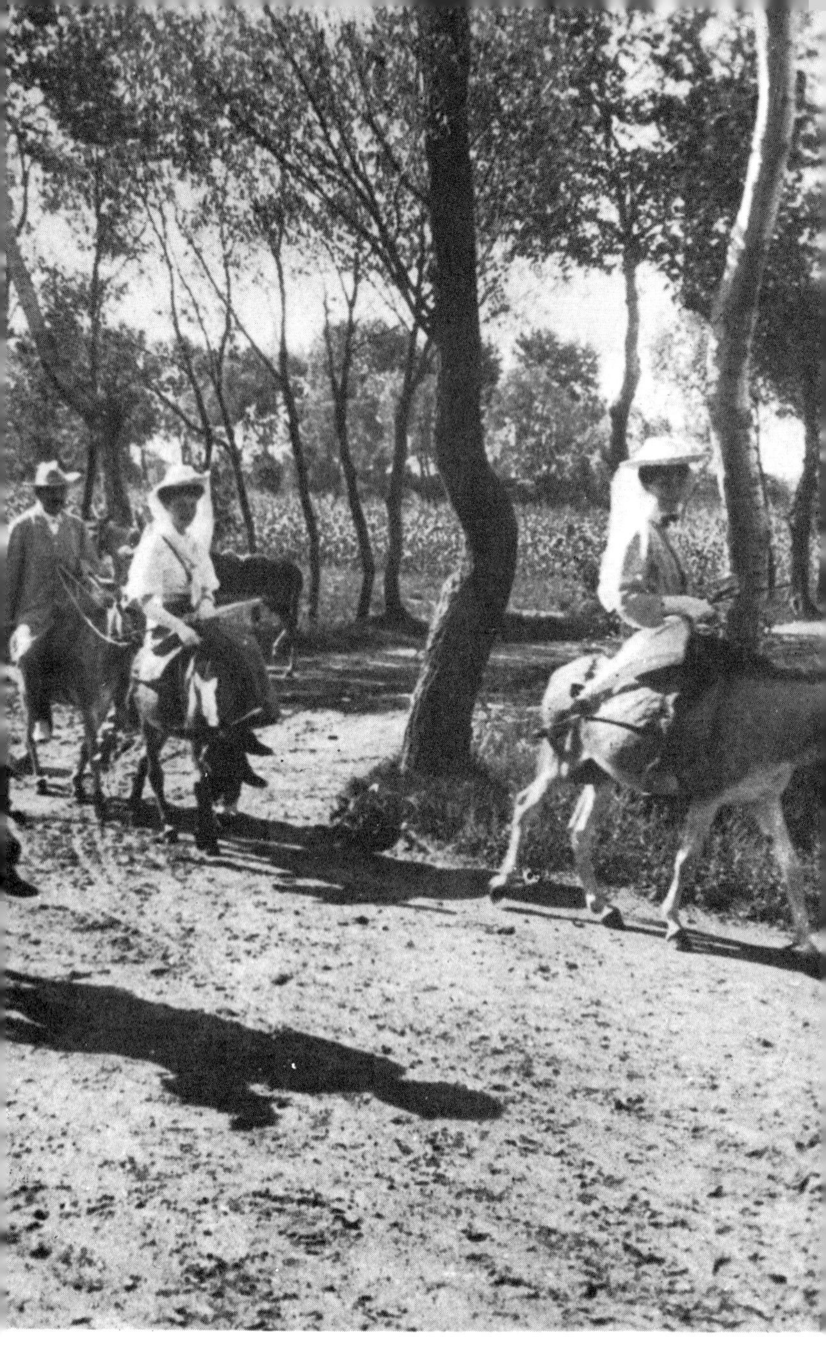

mort mais par la mort les noces des deux amours, l'incréé et le créé.

L'heure et la cause

Le temps est le moyen offert à tout ce qui sera d'être afin de n'être plus. Il est l'Invitation à mourir, à toute phrase de se décomposer dans l'accord explicatif et total, de consommer la parole d'adoration à l'oreille de Sigé l'Abîme[1].

C'est sur cette définition que s'achève *Connaissance du Temps*, datée du 12 août 1903 à Kouliang. Claudel est alors en poste à Foutchéou, mais en résidence d'été dans la montagne [2]. Il n'en est pas à composer le drame de *Partage de Midi*, il est en train de le vivre. Depuis la rencontre à bord de l'*Ernest-Simons*, il est si profondément bouleversé qu'il vient de rester deux années sans écrire [3]. Dans sa détresse, deux secours seulement : l'amitié de Philippe Berthelot, qui le tirera *de l'abîme de douleur, de passion et de folie* [4], et l'étude poursuivie avec acharnement des *Sommes* de saint Thomas [5]. *Connaissance du Temps* est une tentative de salut pour l'homme qui, à la lumière de la théologie, comme il cherchait dans *le Repos du septième jour* à *comprendre* dans le monde ce qu'il croyait sa vocation, décide de comprendre *l'assemblement des êtres à tel moment de la durée* [6] : *Au-dessous des choses qui arrivent, je suis conscient de cette partie confiée à mon personnage de l'intention totale. Je suis fait dans une vue, chaque minute de ma vie, suivant le jeu de ma liberté, est calculée par un contact, comme chaque spire du ressort enroulé sur le barillet*[7]. D'où l'étude du rapport des *choses simultanées* [8], et c'est ce qu'il appelle *l'heure*, – et de ce qui commande le tout, c'est-à-dire *le temps* et *la cause*. Mais ce qu'il s'agit de déchiffrer, c'est pourtant le réseau seul du présent ; et c'est pourquoi la composition de l'Univers est toujours lue *dans le plan horizontal* [9], dans une recherche des rapports et des valeurs, des *métaphores* [10] et des harmonies, et toute cause elle-même est conçue seulement comme *une combinaison que n'implique forcément aucun des termes qui la font* [11].

En Chine, date inconnue.

Lecture horizontale qui cherche à restituer aux choses leur fraîcheur, aux hommes leur liberté, au monde son caractère inépuisable, que Claudel croit niés radicalement par le déterminisme scientifique [1]. Mais lecture qui refuse finalement le temps, par crainte de le voir engendrer quoi que ce soit. Et si Claudel parle de la *tâche du monde*, qui est *de continuer, de ménager sa propre suite* [2], et de la différence de chaque minute avec toutes les autres minutes en raison du passé différent qu'elle *explique* [3], il n'en tire nulle conséquence, nulle nécessité d'une autre lecture, celle-ci verticale, du monde.

Le *Traité de la Co-naissance au monde et de soi-même*, qui complète l'*Art poétique* l'année suivante, pousse plus loin encore cette tentative de déchiffrement du *tableau* [4] de l'univers, pour y intégrer les fonctions de la vie et de la conscience. Là encore tout se justifie par contiguïtés et interdépendances dans l'espace. Tous les corps, et d'abord le corps humain, y sont compris comme unions d'échanges, de moyens, de proportions [5]; le mouvement comme facteur des états d'équilibre [6]; la vie comme combinaison d'acquisitions et déperditions [7]; la sensibilité comme constatation des limites d'un être aux limites des autres [8]; la connaissance comme *lecture à tout moment de notre position dans l'ensemble* [9]; et l'esprit comme consommateur de l'Univers, pour en présenter l'*hostie intelligible* [10] à la Cause première, à Dieu.

Tel est le principe de la *co-naissance*. Mais pourquoi et comment naissance, s'il n'y a point genèse ? Hormis le jeu de mots, appuyé d'une étymologie contestable, y a-t-il ici autre chose que seulement co-existence ? Cet univers de *formes* qui *ont par elles-mêmes une valeur permanente, absolue, obligatoire* [11], comment expliquer qu'il soit, *à chaque trait de notre haleine, aussi nouveau qu'à cette première gorgée d'air dont le premier homme fit son premier souffle* [12] ? Si le mouvement a un *sens*, pourquoi est-ce uniquement *d'un point et non pas vers un point* [13] ? C'est dire l'action de l'énergie et lui refuser une direction. C'est reconnaître l'origine de la vie, mais renoncer à *comprendre* dans le monde sa croissance et son rejaillissement. C'est contempler l'Alpha de la création mais non son Oméga. C'est laisser sans réponse possible la question que

A Foutchéou, le paysage qu'il avait sous les yeux.

Claudel se posait à lui-même dans la première partie de *Connaissance de l'Est*, avant 1900 : *Je comprends l'harmonie du monde ; quand en surprendrai-je la mélodie* [1] *?*

Sans doute Claudel est-il devenu prisonnier de la notion scolastique de *forme*, comme le montreront plus tard maints passages de ses œuvres. *La matière passe*, écrira-t-il à Jacques Rivière en 1907, *mais la forme se maintient la même, éternellement renouvelée, comme Dieu dont elle est une image partielle* [2]. Et en 1912 à Piero Jahier : *Je suis absolument étranger à l'idée du devenir dans la nature. Je crois que les formes ont une importance typique, sacrée, inaltérable, inépuisable. Je crois que ce que Dieu a fait n'est pas imparfait, mais fini, et qu'il a eu raison de trouver ses œuvres « bonnes et très bonnes ».* Logiquement,

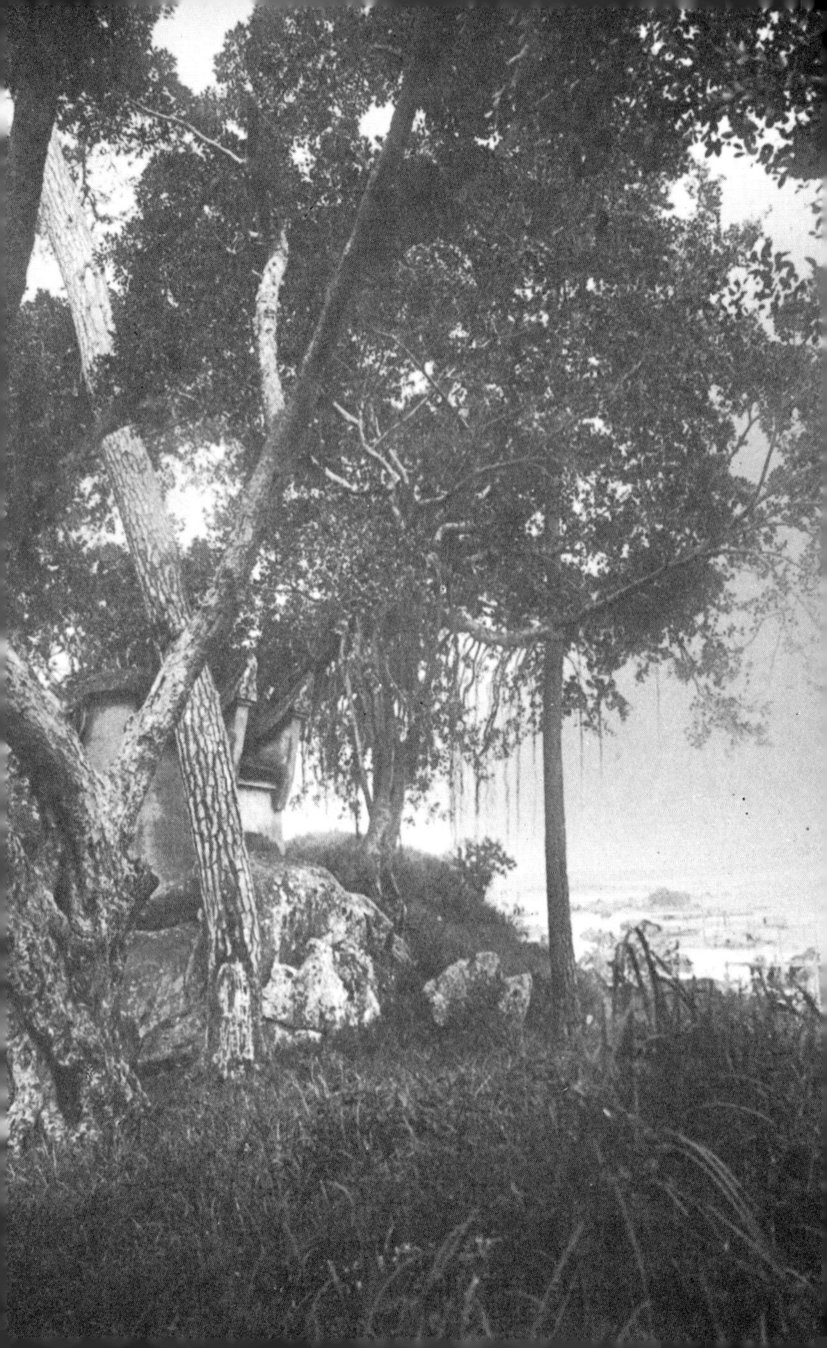

l'idée d'un devenir, c'est-à-dire d'un être qui peut sauter hors de sa forme, me semble un véritable monstre et le dernier degré de l'absurdité [1].

Le sens cosmique de Claudel se déploie dans les dimensions de l'espace, mais non dans celles du temps. Car le temps pour lui ne fera toujours que répéter l'ordre immuable du monde créé :

> *Toute chose se reproduit,*
> *Indéfiniment la même,*
> *Tout recommence et redit*
> *Un mot de valeur suprême,*
> *Un seul nom toujours le même,*
> *Le sien à jamais le même,*
> *La fleur inséparée du fruit,*
> *De la Vie toujours la même*
> *Dans le temps anéanti* [2] *!*

Ce sont les voix alternées de Laeta et de Beata qui chanteront, en 1911, dans la nuit du solstice d'été, cette louange de la vie intemporelle, faisant écho à la voix solitaire qui, en 1906, dans l'ode *l'Esprit et l'Eau*, s'écrie :

> *Et l'impérissable esprit envisage les choses passantes.*
> *Mais ai-je dit passantes ? Voici qu'elles recommencent* [3].

La cause est partout présente dans la splendeur de l'Univers. Mais le temps n'a pas répondu à la convocation de *l'heure*. Que la révélation biblique soit révélation d'une histoire, Claudel ne le sait pas encore. Il faudra que bien plus tard il s'immerge dans la Bible tout entière, de la Genèse à l'Apocalypse, pour percevoir cette pulsation. Ce qu'est pour lui *l'art poétique*, en cet instant où se conjuguent les désirs de l'amour malheureux et de l'intelligence possessive, c'est la recherche de la présence à travers l'absence, de la nécessité à travers la contingence, un art de la *métaphore* qui fait éclater *la seule existence conjointe et simultanée* des choses différentes [4]. Autour du centre invisible, clef de voûte d'un monde fermé, rien qui ne prenne place dans l'harmonie totalitaire ; Claudel le dira en 1906 dans la deuxième ode, *l'Esprit*

Aux environs de Foutchéou, sur l'itinéraire d'une de ses promenades.

et l'Eau : Je la vois, la clef maintenant qui délivre, Ce n'est point celle qui ouvre, mais celle-là qui ferme [1] *!*, et ce sera en 1908 le thème de la cinquième ode, *la Maison fermée*.

Reste à rendre ce monde à Dieu : par l'offrande de l'esprit d'abord, car *l'acte par lequel l'homme atteste la permanence des choses, par lequel, en dehors du temps, en dehors des circonstances et causes secondes, il formule l'ensemble des conditions permanentes dont la réunion donne à chaque chose son droit de devenir présente à l'esprit, par lequel il la conçoit dans son cœur et répète l'ordre qui l'a créée, s'appelle la parole* [2]. Par la mort, ensuite, co-naissance dernière, par quoi s'abolit définitivement le temps en un présent éternel [3], et dans laquelle l'homme trouve le sens de son *nom*, c'est-à-dire de sa différence et de sa vocation, dans la plénitude de sa *fin* [4] : *Nous verrons alors, comme le nombre manifeste l'unité, le rythme essentiel de ce mouvement qui constitue mon âme, cette mesure qui est ma personne ; nous ne le verrons pas seulement, nous le serons, nous nous produirons nous-mêmes dans la perfection de la liberté et de la vision et dans la pureté d'un amour sans défaut. Nous puiserons dans le sein de l'Agneau notre moyen d'être différent de lui pour avoir quelque chose à lui donner. Dans cette amère vie mortelle, les plus poignantes délices révélées à notre nature sont celles qui accompagnent la création d'une âme par la jonction de deux corps. Hélas ! elles ne sont que l'image humiliée de cette étreinte substantielle où l'âme, apprenant son nom et l'intention qu'elle satisfait, se proférera pour se livrer, s'aspirera, s'expirera tour à tour. O continuation de notre cœur ! ô parole incommunicable ! ô acte dans le Ciel futur ! Toute possession charnelle est incomplète dans son empan et sa durée et qu'en sont les transports auprès de ces noces opimes ! O mon Dieu, tu nous as montré des choses dures, tu nous as abreuvés du vin de la pénitence ! Quelle prise, d'un empire ou d'un corps de femme entre des bras impitoyables, comparable à ce saisissement de Dieu par notre âme, comme la chaux saisit le sable, et quelle mort (la mort, notre très précieux patrimoine) nous permet enfin un aussi parfait holocauste, une aussi généreuse restitution, un don si filial et si tendre* [5] *?*

En 1902, à Foutchéou.

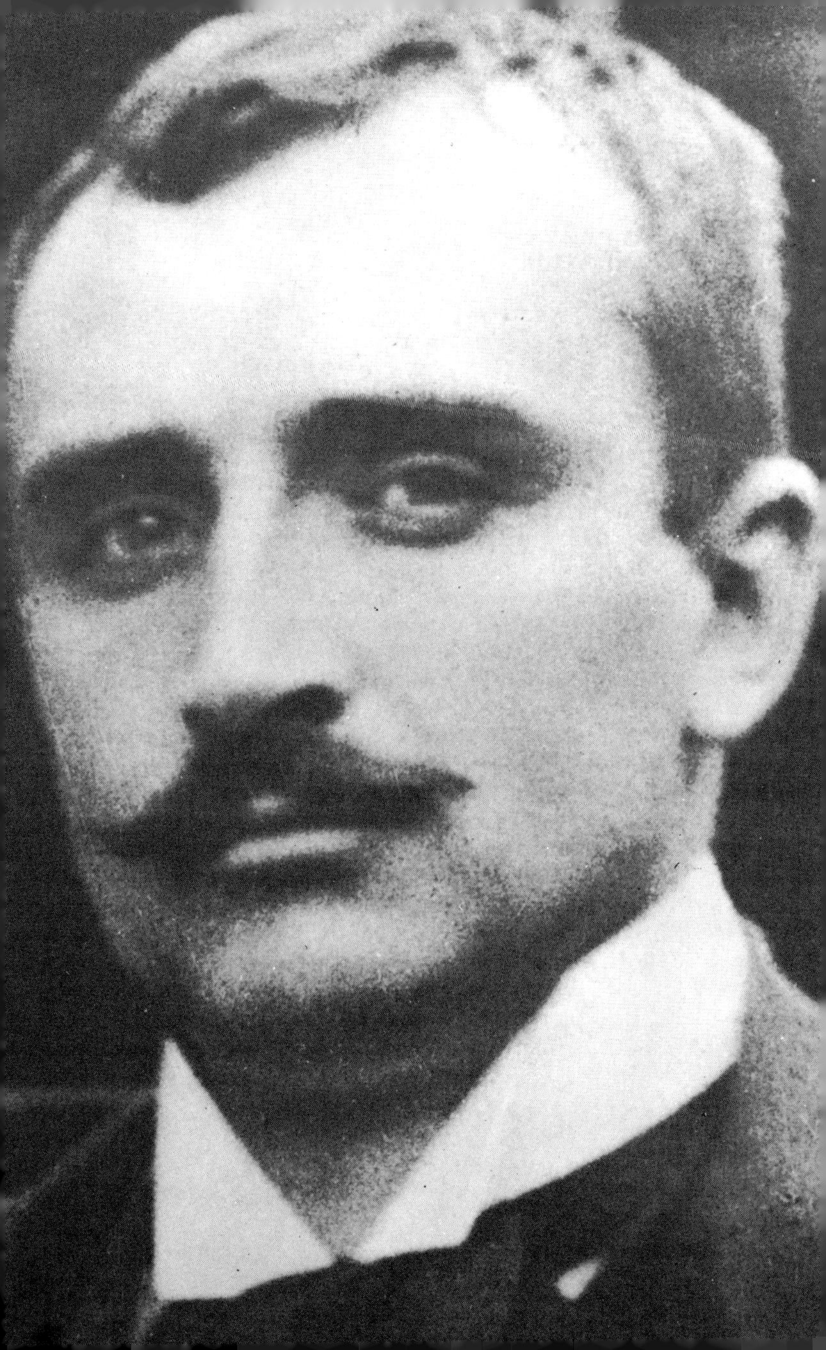

Tu n'es plus nulle part, o rôse!

De quelle manière s'est dénoué réellement le drame d'Ysé et de Mésa, on pouvait le deviner dans les échos qui traversent la correspondance [1]; la publication du *Journal* a livré des précisions : *Son départ-1er août 1904* [2]. C'est la première ligne du premier cahier, commencé à Foutchéou. Et plus tard, cette évocation du printemps 1905 qui a vu le retour en Europe du Mésa bouleversé par la fuite d'Ysé : *Souvenir de cette nuit de folie à travers la Belgique et la Hollande. Les deux automobiles, la fourrure achetée pour elle à Anvers. La Meuse partout rencontrée, sans ponts ni bacs, nous barrant partout le passage. L'homme qui veut nous donner des coups de couteau. Passage au petit jour à Gorcum. L'arrivée à Utrecht, partie. (...) Veille des Rameaux, avril 1905. Retour à Utrecht. Promenade par-devant et par-derrière ce funèbre logement du 101 chaussée de Charleroi. La robe de chambre encore au mur, la bouilloire de cuivre rouge. La médaille de S. Benoît mise sous la grille. (...) Namur. En automobile à Chèvetogne. Retour à Paris. Larmes à N.-D.* [3].

Après un bref séjour à Paris [4], il va à Villeneuve-sur-Fère [5], puis à Orthez chez Francis Jammes [6]; le 7 juillet, à La Bastide-Clairence, il sert la messe qui marque le retour de son ami au christianisme [7]. De nouveau Paris, puis Eaux-Chaudes, dans les Pyrénées [8]. Mais rien ne lui fait oublier sa souffrance : *Tout cela que je pensais en train de mourir n'est au contraire que trop vivant*, écrit-il à Frizeau le 8 août [9]. Puis il va en pèlerin à Lourdes [10], revient s'enfermer à Villeneuve, et dans le silence de la vieille maison de son enfance il ne cesse d'être hanté par *un certain ton de voix* et par l'image de *son écriture sur l'enveloppe des lettres qu'elle me renvoyait* [11]. C'est à Eaux-Chaudes sans doute [12] qu'il a écrit *Ténèbres* :

Je suis ici, l'autre est ailleurs, et le silence est terrible :
Nous sommes des malheureux et Satan nous vanne dans son crible.

Je souffre, et l'autre souffre, et il n'y a point de chemin
Entre elle et moi, de l'autre à moi point de parole ni de main.

Rien que la nuit qui est commune et incommunicable,
La nuit où l'on ne fait point d'œuvre et l'affreux amour impraticable.

Je prête l'oreille, et je suis seul, et la terreur m'envahit.
J'entends la ressemblance de sa voix et le son d'un cri.

J'entends un faible vent et mes cheveux se lèvent sur ma tête.
Sauvez-la du danger de la mort et de la gueule de la Bête!

Voici de nouveau le goût de la mort entre mes dents,
La tranchée, l'envie de vomir et le retournement.

J'ai été seul dans le pressoir, j'ai foulé le raisin dans mon délire,
Cette nuit où je marchais d'un mur à l'autre en éclatant de rire.

Celui qui a fait les yeux, sans yeux est-ce qu'il ne me verra pas?
Celui qui a fait les oreilles, est-ce qu'il n'entendra pas sans oreilles?

Je sais que là où le péché abonde, là Votre miséricorde surabonde.
Il faut prier, car c'est l'heure du Prince du monde [1].

Mais ce n'est pas assez encore que de crier et de prier. De cette Ysé absente et présente il ne pourra se délivrer qu'en écoutant sa voix une fois encore, en faisant resurgir son visage, en lui redisant une dernière fois : *Tu es radieuse et splendide! tu es belle comme le jeune Apollon! Tu es droite comme une colonne! tu es claire comme le soleil levant! Et où as-tu arraché sinon aux filières mêmes du soleil d'un tour de ton cou ce grand lambeau jaune De tes cheveux qui ont la matière d'un talent d'or? Tu es fraîche comme une rose sous la rosée* [2]! et en l'imaginant qui lui dit enfin : *Prends image de ce visage mortel car le temps de notre résolution approche et tu ne me verras plus de cet œil de chair* [3]! non parce qu'elle le repousse mais parce que au contraire la fiction libératrice va consommer dans la mort l'impossible.

A la fin de septembre, la moitié de *Partage de Midi* est écrite. Puis Claudel s'interrompt, part en voyage, en Alsace, en Lorraine, *par une impuissance de rester sur place* [1]. A-t-il le droit *de peindre des passions coupables ?* Il s'interroge, interroge Jammes, interroge un religieux [2]. Nous ne connaissons pas les réponses. Mais à la fin d'octobre il est près d'achever son drame [3], et il se sent revivre : *après cette longue crise de quatre ans, je me sens débordant de force et d'idées, il me semble que j'ai dix-huit ans et que ma vie vient tout juste de commencer* [4].

Avec Hélène Berthelot, Philippe Berthelot, et Élémir Bourges, sans doute à l'automne 1905

Quatre mois plus tard, en février 1906, il remet la pièce à la *Bibliothèque de l'Occident* [5] pour la faire publier à cent cinquante exemplaires hors commerce. Le 15 mars il se marie et le 18 il repart avec son épouse pour la Chine, comme premier secrétaire de la légation de Pékin.

Départ pour la Chine sur le Polynésien, *18 mars 1906.*

Et c'est là, au cœur de la terre jaune du vieil empire, qu'il écrit sa deuxième ode, *l'Esprit et l'Eau*, toute pleine de la nostalgie de l'Océan dont le sépare sa nouvelle existence.

Thème de l'océan en qui toutes les eaux de la terre se conjoignent dans l'unité essentielle de leur être, thème de l'eau miroir de toutes choses, transparente à la lumière et fécondatrice de la vie, thème de la liquidité en laquelle l'esprit reconnaît sa propre liberté, sa subtile communication avec la matière inerte et la densité de son désir – toute l'ode elle-même va se déployer comme une mer dont ces thèmes sont les vagues incessamment naissantes, déferlantes et brisées pour s'enfler à nouveau et porter le flot peu à peu jusqu'aux plus hauts rivages du mystère. Car dans cette deuxième ode, comme dans les trois qui la suivront, Claudel fait du jaillissement successif des images, de leur rencontre fracassante, et de leur soudaine mutation, une sorte d'ascèse lyrique par laquelle le symbole est détruit à mesure qu'il se forme et fait ainsi éclater en son centre la substance spirituelle dont il était chargé. *Métaphore*, et non allégorie de l'esprit et de l'eau où l'esprit resterait captif de la chose qui le signifie, mais montée successive d'approximations impatientes à l'assaut de l'indicible, et tantôt l'esprit est souffle, et tantôt lumière, et tantôt océan, et l'eau tantôt matière, et tantôt vie, ou résistance, ou liberté. Pas d'équation de la soif avec le désir et de l'eau avec ce qui le comble : à peine la comparaison est-elle formée qu'elle est balayée par son contraire, et c'est l'eau qui a soif et qui désire. Pas d'identité non plus entre Dieu et la lumière, mais ce qui fait l'eau translucide est tour à tour, dans un mouvement successif d'échanges et de reprises, clarté divine, immortalité humaine, esprit connaissant – et soudain, au centre de l'ode, lumière qui ressuscite, dans le cœur du poète, malgré la nuit qu'il avait cru faire tomber sur elle, l'Ysé aujourd'hui plus lointaine que les rivages de la mer :

Mon Dieu, si vous avez placé cette rose dans le ciel, doué
De tant de gloire ce globule d'or dans le rayon de la lumière créée,
Combien plus l'homme immortel animé de l'éternelle intelligence !
Ainsi la vigne sous ses grappes traînantes, ainsi l'arbre fruitier dans le jour de sa bénédiction,
Ainsi l'âme immortelle à qui ce corps périssant ne suffit point !
Si le corps exténué désire le vin, si le cœur adorant salue l'étoile retrouvée,
Combien plus à résoudre l'âme désirante ne vaut point l'autre âme humaine ?
Et moi aussi, je l'ai donc trouvée, à la fin, la mort qu'il me fallait ! J'ai connu cette femme. J'ai connu l'amour de la femme.
J'ai possédé l'interdiction. J'ai connu cette source de soif !
J'ai voulu l'âme, la savoir, cette eau qui ne connaît point la mort ! J'ai tenu entre mes bras l'astre humain !
O amie, je ne suis pas un dieu,
Et mon âme, je ne puis te la partager et tu ne peux me prendre et me contenir et me posséder.
Et voici que, comme quelqu'un qui se détourne, tu m'as trahi, tu n'es plus nulle part, ô rose !
Rose, je ne verrai plus votre visage en cette vie [1] *!*

Rose : nom ou symbole de celle qui fut appelée Ysé dans *Partage de Midi*, nom ou symbole qui porte en lui toute la poignante nostalgie du paradis perdu, et ne cessera de la porter à travers tant d'années et tant d'œuvres : de *l'Esprit et l'eau* à *la Cantate à trois voix* [1], de *la Messe là-bas* [2] au *Soulier de Satin* [3], de *Cent phrases pour éventail* [4] à *l'Oiseau noir dans le soleil levant* [5] et jusque dans le poème sur *Sainte Geneviève* où c'est sans doute cette Rose-là qui, sous l'ambiguïté du mot, brasille une dernière fois au couchant dans le crépuscule d'une cathédrale [6].

Fragilité de la fleur, fugacité de l'instant, enivrement de l'odeur, envahissement de tout l'être par la mémoire de cette odeur, possession à jamais retirée, interdiction à jamais reconnue... Mais certitude pour le poète de faire vivre, à jamais aussi, par le verbe, ce qui était condamné à la mort :

Et je fais l'eau avec ma voix, telle l'eau qui est l'eau pure, et parce qu'elle nourrit toutes choses, toutes choses se peignent en elle.

Ainsi la voix avec qui de vous je fais des mots éternels ! je ne puis rien nommer que d'éternel.

La feuille jaunit et le fruit tombe, mais la feuille dans mes vers ne périt pas,

Ni le fruit mûr, ni la rose entre les roses [7] *!*

Et pourtant, une fois encore, dans l'invasion de l'eau qui donne la vie à toutes choses et purifie l'univers, c'est à l'esprit que le poète enfin se livre, au *souffle nouveau* sur sa face [8], à cet amour mystérieux qui *n'est point un homme ni une femme* [9] et qui lui transmet seulement cet étrange écho du *Noli me tangere* de la Résurrection :

Je vous salue, mon frère bien-aimé.
Ne me touchez point ! Ne cherche pas à prendre ma main [10].

Car l'amour absolu, dont l'autre a donné pour toujours le besoin, lui non plus ne se laisse posséder, mais il est là avec sa promesse qui, elle, sera tenue, et seul le rend perceptible dans le silence et la nuit quelque chose qui n'est comparable qu'à l'odeur poignante de la rose perdue. Comme Béatrice, si pareille à une Ysé béatifiée, le dira à un Dante fait à l'image de Claudel, quinze ans plus tard, dans l'*Ode jubilaire* : *Ah ! fais ce que tu veux, mais le goût particulier qu'ont les choses où je ne suis pas, dis maintenant si tu ne l'as pas appris* [1] *!* Et les *Conversations dans le Loir-et-Cher*, vingt ans après la seconde ode, recueilleront ce cri d'une femme qui cherche une image suprême pour évoquer la perception de l'absolu : *Ah ! nous n'échapperons pas éternellement à la rose ! quand déjà nous en sentons le parfum, nous n'échapperons pas à la rose* [2] *!*

Ces choses bien grosses et bien réelles

C'est une joie pour moi de toucher à toutes ces choses bien grosses et bien réelles, tramways, égouts, électricité, et l'impitoyable comptabilité (...) Le travail est une des bonnes choses de la vie, et sans lui je ne sais trop ce que je deviendrais à Tientsin[3]. C'est dans la même lettre du 9 décembre 1906 à Arthur Fontaine que Paul Claudel, qui est depuis juillet [4] consul de France à Tientsin et administrateur de la ville (alors concession française), évoque cette *joie* de la matière à brasser, et que plus loin, peut-être sans avoir voulu consciemment employer le même mot, parlant à son correspondant de *la vérité qui a illuminé soudainement comme un soleil de vie un certain jour de Noël à Notre-Dame il y a vingt ans*, il conclut : *Il n'y a rien de plus réel que la Joie, il n'y a rien de plus vivant que la Vie, nous ne pouvons nous passer de Dieu, et de Lui à nous il y a un chemin sûr et tracé. Ce n'est point l'exaltation d'un mystique qui a créé un ordre nouveau, c'est la joie raisonnable et naturelle d'un être vivant qui trouve son ordre éternel, marqué déjà visiblement et matériellement dans ce monde par l'Église* [5].

C'est de cette double certitude que sont marquées les années que Claudel vit en Chine, à Tientsin, de 1906 à 1909. Mais, parce que double, tantôt elle le comble et tantôt elle le divise. Et cette alternance du cœur, cet engendrement continu de la *question* par la *réponse*, du cri par le silence et de la plénitude par la parole, de la guerre par la paix et de la vie par la mort,

A Lyon, janvier ou février 1906.

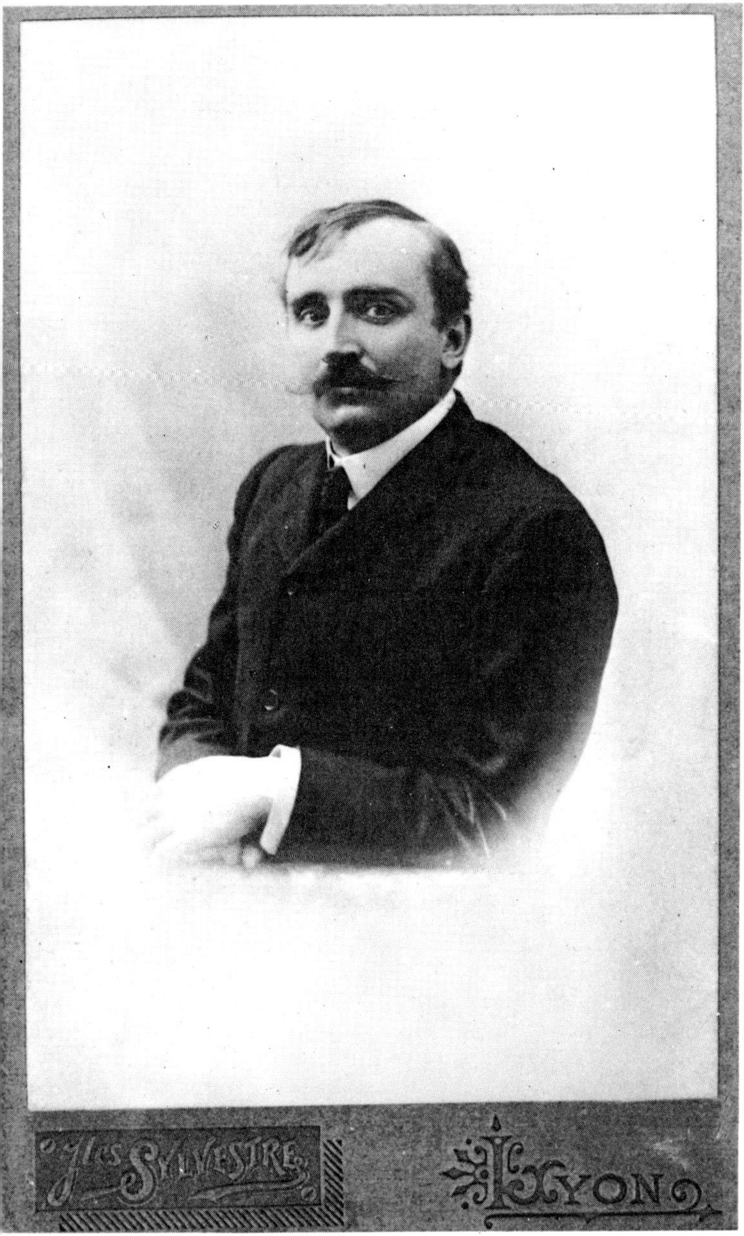
Sylvestre
Lyon

les trois grandes odes écrites alors ne cessent d'en témoigner.

A lire seulement *Magnificat*, on pourrait croire qu'est définitivement terminé le temps de l'errance et de la recherche : comme Marie, sœur de Moïse, chantant le cantique de la délivrance après le passage de la mer Rouge [1], comme Josué après les rudes étapes du désert contemplant à ses pieds la terre promise [2], comme Marie, épouse de Joseph, sentant en elle tressaillir l'enfant conçu de l'Esprit [3], le poète, en la proximité de Noël 1906 et alors qu'à lui aussi un enfant va être donné, n'est plus qu'exultation et louange pour Celui qui lui a enfin confié sa place précise à occuper dans le concert de la Création [4], qui l'a *planté au plus épais de la terre* [5], qui lui a donné le monde à comprendre et à offrir [6], lui a conféré finalement, par un étrange détour de la grâce, le double sacerdoce de la paternité et de la poésie [7]. Qu'on ne lui parle plus de *la rose* [8] ! Voilà maintenant qu'il sait ce que c'est que donner, non la mort mais la vie [9], et que celle-ci vient d'au-delà de lui-même ; tel est aussi l'esprit et telle sera sa parole [10].

Mais *la Muse qui est la grâce* n'aime pas les êtres satisfaits. Et même le Claudel qui se veut lui-même satisfait n'est pas loin de se mépriser : *Je ne suis plus aujourd'hui qu'un gros bourgeois ventru et propre à rien*, écrit-il à Suarès en août 1907 [11] et c'est à la fin de la même année que dans la cinquième ode, *la Maison fermée*, il fera dire à ceux qui l'accusent de trahir :

Mais on nous dit que tu es devenu gros et marié, et qu'éloigné de ton peuple autant que la terre le permet, sans aucun souci,
Tu vis tout seul comme un baron dans ta grande maison carrée aux murs épais [12].

Les deux dernières odes pourraient n'en faire qu'une, tant le thème est commun, tant la position que défend le poète dans *la Maison fermée* est pareille à celle dont la Muse, dans l'ode précédente, se moque cruellement. Ce monde dont il se veut le comptable et l'interprète [13], elle voit qu'il s'y enfonce pour échapper à la douleur, à l'insatisfaction essentielle qu'exige la vocation de l'esprit [14]. Et ces *choses bien réelles* dont l'existence, la co-naissance, et le sens, lui donnent une joie qui

Le Consulat de Tientsin

et notre voiture

notre victoria à Tientsin

communique à la joie divine, elle les dénonce comme un alibi [1]. Qu'il marche donc de son pas pesant de promeneur possessif, et elle le rendra boiteux [2] (comme plus tard Prouhèze elle-même privée d'un de ses souliers [3]) ; qu'il retrouve les fondations du monde et qu'il tente d'en achever l'édifice, et elle c'est non pas la pierre mais la flamme qu'elle lui apprendra [4], le feu qui dévore, *l'extermination de Midi* [5] qui devrait lui rappeler quelque chose ; parce que Dieu est liberté, et qu'il aime la liberté de l'homme, et qu'il veut l'office de la Création tout entière mais qu'elle l'accomplisse par amour et non par loi et par justice [6].

C'est lourd de cet impossible devoir qui doit refuser le devoir, que le poète, dans *la Maison fermée*, tente de comprendre, comme si c'était une dernière fois, ce monde qui lui est en même temps livré et retiré. Semeur de l'inconnu [7], rassembleur dépossédé [8], il n'a plus de certitude que dans la foi et la louange, et dans l'obscure contemplation des merveilles qu'il chante en même temps, dans son *Processionnal*, composé non plus selon la forme que donnait aux odes la violence du souffle personnel, mais sur le mode des séquences liturgiques [9] comme par l'effet d'une humble incorporation à l'assemblée du peuple de Dieu.

Poésie et liturgie

Le *Processionnal pour saluer le siècle nouveau* (septembre 1907) est antérieur à la cinquième ode (janvier 1908) [10] et peut-être même à la fin de la quatrième [11]. La place que lui assigne Claudel en conclusion des *Cinq Grandes Odes* est d'ailleurs étrange, car le thème, le ton, le rythme en sont complètement différents. Et lorsque Claudel remet son manuscrit ainsi composé à un voyageur qui rentre en France, en novembre 1908 [12], il a déjà écrit au moins quatre hymnes dont l'intention et la prosodie sont celles du *Processionnal*, et qui constituent le début d'une œuvre toute nouvelle, – les hymnes de *la Pentecôte*, de *saint Paul*, du *Saint-Sacrement* et de *l'Assomption* [13].

Certes, la liturgie avait marqué Claudel dès ses premiers drames ; elle y avait nourri d'images scripturaires ses spéculations sur la mort et la vie, la femme et l'âme, l'univers et la création [1]. Et les odes, fourmillant de traductions littérales de textes latins liturgiques [2], puisaient leurs images maîtresses dans les symboles liturgiques (tel *l'Esprit et l'Eau* dans la célébration baptismale du Samedi Saint, ou le *Magnificat* dans l'Heure des Vêpres et le salut du Saint-Sacrement).

Ce qui est neuf dans le *Processionnal* et les *Hymnes*, c'est la volonté délibérée de faire de l'acte poétique lui-même une prière. *Tout ce qu'il y a en moi et qui n'est pas Dieu en qui j'ai mis toute ma pensée et tout mon cœur, ne vaut pas la peine que je le donne*, écrit-il à Suarès en mars 1907 [3]. Mais la prière chrétienne n'est pas seulement élan du cœur et acte de l'intelligence, elle est participation à la communion des fidèles, acte d'Église sous la motion de l'Esprit-Saint. C'est le sens de la liturgie. Et il y a vingt ans que Claudel le sait : depuis les vêpres de Notre-Dame de Paris, en 1886. *Le grand livre qui m'était ouvert et où je fis mes classes, c'était l'Église. Louée soit à jamais cette grande mère majestueuse aux genoux de qui j'ai tout appris ! Je passais tous mes dimanches à Notre-Dame et j'y allais le plus souvent possible en semaine. J'étais alors aussi ignorant de ma religion qu'on peut l'être du bouddhisme, et voilà que le drame sacré se déployait devant moi avec une magnificence qui surpassait toutes mes imaginations. Ah, ce n'était plus le pauvre langage des livres de dévotion ! C'était la plus profonde et la plus grandiose poésie, les gestes les plus augustes qui aient jamais été confiés à des êtres humains. Je ne pouvais me rassasier du spectacle de la messe et chaque mouvement du prêtre s'inscrivait profondément dans mon esprit et dans mon cœur. La lecture de l'Office des Morts, de celui de Noël, le spectacle des jours de la Semaine Sainte, le sublime chant de l'Exultet auprès duquel les accents les plus enivrés de Sophocle et de Pindare me paraissaient fades, tout cela m'écrasait de respect et de joie, de reconnaissance, de repentir et d'adoration* [4] ! Aussi est-ce jusque dans le geste intérieur, dans l'articulation de la parole, que Claudel va chercher maintenant à rejoindre cette poésie de l'Église.

Contrairement à ce qu'on croit souvent, ce n'est pas la poésie biblique qui l'a d'abord marqué. Il semble ne connaître encore de la Bible que les fragments de la Vulgate latine que lui livre la liturgie, et c'est le latin de saint Jérôme qui l'émerveille [1], et l'adaptation des textes à la foi chrétienne, non la splendeur de l'original ni le mystère de l'histoire qui y est révélé. Lorsque Claudel cite la Bible, en ces années-là, c'est toujours dans son emploi liturgique : *le chapitre de Joël à la messe du mercredi des Cendres* [2], ou *le chapitre de la Sagesse qui sert d'épître à la messe de saint Thomas d'Aquin* [3]. Et quand Jacques Rivière veut lire la Bible [4], il lui indique la traduction de Fillion *(la seule que je connaisse (...) elle n'est pas fameuse* [5]*)* mais il lui dit : *La liturgie et l'assiduité aux offices de l'Église vous en apprendront plus que les livres. Plongez-vous dans cet immense bain de gloire, de certitude et de poésie* [6].

Or cette poésie, Claudel vient sans doute d'en découvrir un des éléments, non plus dans les textes d'origine biblique qui ont marqué ses odes, mais dans les textes médiévaux qui vont marquer ses hymnes. Peut-être connaissait-il ces textes depuis plusieurs années, mais c'est alors seulement qu'il paraît sentir la communauté de prière et de poésie qui l'unit à leurs auteurs, et qu'il donne à sa parole ce rythme nouveau dont le *Processionnal* annonce l'entrée solennelle dans le langage claudélien.

Voici devant moi depuis le commencement du monde jusqu'à nos jours en une procession
Tous les patriarches et les saints suivant l'ordre de leurs générations. (...)
Voici saint Pierre Crucifié et voici saint Paul mon patron,
Qui écrivit les épîtres de la messe et qui eut la tête coupée sous l'empereur Néron. (...)
Voici les définisseurs de la foi, voici les docteurs de tous les conciles,
Les papes qui tinrent tête aux tyrans furieux et à la foule misérable et imbécile.
Car vous ne nous avez pas ordonné de vaincre, mais de n'être pas vaincus !

Et de garder le dépôt intact de la foi que nous avons reçue.
Voici l'immensité de tous mes frères vivants et morts, l'unanimité du peuple catholique,
Les douze tribus d'Israël réunies et les trois Églises en une seule basilique.
Voici le monde vaincu et Satan précipité.
Voici Jérusalem qui est construite comme une cité [1] *!*

Poème assonnancé dans le rythme des anciennes séquences, écrit-il à Frizeau en octobre 1907 pour définir cette nouvelle forme [2] ; *ces séquences de l'ancienne Église que j'aime tant,* écrit-il à Suarès [3] à la même époque. Puis l'année suivante, en juillet 1908, parlant à Frizeau de ses projets : ... *des hymnes liturgiques dans la forme de la séquence où la rime traitée très librement me servirait à fournir l'impression d'une progression solennelle* [4]. Enfin, quinze jours après, à Gide : *Je me trouve lancé dans une série d'hymnes liturgiques où j'essaie de reprendre la tradition de Notker, d'Adam de Saint-Victor, et de Prudence* [5].

Voici donc une source facile à situer. Car Claudel n'a pu lire les hymnes de Prudence et les séquences de Notker et d'Adam de Saint-Victor que dans un seul ouvrage, à cette époque : *l'Année liturgique* [6], dont l'auteur, Dom Guéranger, abbé de Solesmes, avait fouillé les sacramentaires médiévaux et les anciens missels pour rendre à la liturgie toutes les richesses de la tradition romaine et mettait au-dessus de toutes les autres les œuvres de ces trois poètes. Œuvres, du reste, fort différentes ; car si Notker et Adam de Saint-Victor [7] sont séparés par trois siècles (l'un est du IXe et l'autre du XIIe), tous deux appartiennent au même monde du monachisme médiéval. Prudence [8], par contre, poète latin du IVe siècle, est d'un autre monde. Celui-ci emploie dans ses hymnes la prosodie latine la plus classique, ceux-là dans leurs séquences liturgiques un mode populaire qui ne tient compte que des syllabes. Mais on comprend pourquoi Claudel, plus encore que Dom Guéranger, les réunit : c'est du *Cathémérinon* de Prudence que vient sans doute le projet des hymnes pour les différentes heures du jour et pour les différentes fêtes de l'année [1], et c'est de la séquence notkérienne et victorine, basée sur la libre mesure, la rime, et les strophes égales, que vient la nouvelle forme, si différente de celle des odes et des drames, et qui de *Corona benignitatis anni Dei* à *la Messe là-bas* et de *la Cantate à trois voix* aux *Feuilles de Saints* et à *Visages radieux*, sera plus ou moins celle de toute l'œuvre poétique jusqu'à la fin.

Venez, Esprit créateur ! la grâce achève la nature !
L'Esprit gratuit en ce jour libère la créature !
La vieille loi est caduque et l'Enfant de Dieu rompt ses fers !

Quant à moi j'accueillerai le prodigieux sacrement !
Je sais que le rite nouveau succède à l'antique document,
L'amour dévore la crainte, la gloire absorbe la mort.

Jésus en qui tous les temps ont consommation,
Comme il nous a donné sa naissance nous partage sa résurrection.
Aujourd'hui comme hier et demain il est avec nous encor !

(...)

Ah ! guérissez cet œil mortel ! ressuscitez ce cœur qui dort !
Venez, Esprit dévorateur ! venez, ô mort de la mort !
Plénitude d'efficacité dans la plénitude de surabondance.

Vous êtes flamme et vous ne me brûlez pas !
Vous êtes eau et vous ne me rassasiez pas !
Vous ne faites aucun mal à votre créature misérable.

Aucune violence avec vous, point d'éclair qui terrasse et qui meurtrit.
Votre présence seulement dans le cœur profondément attendri,
Votre cœur dans notre cœur comme un sceau rompu et comme un parfum inénarrable [2] *!*

Cette *Hymne de la Pentecôte* ne prend pas seulement à de nombreuses séquences sa sourde résonance de rimes se répondant en fin de tercets [1], mais, comme *l'Hymne du Saint Sacrement* [2], c'est toute la matière liturgique et le verbe original du *Veni Sancte Spiritus* de Langton, du *Lauda Sion Salvatorem* de saint Thomas d'Aquin, du *Pange lingua gloriosi*, pour ne citer que ceux-là, qu'elle saisit et qu'elle restitue [3].

Que le génie claudélien ait puissamment pétri cette matière, et qu'il l'ait même dès l'origine réanimée d'un souffle qui en transforme jusqu'aux dimensions, c'est évident. Il reste que cette découverte lui a apporté poétiquement le salut, quand la théorie de la respiration selon Cœuvre semblait avoir épuisé ses vertus. C'est sans doute en écrivant *La Muse qui est la grâce* qu'il avait senti le danger : *Des rares moments d'inspiration qui me visitent de temps à autre, je tire une quatrième Ode dont j'ai bien du mal à sortir* [4], écrivait-il à Suarès en août 1907. *L'instinct* [5], qui tenait la première place dans l'explosion de la parole à l'époque de *Tête d'Or*, ne peut plus suffire à tout. Le besoin d'une nécessité, intérieure certes, mais non gratuite, entraîne la recherche d'une métrique. La célébration de l'Univers créé et l'adoration du Créateur, qui vont dominer toute l'œuvre poétique, exigent que le cri se module désormais lui-même selon des lois organiques. *La mesure a des vertus mystiques qui satisfont les parties les plus secrètes de l'esprit* [6], écrit Claudel à Suarès en 1908 ; et à Rivière qui vient de publier sur lui une étude : *Vous me faites très bien comprendre à moi-même comment mon vers, mon drame et ma doctrine sont l'ouvrage de la même aspiration, pacifique ou précipitée. Calmerez-vous ainsi le vieux remords que je sens à n'avoir pas su me servir du vers canonique ? La rime et le nombre imposé des syllabes donnent à la parole un caractère de nécessité, de forme extérieurement imposée : il n'y a plus moyen de rien changer. Tandis que mon vers n'est jamais qu'un cri, une « proposition » dans la solitude, qui ne se passe pour exister de la foi et de l'acceptation d'un auditeur ami. D'autre part le vers classique est trop raide et artificiel pour le drame et dans la poésie, au delà d'une certaine mesure, il devient rapidement ennuyeux et même exaspérant (voir Leconte de Lisle). Cette succession régulière de rimes et de rimes masculines et féminines produit une espèce de battement comme le soleil derrière une palissade. Je regrette le vers iambique, si pur, si nu, si aisé. (Voir l'admirable poème de Catulle, les « Noces de Thétis et de Pélée »). Chez nous Racine et Chénier sont les deux maîtres inimitables* [1]. Dix-sept ans plus tard, les *Réflexions et propositions sur le vers français* [2] montreront comment Claudel a surmonté ces contradictions et marqueront l'aboutissement de cette immense recherche à laquelle les hymnes et *Corona* donnent un nouveau départ.

Mon grand ennemi

Mais, au même moment, un autre projet lève en lui. De *Tête d'Or* à *Partage de Midi*, le désir et la passion avaient déchaîné toutes les puissances du lyrisme, et il a décidé de rompre avec ce passé. De la même manière et pour les mêmes raisons qu'il cherche un nouveau vers, il cherche un nouveau drame. Il le veut rigoureux, construit, scénique [3]. Il veut sortir de soi, se vaincre, et pouvoir dire, s'il y atteint : *Pour la première fois, j'ai réussi à tenir en bride le lyrisme qui est mon grand ennemi ; pour la première fois, j'ai réussi à créer des personnages objectifs et extérieurs* [4]. Ce n'est plus soi, ce n'est plus la Muse ambiguë qu'il va interroger, mais la terre et les morts (ô Barrès ! à la devise duquel il opposera plus tard la sienne ainsi formulée : *la mer et les vivants* [5] !). La solitude le renvoie à Villeneuve, en arrière de lui-même, au monde dont il est issu. En février 1908, il note dans son journal : *Le drame de la famille et de la terre. Un ensemble de drames. Lieu : l'emplacement de l'abbaye d'Igny* [6]. C'est là qu'il situe Coûfontaine (dont le nom ressemble de si près à celui de Bellefontaine), et il esquisse le sujet de trois drames, dont le premier est déjà clairement celui de *l'Otage*, le second plus vaguement celui du *Pain dur*, et dont le dernier n'a qu'un seul point commun avec celui du *Père humilié :* un personnage aveugle [7]. Toute l'idée de la trilogie existe dès *l'Otage* [8], bien qu'il l'ait nié [9]

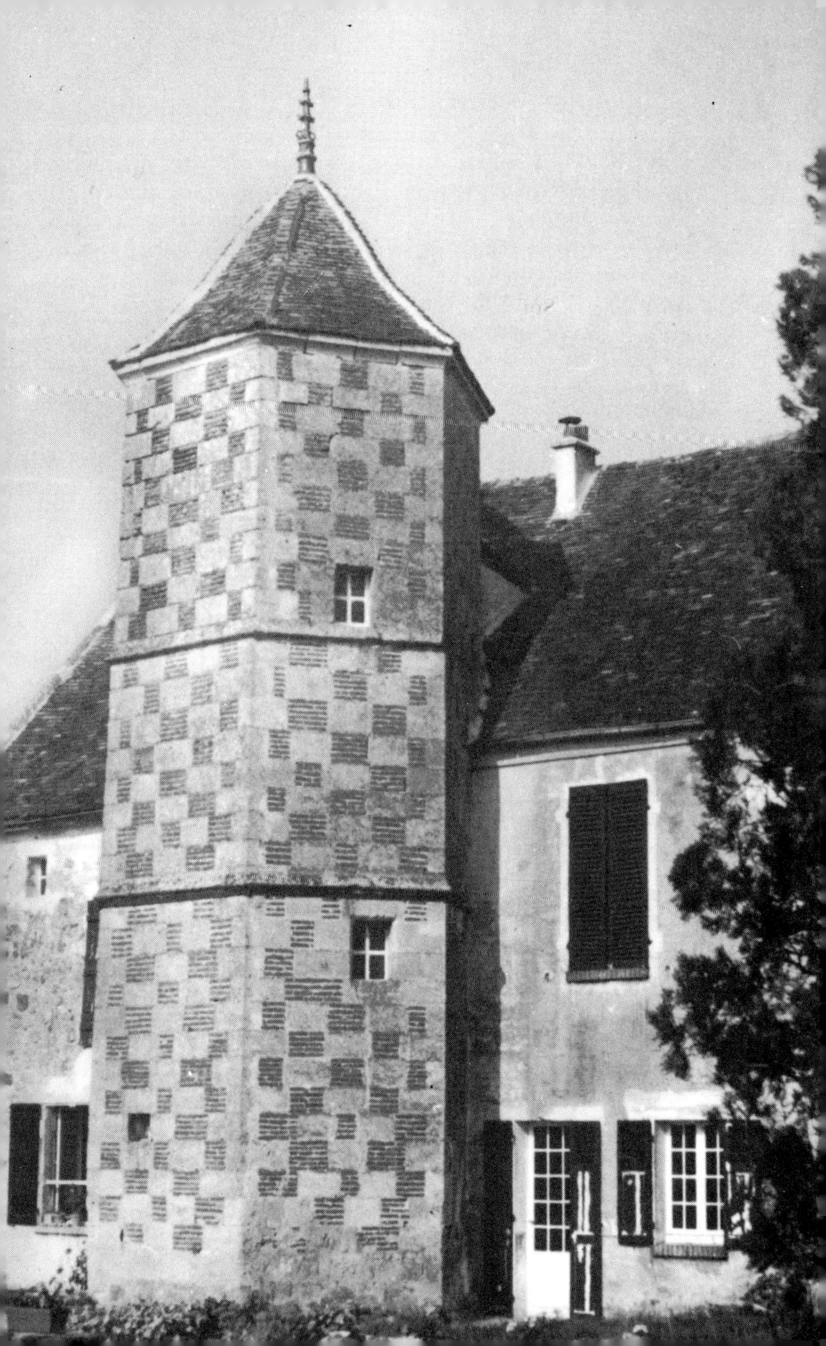

plus tard. Et croit-il vraiment à l'*objectivité* de ces personnages quand il consacre son premier drame à un mariage de sacrifice, et prévoit parmi les personnages du troisième *la fille de l'ancienne aimée* [1] ? C'est sans doute ce caractère de lutte contre soi-même qui donne à *l'Otage*, et aussi au *Pain dur*, leur cruauté, leur amertume, dont Claudel était fort conscient [2]. Sous la volonté tendue, la douleur est là, et l'interrogation incessante sur l'exigence de Dieu. *Je voudrais composer un cycle de drames ne produisant pas seulement des personnages, mais l'ensemble des moyens étranges, multiples et convergents par lesquels ces personnages eux-mêmes sont produits pour les fins prévues de Dieu* [3].

Toute l'histoire de Sygne est celle d'un amour, dont la terre et l'honneur de Coûfontaine ne sont que le symbole prodigieusement élargi, et qu'il lui faudra immoler aux exigences d'une loi dont l'Église elle-même, sous les espèces du pape et de l'abbé Badilon, viendra ratifier la dureté. Le drame de Sygne, c'est cet absolu qu'elle a cru atteindre en engageant sa foi entre les mains de Georges, ce *serment dans la nuit* [4], que l'abbé Badilon tient pour nul, n'étant *point acte ni sacrement* [5]. S'il y a un otage, plus encore que le pape, c'est l'âme de Sygne, que l'abbé Badilon s'efforce de délivrer malgré elle comme Georges veut délivrer le pape malgré lui. Et le consentement qu'elle donnera enfin, ce mariage avec Toussaint Turelure accepté pour son propre salut et pour le bien de l'Église [6], Badilon n'y voit point d'autre comparaison que les souffrances mêmes du Christ [7]. Étrange sanctification d'une passion dont le sacrement de mariage est la couronne d'épines ! *L'amour vrai* [8] est trahi, la victime immolée [9], et le sacrement si détesté que Sygne agonisante refuse encore jusqu'à la fin le simple geste de pardon que son confesseur la supplie d'accorder à Turelure, dont nul pourtant ne pourrait dire de quoi il est coupable, sinon d'être son époux [10]. Condamnation si atroce que Claudel quatre ans plus tard se croira obligé de la réviser, sur le conseil d'un religieux [11], et qu'il fera intervenir Turelure lui-même à la place de l'abbé Badilon pour réclamer non certes un mouvement de charité de cette âme murée dans sa nostalgie de l'amour impossible, mais au moins la reconnaisance du *consentement* qui fit le mariage, du *oui* qui est sa matière [1]. Et Sygne sauvée par ce coup de force, Claudel écrira à Jammes qu'il a *voulu montrer comment Turelure même devient malgré lui l'instrument de son salut, comme il a été l'auteur de ses mérites* [2].

Amère, étrange théologie, qui fait de l'amour un paradis voué à l'interdiction, et du mariage un châtiment dans la vallée de larmes. Et bien loin que *l'Otage* en soit l'unique témoignage, Claudel ne cessera de se pencher sur l'abîme qui pour lui sépare ces deux mondes [3].

C'est pourtant peu après *l'Otage* qu'il traduit les poèmes de Coventry Patmore [4] et qu'il loue celui-ci d'avoir dans son œuvre exalté *l'Amour conjugal* [5]. Claudel cite là le passage fameux de l'épître aux Éphésiens, mais ne semble guère en saisir la portée [6]. On chercherait en vain dans son œuvre les traces de ce *mystère* dont saint Paul fait la plus haute expression de l'union du Christ et de l'Église. Pour les personnages de Claudel, il n'est d'union que hors du temps, *là où le corps ne sert plus*, dit Sygne de Coûfontaine, *là où plus loin que la vie (...) nos âmes l'une à l'autre se soudent sans aucun alliage* [7]. C'était déjà la foi d'Ysé [8], ce sera celle d'Orian dans *le Père humilié* [9], et celle de Rodrigue et de Prouhèze dans *le Soulier de Satin* [10]. Foi cathare plus que chrétienne, et sur laquelle vient durement se briser la louange du monde créé. Peut-être qu'en poursuivant Tristan de ses sarcasmes [11], Claudel a senti que c'était lui, en vérité, son grand ennemi ; mais comment eût-il pu en conjurer l'image, alors qu'elle est au cœur de son drame ?

La pierre et le feu

Quand Claudel quitte la Chine, en août 1909, il n'a écrit qu'une partie de *l'Otage* [12], et c'est à Prague, où il est consul de France, qu'il écrit le mot « *fin* » en juin 1910 [13]. Mais déjà, depuis février 1909, il songe à une nouvelle version de *la Jeune Fille Violaine* [14], et pour une raison toute simple : un directeur de théâtre lui a demandé de monter la pièce, il l'a relue, et il écrit à Gide que, de toutes ses pièces, *c'est la plus pénétrée de poésie et la plus imparfaite (...) la fable et l'action en sont puériles* [1]. Il refuse donc son autorisation [2], poussé d'ailleurs par un autre motif qu'il avoue sans fard à l'actrice qui comptait tenir le rôle : il est fonctionnaire et il craint le scandale [3].

Cette histoire du Théâtre d'Art a eu un bon côté, écrit-il à Frizeau en février 1909. *Elle m'a fait réfléchir à* la Jeune Fille Violaine, *et trouver l'idée, pourtant bien simple, qui me manquait pour la mise au point de ce drame (...) Je crois que je pourrai en faire quelque chose de parfaitement jouable. Le rôle de Pierre de Craon deviendra très important, et le tout aura, je crois, un caractère assez grandiose qui lui manquait* [4]. Cette « idée bien simple », qui à partir de *la Jeune Fille Violaine* le conduit à *l'Annonce faite à Marie*, est-ce celle de la maternité mystique de Violaine manifestée par la résurrection de l'enfant de Mara, comme Claudel l'affirmera à deux reprises dans les *Mémoires improvisés* [5] ? C'est bien douteux. Car à Jacques Rivière aussi il écrit, en avril 1909, qu'il refondra le personnage de Pierre de Craon [6]. Or c'est la transformation de celui-ci qui transforme toute l'histoire, c'est sa lèpre qui transforme Violaine, c'est le baiser que celle-ci lui donne qui transforme l'amour en souffrance et la souffrance en amour [7], – et le miracle de l'acte 3 dans la grotte du Géyn ne serait qu'une incroyable intervention du *deus ex machina* si Violaine, avant d'être faiseuse de miracle, n'était pas d'abord martyre d'une charité qui dépasse sa conscience et ses forces.

Mais Pierre de Craon, pécheur et lépreux, n'était pas seulement nécessaire pour donner au sacrifice de Violaine sa vérité spirituelle, il l'était aussi pour donner au drame sa vérité humaine ; si Violaine, malgré sa volonté première de bonheur terrestre, semble parfois d'une essence déjà à demi céleste, et si Jacques Hury par contraste apparaît d'une matérialité un peu simple, Pierre de Craon est un homme partagé, en qui la lèpre n'est que le signe d'un mal où le corps et l'âme sont mêlés [8], et son dialogue avec Violaine dès le prologue

Les rochers du Géyn, une butte toute couverte de bruyères et de sable blanc... des grès aux formes fantastiques...

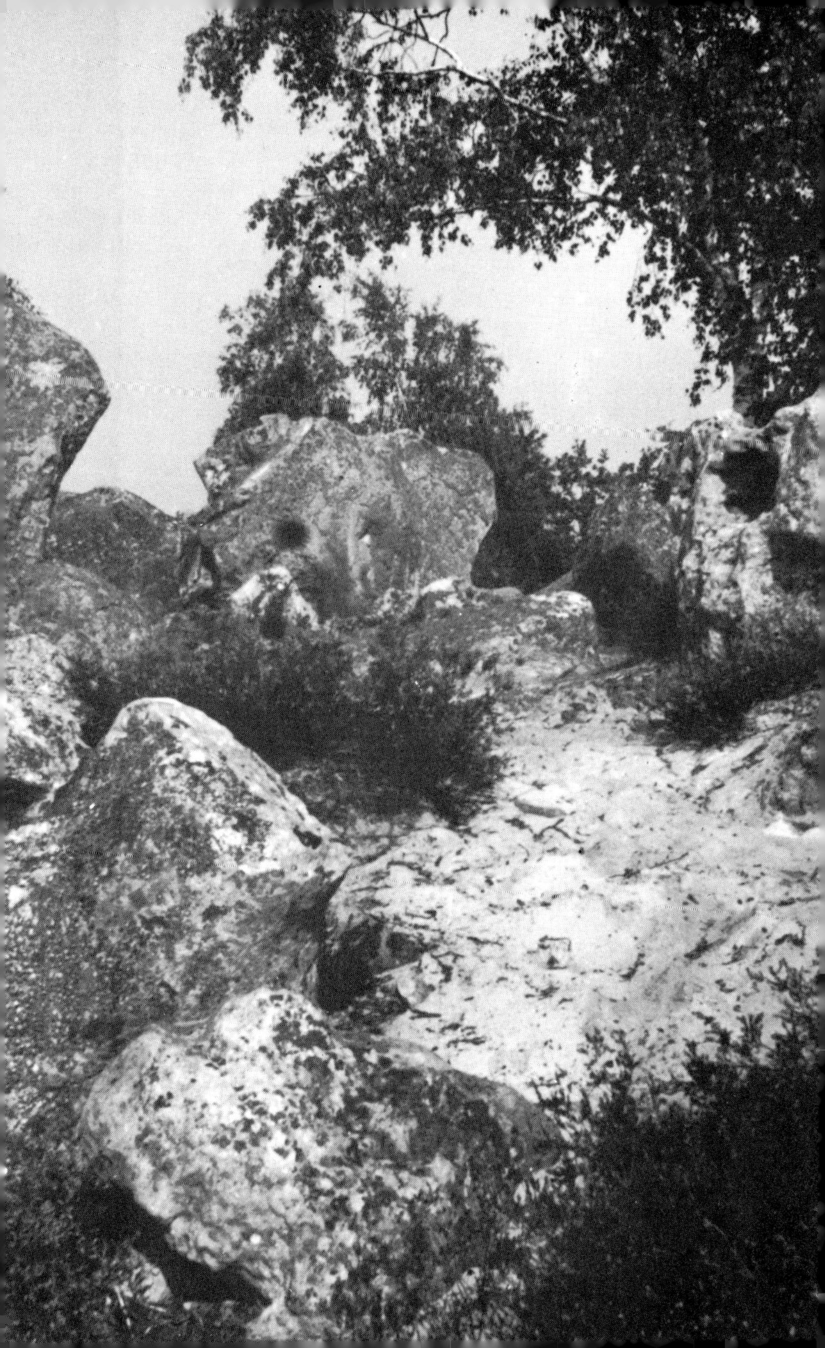

traduit une expérience et une souffrance trop profondes pour ne pas en accompagner sourdement toute la pièce :

N'avons-nous pas assez de pierres à assembler et de bois à joindre et de métaux à réduire ?
Mon œuvre à moi, pour que tout d'un coup,
Je porte la main sur l'œuvre d'un autre et convoite une âme vivante avec impiété ? (...)
Il est dur d'être lépreux et de porter avec soi la plaie infâme et de savoir que l'on ne guérira pas et que rien n'y fait
Mais que chaque jour elle gagne et pénètre, et d'être seul et de supporter son propre poison, et de se sentir tout vivant corrompre ! (...)
C'est vous qui m'avez fait ce mal par votre beauté, car avant de vous voir j'étais pur et joyeux,
Le cœur à mon seul travail et idée (...)
O image de la Beauté éternelle, tu n'es pas à moi [1] *!*

Et comme Claudel lui avait confié l'ouverture de la pièce sur ce thème de la douleur d'amour, il lui confie la conclusion. C'est Pierre de Craon, et non Jacques Hury, qui est jugé digne d'emporter Violaine mourante dans ses bras, parce qu'une alliance les réunit maintenant bien au-delà des corps [2]. Violaine a pris sur elle le mal de Pierre de Craon [3] comme a pris sur elle la douleur de Mara [4], elle est l'auteur à la fois de sa souffrance et de sa guérison, et si elle laisse derrière elle Jacques et Mara dans un état de désarroi et d'amertume [5], elle laisse au contraire en Pierre un homme qui par elle a trouvé définitivement le sens de sa vie, c'est-à-dire pour lui de son œuvre. Par elle il a reçu en même temps révélation et interdiction, et c'est pourquoi il est consacré désormais :

Béni soit Dieu qui a fait de moi un père d'églises,
Et qui a mis l'intelligence dans mon cœur et le sens des trois dimensions :
Et qui m'a interdit comme un lépreux et libéré de tout souci temporel,
Afin que de la terre de France je suscite Dix Vierges Sages dont l'huile ne s'éteint pas, et compose un vase de prières [6] *!*

Comme il a fondé sa nouvelle église sur les restes de sainte Justice placés là comme une semence [1], il voit déjà son achèvement dans la figure culminante de cette autre Justice, l'image de Violaine, *car elle est Justice elle-même qui écoute et conçoit en son cœur le juste accord* [2]. Thème de l'*Art poétique* et de quatre des *Cinq Grandes Odes*, qui fait de l'œuvre, à l'image du monde, une structure organique dont l'amour est le *poids supérieur* [3] :

Et certes Justice est belle. Mais combien plus beau
Cet arbre fructifiant de tous les hommes que la semence eucharistique engendre en sa végétation.
Cela fait une seule figure qui tient à un même point.
Ah, si tous les hommes comme moi comprenaient l'architecture,
Qui voudrait
Faillir à sa nécessité et à cette place sacrée que le Temple lui assigne [4] *?*

A la lointaine question des *Vers d'exil* de 1895 : *Toi qui m'as appelé, dis-moi ce que tu veux* [5], il semble que Paul Claudel désormais connaît la réponse, comme Pierre de Craon. Car l'image de la pierre dans l'édifice, dont la Muse qui est la grâce savait si bien l'ambiguïté [6], est ici encore emportée et dépassée par deux autres images dans un mouvement ascendant : celle de l'eau *(Certes j'ai toujours pensé que c'était une bonne chose que la joie. Mais maintenant j'ai tout !* s'écrie Pierre de Craon... *Comme l'eau maintenant me soulève ! L'action de grâces descelle la pierre de mon cœur* [7]*)* et celle du feu *(Le bois où l'on a mis le feu*, dit Violaine, *ne donne pas de la cendre seulement mais une flamme aussi* [8].*)* Ainsi viennent communier entre elles les vocations, les souffrances, les amours : entre elles, mais dans une charité qui les transcende et les transforme. Nouvelle naissance, comme celle de l'enfant de Mara dans les bras de Violaine, cet enfant dont le regard est changé [9]. Nouvelle naissance qui n'est possible que par la naissance déjà donnée du Fils de Dieu, par le mystère de l'Incarnation célébré en cette fête de Noël si chère à Paul Claudel et que Violaine fait vivre à Mara dans la prière de *tout l'univers* [10], c'est-à-dire dans la liturgie de l'Église [11]. Nouvelle naissance, enfin, entièrement dépendante de la liberté des créatures, qui comme Marie recevant l'annonce de l'ange ont réponse à donner, – mais naissance pourtant qui est l'œuvre de Dieu seul : c'est par Marie, par Violaine, par Jeanne la Pucelle (qui semble traverser l'œuvre comme une attestation historique de l'héroïsme virginal [1]), c'est par les Vierges qu'est enfanté le monde nouveau, parce qu'elles sont toutes données elles-mêmes, non à la volonté de l'homme, mais à la grâce de Dieu.

Le bonheur dans le moment

L'Annonce est achevée à Prague en juin 1911 [2], et elle sera représentée pour la première fois le 21 décembre 1912, dans une mise en scène de Lugné-Poe et Jean Variot, au Théâtre de l'Œuvre, salle Malakoff, où un public composé surtout de jeunes lui fera un accueil triomphal [3].

Mais le manuscrit n'est pas terminé depuis quinze jours [4] que Claudel, tout désemparé, se demande ce qu'il va maintenant écrire. Un seul projet le tente, celui *d'une série de sermons ou de canevas de sermons* [5] ! C'est à Gide qu'il écrit cela, de Paris, le 21 juin 1911, jour du solstice d'été. Il revient alors d'Hostel, près de Virieu-le-Grand, dans l'Ain, où il a passé une dizaine de jours, *jouissant délicieusement de cet admirable printemps et du visage de ce pays de la joie auprès duquel tous les autres ne sont que ténèbres* [6]. Peut-être ne sait-il pas que la *Cantate à trois voix* vient de naître en lui-même, et que c'est à cette nuit précisément qui est devant lui qu'elle va prendre sa résonance inoubliable :

> *Cette heure qui est entre le printemps et l'été*
> *Entre ce soir et demain l'heure seule qui est laissée*
> *Sommeil sans aucun sommeil avant que ne renaisse le soleil*
> *Nuit sans aucune nuit*
> *Pleine d'oiseaux mystérieux sans cesse et du chant qu'on entend quand il est fini*
> *De feuilles et d'un faible cri, et de mots tout bas, et du bruit*
> *De l'eau lointaine qui tombe et du vent qui fuit* [7] *!*

Hostel d'où l'on découvre l'Alba Via et le vaste creux...

Que faire, au sein de la splendeur des *choses passantes* [1], sinon chanter ce *bonheur dans le moment* [2] et ces choses passantes elles-mêmes en l'image fugace qu'elles apportent de la joie éternelle ? Les trois voix qui vont célébrer ce mystère sont des voix de femmes séparées : l'une de son fiancé, l'autre de son époux mort, la troisième de son époux absent [3]. Toutes trois vivent d'un amour dont la possession leur est interdite. Et toutes trois, dans cette interdiction même, cherchent la promesse qu'elle recèle. Mais c'est Fausta, l'exilée, la blonde Polonaise [4], à laquelle son bien-aimé a été arraché par la vocation d'une *Patrie* [5] qui est sans doute bien plus absolue que terrestre, – c'est elle qui le plus âprement chante ce désir que ne peut satisfaire la beauté du monde d'ici-bas ni même la consommation de l'amour humain, et elle crie vers l'absent :

Dis ! cette déception terrestre est-elle l'image d'une autre plus parfaite ?
Je veux, j'en veux une autre plus exquise !
Crois-tu qu'on puisse ainsi me satisfaire ?
Et sache que je ne veux même pas de ta présence,
Si elle doit m'arrêter sur moi-même !
Et de ta complaisance si elle est une limite
A ma fuite hors de cette personne détestée !
Et si le désir devait cesser avec Dieu,
Ah ! je l'envierais à l'Enfer [1] *!*

Dialogue du désir et de la foi, de la joie et de la douleur, de la mémoire et de l'espérance, comment *la Cantate à trois voix* échapperait-elle au thème de la rose en qui se symbolise depuis si longtemps pour Claudel la révélation d'un amour à l'odeur d'éternité ? Étrangement, c'est Beata, la veuve, qui dès le commencement reçoit de ses compagnes mission de le chanter, comme si déjà pour elles il indiquait le sens des dialogues et des cantiques qu'elles ont la nuit pour exhaler :

Je dirai puisque tu le veux,
La rose. Qu'est-ce que la rose ? O rose !
Eh quoi ! Lorsque nous respirons   cette odeur qui fait vivre les dieux,
N'arriverons-nous qu'à ce petit cœur insubsistant
Qui, dès qu'on le saisit entre ses doigts, s'effeuille et fond,
Comme d'une chair sur elle-même toute en son propre baiser
Mille fois resserrée et repliée ?
Ah, je vous le dis, ce n'est point la rose ! c'est son odeur
Une seconde respirée qui est éternelle !
Non le parfum de la rose ! c'est celui de toute la Chose que Dieu a faite en son été !
Aucune rose ! mais cette parole parfaite en une circonférence ineffable
En qui toute chose enfin pour un moment à cette heure suprême est née !
O paradis dans les ténèbres !
C'est la réalité un instant pour nous qui éclôt sous ces voiles

fragiles et la profonde délice à notre âme de toute chose que Dieu a faite [1] *!*

Mais de même que pour Violaine [2], le sacrifice est pour Beata le libérateur de l'action de grâces :

Où manque la rose, le fruit ne fait pas défaut.
Où cesse le baiser, le chant jaillit !
Où le soleil se cache, éclate le ciel !
Nous ne sommes point sortis de ce paradis de délices où Dieu d'abord nous a placés,
(Et le jardin seulement, comme son possesseur, est blessé).
Son enceinte est plus infranchissable que le feu et son calice d'un tel tissu
Que Dieu lui-même avec nous n'y trouve point d'issue [3].

Ris, immortel.

Cette vision de la douleur et de la joie au sein de la Création et cette espérance acharnée en une Présence plus essentielle que toute présence, les trois voix qui dans la nuit de juin les célèbrent semblent parfois près de se briser tant elles atteignent au bord de ce que peut dire encore un être humain. Nulle part, sous autant d'images merveilleuses, ni par des mots plus simples ni plus poignants, Claudel n'a exposé en si riche symphonie les thèmes à la fois les plus secrets et les plus éclatants de son œuvre, et n'en a mieux communiqué l'unité maintenant trouvée dans cette lumière encore et déjà vivante au cœur même de la nuit.

Mais Claudel n'est pas homme à se complaire en soi. Ce paradis impossible, cette rose insubsistante, la Muse-qui-est-la-grâce en même temps qu'elle lui en avait fait comprendre l'ivresse lui avait appris à s'arracher à eux.

Ris, immortel ! de te voir parmi ces choses périssables !
Et raille, et regarde ce que tu prenais au sérieux ! Car elles font semblant d'être là et elles passent.
Et elles font semblant de passer, et elles ne cessent d'être là [4] *!*

Le rire, c'est le souffle de la liberté qui balaye la possession, fût-ce celle de la joie ou de la douleur. C'est le jaillissement de la vie qui brise le miroir où l'homme allait se prendre au piège de son image. Et de même qu'il avait écrit *l'Endormie* quand bouillonnait en lui l'orgueil irrépressible de Tête d'Or, Claudel, en cette époque où Mésa n'en finit plus de chercher l'absolu dans l'enchantement de l'amour perdu, se jette à nouveau dans le même rire énorme des faunes et des nymphes ; mais ce n'est plus le poète d'illusion qui les fait rire et qui le fait rire, c'est l'amant d'illusion, cet autre Tristan, Ménélas, qui, après dix ans de quête et de combat, ne sait même plus distinguer son Hélène d'une affreuse faunesse cornue, à laquelle il prête tous les prestiges de sa mémoire et de son amour [1].

Rire salubre, sans nul doute, – et d'autant plus que Claudel écrit *Protée* non seulement après la *Cantate* mais après la double déchirure de la mort de son père qu'il n'a pu conduire à la foi [2], et de l'internement de sa sœur Camille, que son amour pour Rodin a menée à la démence [3].

Mais rire si volontaire qu'il n'est pas toujours sans amertume, ni sans artifices. Rire qui est parfois celui moins d'une joie naturelle que d'un combat pour conjurer ce qui menace la paix si chèrement conquise ou si violemment espérée. Ascèse contre l'inquiétude, la nostalgie, cette *asphyxie* qui pour lui fait partie des années noires dont il veut que la conversion de Noël l'ait pour toujours sauvé. Arme aussi contre le *grand ennemi*, comme on le voit dans les secondes versions [4] tardives des pièces les plus lyriques, *l'Échange*, *Partage de Midi*, l'ébauche du troisième *Tête d'Or* [5], la dernière *Annonce*, où le langage lui-même introduit parfois une sorte de dérision à l'intérieur du lyrisme. Le sens comique de Claudel trouve là une veine moins heureuse que dans la verve qui tout au long de son œuvre soulève, au contraire, le verbe lui-même, prolonge et relance son ivresse, quand il est au sommet de la jubilation devant l'inépuisable profusion du monde, comme dans *le Soulier de Satin* ou, avec un tout autre sujet mais pour les mêmes raisons, dans *la Légende de Prâkriti* [6].

Article de Paul Claudel sur sa sœur, quatre mois après l'internement de celle-ci (l'Art décoratif, *juillet 1913*).

CAMILLE CLAUDEL, STATUAIRE

La statue, ce qui, dégagé du terme et de l'obélisque, se tint debout sur l'agora de la Grèce antique, ce furent des corps vrais de femmes et d'hommes, exemplaires durables de l'être canonique. De la pierre même dont la cité est construite, on fit ces habitants immortels. Dieux, héros, vainqueurs aux jeux, ils mêlent, immobiles, à la foule passante l'image de cette personne parfaite qu'elle anime, déforme et multiplie.

Nus, ils se maintiennent sur leurs pieds. Ils sont la belle pousse ronde de la libre créature dans son intégrité colomnaire. Ils possèdent leur harmonie complète en eux-mêmes ; de tous côtés visibles, ils tournent avec l'œil et la lumière qui se déplacent. Leur fût, au plein de toute l'heure de la journée, repère l'espace aérien et le monument du site. De quelque côté que la lumière les prenne, elle trouve en eux l'homme tout entier vivant.

Mais quand la parole chrétienne vint détruire avec le silence l'attente éparse des dieux par l'homme chargés de le garder à sa place, des rues et des carrefours le peuple fictif avec l'autre fut convoqué à l'assemblée

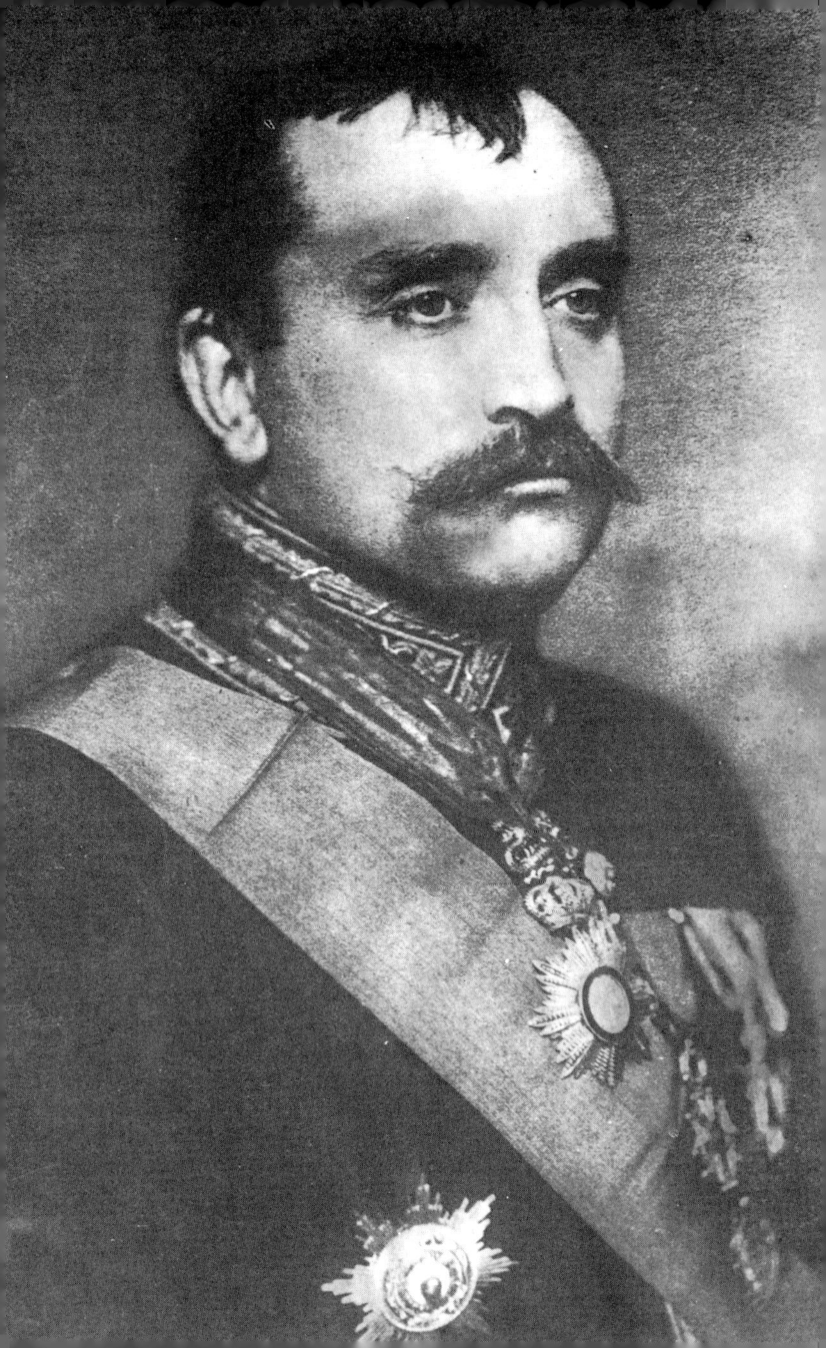

La vraie vie est absente

Il y a encore de cette fureur d'iconoclaste dans *le Pain dur*. Ce n'est plus le Mésa de dix ans après qui en subit les effets, comme dans *Protée*, mais c'est Turelure, et en lui ce qui reste d'un Tête d'Or qui aurait réussi ; c'est aussi Fausta, de la *Cantate*, qui n'est pas sans ressembler à Lumîr, avec sa patrie polonaise finalement plus sacrée que l'amour [1]. *Le Pain dur* est un drame où le ressentiment joue un rôle essentiel, et d'abord celui de Turelure à la fois contre la mémoire de Sygne [2], contre son fils Louis qui représente la jeunesse et l'aventure [3], et contre l'inanité de sa propre vie matériellement comblée :

Faites-moi oublier la mort! Faites-moi oublier le temps! Faites-moi trouver intérêt à quelque chose hors de moi!
Utilisez en moi ce qui était fait pour servir et à quoi personne n'a jamais cru [4].

Ressentiment aussi de Lumîr, peut-être plus profond encore parce qu'il jaillit d'un cœur qui, lui, n'a pas peur de la mort mais cherche comme aveuglément un amour plus vaste que l'amour, dans la communion avec tout un peuple d'humains [5]. Et reprenant à Rimbaud son cri : *la vraie vie est absente* [6], elle obéit à sa vocation qui est peut-être sans aucun espoir mais qui est la sienne [7] – tandis que Louis Turelure va maintenant expier, par un mariage qui lui fait horreur, le meurtre de son père.

N'est-ce pas cette même certitude d'un amour plus grand que l'amour [8] qui est le secret d'Orian dans *le Père humilié* et qui l'oblige à goûter lui aussi l'amertume du renoncement [9], tandis que celle qu'il aime, Pensée de Coûfontaine, à son tour, consommera le sacrifice en épousant Orso sous le signe de *la myrrhe nuptiale, la funèbre myrrhe, cela qui chez les Anciens ne servait pas à la célébration d'un seul mystère seulement* [10] ? Et si Pensée de Coûfontaine est aveugle, ce n'est pas seulement parce qu'elle est fille de la Synagogue aux yeux bandés [11] conformément à un symbolisme banal et sommaire,

Consul général à Francfort, 1911-1913.

mais sans doute plus dramatiquement pour signifier la lumière même dont elle est privée, la lumière d'un visage qui lui échappe pour toujours [1], et en même temps cette lumière absolue qui se dissoudrait dans la nuit du bonheur qu'elle représente [2].

Que beaucoup d'autres thèmes se mêlent à ceux-ci, dans *le Père humilié* comme dans *le Pain dur* et dans *l'Otage*, c'est l'évidence. Dès la première ébauche de la trilogie, en février 1908, Claudel notait : *Ce sujet me plaît à cause de beaucoup d'idées entremêlées* [3]. Mais les thèmes qui lui sont d'abord venus à la conscience ne sont pas forcément ceux qui tiennent en lui au plus profond ni ceux qui vont jouer un rôle déterminant dans le mécanisme du drame. Les situations historiques, notamment, lui apportent moins des vues « réalistes [4] » et des nécessités « objectives » que des toiles de fond et des sujets de *propositions* incidentes : dans *l'Otage* la fin du système féodal [5], la famille et la terre [6], l'ordre naturel et la justice légale [7], dans *le Pain dur* l'ascension du monde bourgeois, le développement des chemins de fer [8], le conflit des générations, dans *le Père humilié* l'unité italienne [9], la dépossession temporelle du Pape [10], la présence d'Israël dans le salut du monde [11]. Claudel n'a pas le cœur historique : c'est toujours *l'harmonie* du présent qui le fascine, cette *co-naissance* des êtres à travers laquelle déchiffrer le secret de leur principe. C'est pourquoi l'invraisemblance lui importe peu, si elle est ressemblance d'une réalité cachée sous les contingences passantes de l'univers – celle que Pensée de Coûfontaine sait atteindre de ses sens rendus plus aigus par la disparition des apparences visibles [12].

Aucune demeure

Tant de pays derrière moi commencés sans que jamais aucune demeure s'y achève !

Mon mariage est en deçà de la mer, une femme et ces enfants que j'ai eus en rêve.

Tous ces yeux où j'ai lu un instant qu'ils me connaissaient,

tous ces gens comme s'ils étaient vivants que j'ai fréquentés,
Tout cela est pareil une fois de plus à ces choses qui n'ont jamais été [1].

Quand Claudel écrit ces vers qui prendront place dans l'introït de *la Messe là-bas*, il est à Rio de Janeiro, ministre de France au Brésil, depuis janvier 1917 [2], et il n'a pu emmener sa famille qu'il ne retrouvera qu'en mars 1919. C'est son cinquième poste à l'étranger depuis son retour de Chine en 1909. A Prague, il a achevé *l'Otage* [3], écrit *l'Annonce* [4], traduit des poèmes de Coventry Patmore [5], composé *le Chemin de la Croix* [6], et sans doute commencé *la Cantate à trois voix* [7] ; à Francfort, où il a été nommé consul général en octobre 1911 [8], il a achevé *la Cantate* [9], travaillé à un livre sur l'Extrême-Orient commencé en Chine et qui deviendra *Sous le signe du dragon* [10], à sa traduction des *Choéphores* et des *Euménides* [11], à des études théologiques, notamment sur les corps ressuscités [12], écrit *Protée* [13] ; à Hambourg, où il est arrivé en octobre 1913 [14], toujours consul général, il a commencé *le Pain dur* [15], écrit *l'Offrande du temps* et achevé *les Choéphores* [16] ; en août 1914, la guerre l'a chassé [17], il est rentré en France avec les siens par la Suède, la Norvège et l'Angleterre, a suivi les ministères de Paris à Bordeaux et de Bordeaux à Paris [18], et pendant cette période il a achevé *le Pain dur* [19], et écrit une pièce de circonstance (c'est ce qu'on peut dire de mieux pour ne plus en parler), *la Nuit de Noël 1914*, puis, après une tournée de conférences en Suisse et en Italie en avril-mai 1915 [20], et un séjour à Hostel au cours duquel il a écrit un poème sur *Sainte Thérèse* où le thème de *Partage de Midi* fait un poignant retour [21], il a été en novembre envoyé à Rome en mission économique [22], il y a achevé la traduction des *Euménides* [23], et écrit *le Père humilié* [24] ; et quand enfin en janvier 1917 [25] appareille le convoi sur lequel il a pris place pour traverser l'Atlantique où sont fréquents les torpillages, il adresse un grand salut, tout plein de confiance et d'humour, à la mer qui peut-être va l'accueillir dans ses profondeurs, cette *Ballade* qui a pour refrain : *Il n'y a que la première gorgée qui coûte* et qui s'achève par cet envoi :

Rien que la mer à chaque côté de nous, rien que cela qui monte et qui descend !
Assez de cette épine continuelle dans le cœur, assez de ces journées goutte à goutte !
Rien que la mer éternelle pour toujours, et tout à la fois d'un seul coup ! la mer et nous sommes dedans !
Il n'y a que la première gorgée qui coûte [1].

Mais l'Océan ami le porte jusqu'au Brésil, et c'est donc désormais l'exil et la solitude, et aussi la présence par-dessus l'espace : de vieilles connaissances, dont on peut tenter de se venger sur le mode bouffon en ne laissant jaillir que le plus incoercible de la tendresse ; et c'est *l'Ours et la Lune*, où la lune est déjà, comme dans *le Soulier de Satin*, cette médiatrice mystérieuse qui sait réunir dans sa lumière ceux qui sont séparés [2], mais aussi cette magicienne effrontée qui (comme Protée) fait apparaître les êtres pour tout autres qu'ils ne sont [3]. C'est fort de cette raillerie, et le rire pourchassant en lui toute illusion, que Claudel se sent si familier avec le jardin du monde où il trouve partout à la fois l'image du Dieu subsistant [4] et ce vide que recèlent les choses passantes dont la rose est la plus poignante expression [5] : et tel est le thème de l'introït de *la Messe là-bas*, et tel aussi celui dont le poème tout entier, sous la paraphrase de l'office liturgique, tire sa force imprécatoire, parce que le secret du sacré est dans cette double affirmation de la présence et de l'absence, que l'offrande de l'homme à Dieu n'est rien s'il ne se sait d'abord non possesseur de ce qu'il offre [6] – et que seule *la suprême possession est possible* [7], celle du Dieu qui se donne :

Possible non seulement à notre âme mais à notre corps !
Possible à l'homme tout entier dès cette vie qui sait qu'il est plus puissant que la mort [8] *!*

La foi ainsi enracinée s'épanouit en une liberté et une allégresse dont témoigne la fin du poème, avec le renoncement à l'épine même de la rose [9], et le bonheur de savoir désormais *qu'on est dans le principe avec qui toutes choses sont naturellement en harmonie* [10]. Mais cette liberté n'est pas seulement « spiri-

A Rio-de-Janeiro. ... Il n'y a que ces palmes qui se balancent,
Ce jardin mystérieux à Votre image et ces choses qui existent en silence...

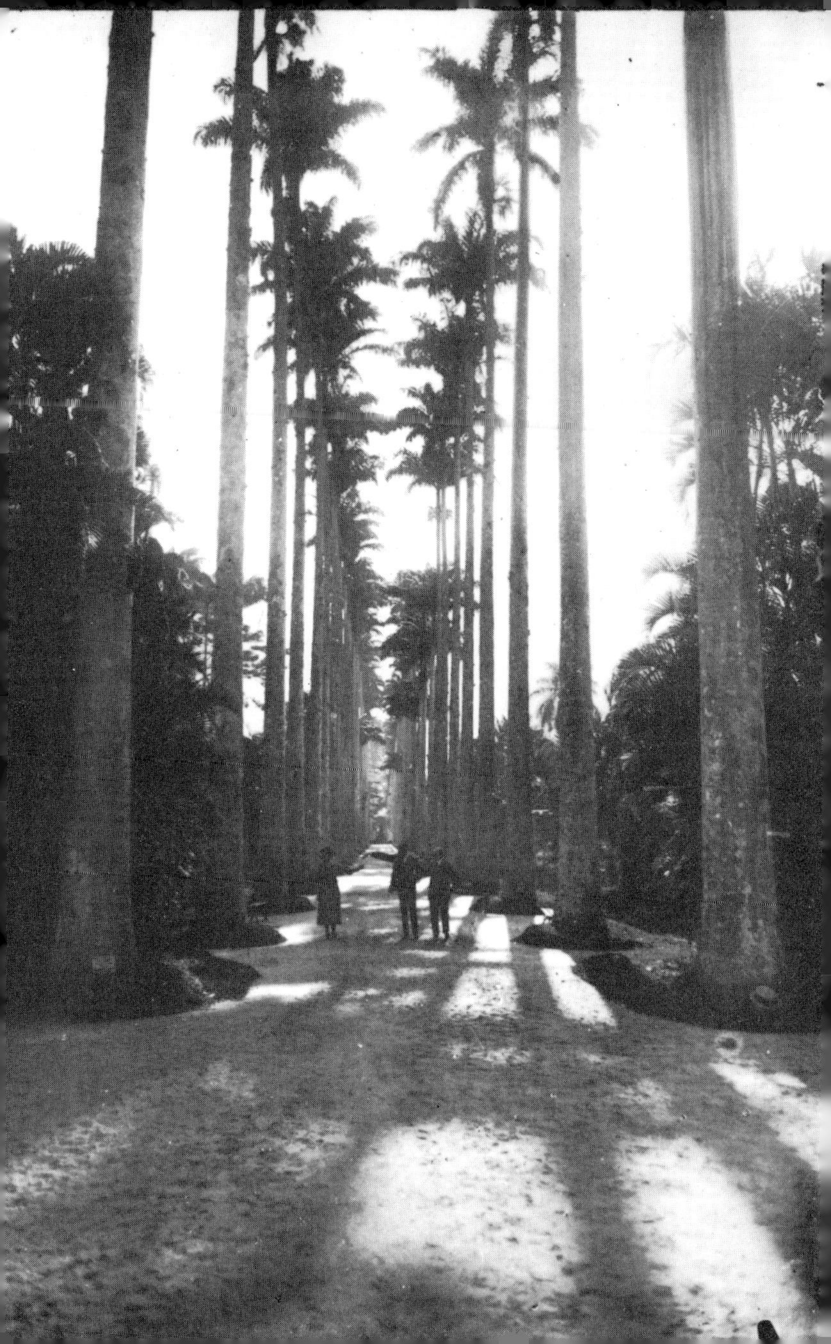

Avec Darius Milhaud, en voyage dans le Sud.

tuelle », ou plutôt c'est parce qu'elle est spirituelle qu'elle éclate en lui de toutes parts, et c'est d'un même cœur que les innombrables Claudel, le poète et l'épicier, le dramaturge et le diplomate, le liturgiste et le voyageur, s'inventent des moyens nouveaux de connaissance et de création ; Henri Hoppenot, qui fut à cette époque attaché à la légation de Rio, a raconté [1] avec un mélange savoureux d'émerveillement et d'humour quelques-unes des manifestations de cette vie débordante, depuis le voyage dans les lointains territoires du Sud, à l'avant d'une locomotive sur laquelle était fixé un banc qui permettait à Claudel de regarder le paysage sans être aveuglé par la fumée, jusqu'à la création du ballet *l'Homme et son désir*, dont Claudel, enveloppé d'un drap de lit, mimait les figures chorégraphiques [2] tout en dirigeant les travaux de

Darius Milhaud qui en composait la musique et d'Audrey Parr et Hélène Hoppenot qui réalisaient les maquettes des décors et des costumes, – en passant par « l'invention d'*un nouveau procédé de photographie* [1] » (selon les termes de Claudel) pour lequel, torse nu, il se servait de lui-même comme sujet, sans nulle vergogne de se fixer ainsi pour la postérité en lutteur de foire plutôt qu'en respectable ministre de France. Quant à la mission économique qu'il avait à remplir pour assurer le ravitaillement de la France en guerre, c'était sa joie, et il le proclamera plus tard en plein commentaire de l'Apocalypse : *J'employais mes heures séculières à acheter du café, du saindoux et des haricots (et quelle plus magnifique vocation que celle de l'épicerie, il m'était enfin possible de la satisfaire* [2]) : activité qui, quand elle sera connue des surréalistes, les dégoûtera tellement qu'ils se croiront sans doute vengés de la matière en traitant le poète de « cuistre »

Avec Hélène Hoppenot, en marche dans la montagne.

Le ministre de France fête la victoire

et de « canaille »[1]. Et puis il y a la Bible : car c'est à cette époque que semblent remonter les premières recherches directes dans la masse même de l'Écriture Sainte ; Claudel la *dépouille* en vue d'étudier *la question de la résurrection du corps*[2] ; en même temps il y relève tout ce qui a trait à la symbolique des Eaux[3]. Pour brasser, pour déverser, pour unifier cette masse énorme d'expériences et d'idées, d'images et de prières, de souvenirs et de désirs, le drame à la manière de *Tête d'Or* ou de *l'Otage*, l'hymne, la cantate, le ballet, la farce sont maintenant des cadres trop étroits ; il faut tout faire craquer, tout mélanger, tout dilater, et trouver une scène à la mesure de cette Création partout présente et partout absente : pourquoi pas cette immensité des Eaux, là où il n'y a plus aucune demeure, cet Océan qui réunit et qui sépare, et pourquoi ne pas lui donner à porter, au cœur de la tempête comme au plus allègre de la paix enfin descendue sur une âme dépossédée, quelqu'un de semblable à celui dont la tâche à travers l'épreuve incessante a été de réunir le monde et d'élargir la terre[4], ce Christophe Colomb dont l'image domine la fin de *la Messe là-bas* ?

Avec Hélène Hoppenot

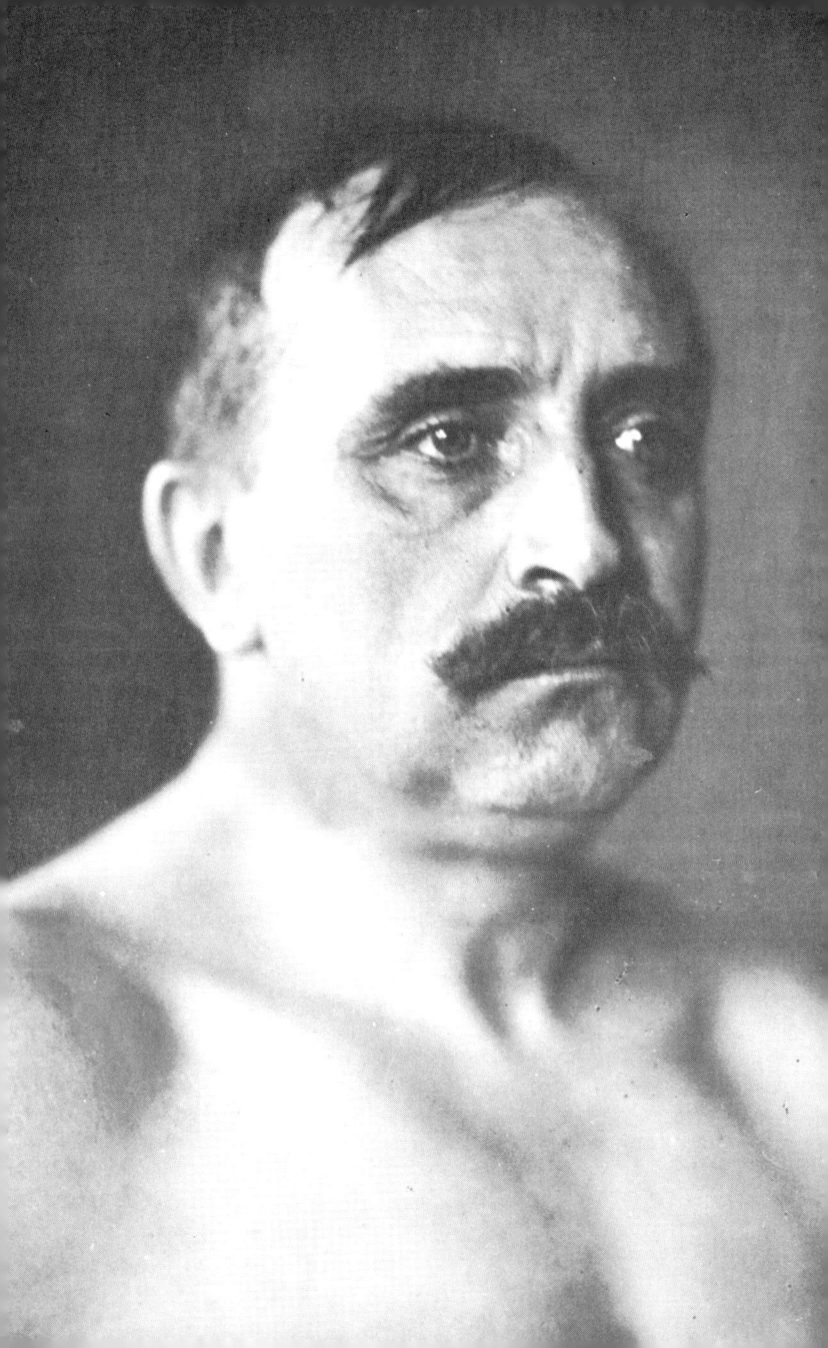

Quelque chose de nécessaire

Claudel va travailler pendant plus de cinq ans au *Soulier de Satin*, qu'il commence probablement en mai 1919 à Paris [1] après son retour du Brésil et qu'il achèvera à Tokyo en novembre ou décembre 1924 [2].

Le premier texte qu'il écrit est celui d'une *fête nautique* qui s'appelle alors *Sous le vent des îles Baléares*, et ce n'est que plus tard que le projet d'ensemble du *Soulier* prendra naissance et que la fête nautique en deviendra la quatrième « journée » [3]. Or on pourrait dresser du héros unique de cette journée un portrait dont il serait difficile de dire s'il est celui de Rodrigue ou de l'homme qui le fait vivre : auteur de « feuilles de saints » pour lesquelles les esprits forts n'ont que mépris ou indulgence [4] mais qui chez lui expriment une profonde nostalgie de la sainteté toute simple [5], politique qui sait rêver de grands projets pour réunir les pays que divisent la nature et l'histoire [6] mais qui considère d'un œil critique les orgueilleuses visées des puissances de ce monde [7], humoriste qui sait tenir avec dignité le rôle qui lui est imparti sur la scène officielle [8] et pourtant à qui rien n'échappe du caractère comique de ce théâtre [9], croyant qui, malgré la joie trouvée plus loin que l'amour dont il a jadis reçu la blessure [10], ne cesse de s'interroger sur l'accomplissement de sa vocation [11] et sur la réponse à donner à tant d'appels contradictoires, ceux des êtres autour de lui [12] et ceux d'un Univers qui semble attendre de lui la révélation de sa plénitude dans le dessein de Dieu [13]. Certes le personnage de Rodrigue n'a été créé par Claudel ni pour le représenter ni pour le cacher, mais pour donner aux propositions de son existence une réalité qui les dépasse. Et d'autre part nous ignorons ce qui, dans cette quatrième journée, appartient à la rédaction de 1919 et ce qui a été introduit ensuite pour la rattacher aux trois autres [14]. Mais le noyau original est bien probablement cette interrogation de Rodrigue sur le sens de sa vie, en un moment où tant d'épreuves endurées et de travaux menés à bien sont maintenant derrière lui, et où monte cependant le sentiment à la fois paisible et doulou-

A cinquante ans (Rio, 1918).

reux d'un échec. *Pourquoi ? Quel est le secret sur soi-même qui se lie et se replie au nœud de ces hiéroglyphes, pareils à des bulles montant d'un seul coup de la pensée* [1] ? Parlant ainsi des paysages d'Extrême-Orient dont il contemplait l'image dans sa prison japonaise, nul doute que Rodrigue ne parle en même temps du paysage de sa vie, selon la même association qui dans *Connaissance de l'Est* et dans l'*Art poétique* fit chercher à Claudel *cette partie confiée à mon personnage de l'intention totale* [2]. C'est, bien sûr, le désir qui interroge sur son sens, comme il en était de *Tête d'Or* au *Père humilié* ; mais le Rodrigue de la fête nautique connaît bien maintenant la réponse, si bien même que la fille de Prouhèze, Sept-Épées, s'indigne de la distance qu'il semble avoir prise avec son amour d'autrefois [3]. C'est plutôt l'action de l'homme qui est l'objet de la question, et Sept-Épées, cette muse-qui-est-la-grâce adolescente, ne le laisse pas là-dessus en repos : que fait-il pour ses frères [4] ? Et sans doute derrière ce reproche se profilent pour Claudel les visages de tous ceux dont il disait, dans *la Messe là-bas*, qu'ils attendent *de nous l'ordre, l'explication et la vie* [5], et de ceux à qui sa personne et sa parole ne les ont pas apportés – son père peut-être d'abord, et André Gide, Jacques Rivière, Charles-Louis Philippe, André Suarès, Arthur Fontaine, Philippe Berthelot [6]... Reproche auquel Rodrigue ne peut répondre que par la certitude d'une tâche plus vaste : *Je ne suis pas l'homme du particulier (...) Il y a en moi quelque chose de nécessaire et dont on ne pouvait se passer (...) Je suis venu pour élargir la terre* [7]. Mais l'orgueil même de cette réponse donne son sens à la fin du drame, puisque c'est dans l'abjection de la misère et de l'impotence où il est réduit que Rodrigue va consommer invisiblement sa vocation de libérateur [8]. L'œuvre la plus sublime n'est rien, si la grâce ne la féconde, et si le sacrifice n'accueille la grâce.

Or ce sacrifice final de Rodrigue ne serait qu'un effet de théâtre, comme le sacrifice initial de la première Violaine, s'il n'était la réponse enfin donnée à la sollicitation divine que le drame ne peut pas seulement sous-entendre mais doit manifester. Sept-Épées (nouvelle image de l'héroïsme virginal) se dirige tout droit, à la nage, sans regarder en arrière, à travers la mer qui la porte, sous la pleine lune, vers le but qui lui a été révélé en un instant [1] ; mais Rodrigue est un homme de chair et de sang et c'est tout ce qu'il y a en lui *de nombreux, et de laborieux et d'entremêlé* [2] qu'il a fallu mener à travers les tempêtes de l'Océan jusque vers cette lumière entr'aperçue qui maintenant enfin dissipe les ténèbres. C'est cette folle navigation à travers l'espérance et le désespoir, le désir et le refus, l'amour et la solitude, le tragique et le comique, c'est cette aventure d'une existence successivement emportée sous les cieux des quatre continents qu'il faut maintenant évoquer. Le moment est venu de comprendre, dans leur course complète, ces événements et ces années que Rodrigue contemple derrière lui, et pour cela il faut revenir au point de départ et faire revivre celle qui fut l'astre de tous ces cieux, cette Prouhèze qui tant d'années, en avant de lui, le tira hors de lui-même avec une force incoercible, *point fulgurant là-bas pareil à la vision de la mort* [3].

Le rond complet

Ce retour sur le passé, Claudel a cru devoir confier au public ce qui le rendit possible :

Les circonstances ont permis qu'entre les deux partenaires de Partage de Midi *une « retrouvaille », on peut dire, ait eu lieu, une rencontre, une explication, et finalement un apaisement dans un sens élevé. Le Soulier de Satin porte la marque de cet apaisement. Il n'y a plus la blessure d'une chose inexpliquée et sans cause, qui est peut-être la plus douloureuse. Ce qui s'est passé dans* Partage de Midi *je suis arrivé à le comprendre* [4]...

La rencontre eut lieu alors qu'était déjà écrit, ou projeté, *Sous le vent des îles Baléares* [5]. Un cycle va donc se fermer, et ce sont les trois premières journées de la pièce qui vont une dernière fois en mesurer l'étendue.

Ne me laisse pas encore! Aigle divin, prends-moi pour un moment dans tes serres. Élève-moi le temps de compter un! Le rond complet autour de nos deux existences laisse-moi le voir [6] *!* Ainsi parle Prouhèze dans le dialogue qu'elle tient avec son ange gardien au cours de la troisième journée du *Soulier*. *Partage de Midi* était un drame inachevé, que seule avait pu résoudre l'explosion finale du lyrisme et de la bombe ; *le Soulier de Satin* est un drame achevé, où rien ne doit rester en suspens. Prouhèze recevra de son ange toutes les explications désirées, et Rodrigue se les donnera lui-même à voix haute devant ses officiers réunis autour de l'ultime dialogue qu'il tient avec Prouhèze sur son vaisseau-amiral, à la fin de cette troisième journée :

Laissez-moi m'expliquer ! Laissez-moi me dépêtrer de ces fils entremêlés de la pensée ! Laissez-moi déployer aux yeux de tous cette toile que pendant bien des nuits
J'ai tissée, renvoyé d'un mur à l'autre de cette amère véranda comme une navette aux mains des noires tisseuses [1] *!*

Véranda qui nous situe immédiatement à Foutchéou [2], fil dont est tissé déjà *l'Art poétique* [3], étoffe de toutes ces pièces depuis vingt ans où se croisent trame et chaîne de la liberté et de la vocation, toile qui maintenant sous la vision totale qui en comprend le dessin et le dessein doit être refaite d'un seul tenant : *le Soulier de Satin* n'est plus un drame mais une *action*, et tout ce qui d'une manière ou de l'autre en a configuré l'histoire doit apparaître dans son tissu. Car il faut bien qu'il y ait une histoire et non plus seulement des *choses simultanées* [4], sinon il n'y aurait pas d'achèvement, et pas de sens [5]. Dieu écrit droit [6] ; à l'homme de retrouver la ligne ainsi tracée sous ses propres arabesques, et plus elles foisonneront, plus apparaîtra éclatante la sûreté de la main conductrice.

Pour imiter la contingence et l'apparent hasard des événements par lesquels l'homme est conduit, rien de meilleur pour Claudel que la gratuité des situations, des coïncidences, des rencontres, la brusquerie des mutations [7], tandis que le fil invisiblement tiré par le dramaturge conduit les personnages au terme qu'il leur prépare. La tempête qui jette Rodrigue sur les côtes d'Afrique et lui donne quelques instants la vision de Prouhèze [8], l'instant qui l'arrache à la mort et le blesse pour la vie, l'enlèvement de Musique par le sergent napolitain,

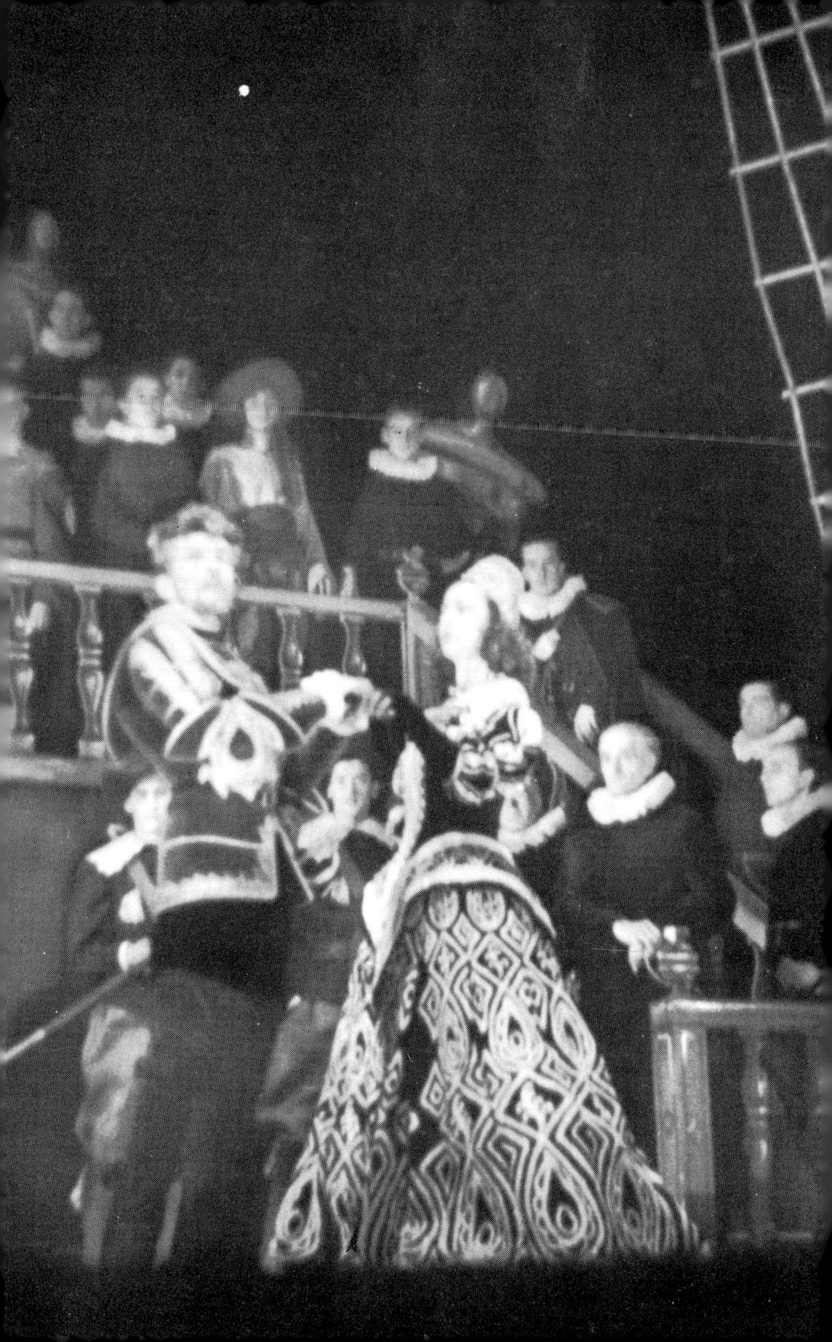

l'arrivée de Musique dans l'auberge, l'assaut des spadassins, l'évasion de Prouhèze [1], sa nomination comme gouverneur de Mogador avec son tentateur Camille pour lieutenant [2], l'envoi de Rodrigue à Prouhèze [3], l'épave du bateau du jésuite [4], la lettre vagabonde de Prouhèze et sa réception par Rodrigue quand il est trop tard [5], le mariage de Prouhèze et de Camille [6], l'assaut des Maures contre Mogador, le renoncement de Rodrigue et la mort de Prouhèze [7], et cet enfant de Prouhèze qui change de père [8] – rien qui ne soit là pour révéler une volonté qui se rit des obstacles qu'elle place et retire à sa guise, des causalités dont elle est elle-même la cause, des vraisemblances qui ne sont que des éléments parmi d'autres d'un univers trop riche pour se réduire à elles.

La diversité de ce monde et son unité, rien non plus qui ne puisse servir à les manifester : la parodie (et voici le Chinois courant après sa Négresse comme Rodrigue après Prouhèze [9], ou exerçant sur Rodrigue le même chantage à la conversion que Camille sur Prouhèze [10]), la parabole (et voici Musique faisant entendre au Vice-Roi l'harmonie inaudible du monde [11], ou Sept-Épées nageant dans la communion de la mer [12]), la polémique et l'injure [13], la théologie, la pantomime, l'histoire, la légende dorée – et jusqu'à la citation apocryphe comme cet *Etiam peccata* attribué à saint Augustin et que Claudel eût pu tout aussi bien prêter à saint Adlibitum [14].

Tout est moyen de faire surgir à nouveau, d'entremêler, de combiner les images, les propositions, les thèmes qu'une nécessité intérieure jour après jour avait fait jaillir dans une âme qui *n'a point tolérance de la mort* [15] *:* toutes les figures de l'eau, celles de la séparation et celles de la communion, celles de la pénitence et celles de la plénitude, celles du désir et celles de la grâce [16], les images du feu, comme anéantissement, comme amour, et comme mutation [17], les thèmes de la toute-puissance de Dieu et de la liberté de l'homme [18], de la voie directe et des lentes médiations [19], les propositions sur la justice, la grâce, et la liberté [20], les louanges pour l'excellence de la Création, pour l'unité de l'Univers, pour l'achèvement que l'homme lui donne et pour la joie qu'il trouve dans son harmonie [21] – et surtout, thème majeur sur lequel tous les autres sont sommés de se greffer, thème du désir et de l'absolu, thème de la promesse qui ne peut être en ce monde tenue (si étrangement présent déjà en une phrase de la deuxième *Ville* [1], huit ans avant *Partage*), thème de la séparation radicale mais conductrice, de l'amour impossible mais immortel [2].

L'amour de Prouhèze et de Rodrigue brûle comme le brasier où aurait été enfin réunie toute la matière incandescente d'une œuvre où le feu a tant de part. Mais c'est un brasier du soir, qui va brûler encore toute la nuit, à grandes flammes sous les sautes de vent, et n'être plus que braise rougeoyante au matin : au matin de cette quatrième journée qui verra Rodrigue s'interroger sur sa vie. Et nous nous interrogeons avec lui, ou malgré lui : est-elle si sûre, cette apologétique du désir [3] ? Devient-elle nécessaire, parce qu'elle a été vécue, cette séparation [4] ? Qu'est-ce que cette prédestination, cette *reconnaissance* de deux êtres dans *l'intégrité primitive et leur essence même telle que Dieu les a conçus autrefois dans un rapport inextinguible* [5] ? Qu'est-ce que cette fusion promise au couple humain, au-delà des corps, hors des corps, comme si la chair était un tombeau pour l'homme et que le seul sacrement de l'amour fût celui de la mort [6] ? Prouhèze ne connaît du mariage que la servitude avec Don Pélage et l'humiliation sacrificielle avec Camille, mais si Rodrigue l'avait rejointe ? Elle nous a répondu d'avance en s'adressant à lui :

Je n'aurais été qu'une femme bientôt mourante sur ton cœur et non pas cette étoile éternelle dont tu as soif [7] !

La Lune parfaite

Tandis qu'il écrivait *le Soulier de Satin*, Claudel dut s'interrompre pour écrire un poème qui lui avait été commandé à l'occasion du sixième centenaire de la mort de Dante [8]. La Béatrice de Dante a peut-être agi sur Prouhèze, mais sans nul doute Lâla, Ysé, Pensée de Coûfontaine et Prouhèze ont plus encore réagi sur la Béatrice de Claudel. Car celle-ci aussi, c'est tout ce qui est mortel qu'elle apprend à son amant à mépriser désormais [9]. Et la Béatitude même qu'elle représente, au sein des créatures où le poète doit retrouver la gloire de Dieu [1], est moins une intercession qu'un appât et finalement peut-être un leurre ; aux derniers vers du poème, Béatrice s'efface pour révéler la figure de la Sagesse :

Qui a mis en marche tout cela ? dit Dieu, ce trébuchement initial ? qui a ménagé ce certain manque et vide secret ?

De peur que mon enfant existe par lui-même et qu'il se passe de moi qui l'ai fait,

Qui a mis cette défaillance dans son cœur à l'imitation de Ma faiblesse ?

Ce défaut et ce vide en toute chose, et cette entrée en toute chose que Satan désapprouvait ?

« *C'est moi, dit la Sagesse* [2]. »

Or cette figure de la Sagesse, cette image de la femme présente auprès de Dieu à l'origine du monde et participant à la Création, ne va cesser de grandir dans l'œuvre de Claudel. L'a-t-il découverte dès son premier contact avec la Bible, le soir du 25 décembre 1886, en ouvrant le livre au chapitre VIII des Proverbes [3], comme il l'a dit soixante ans plus tard ? En tout cas, la liturgie chaque année lui fait lire ce texte qui sert d'épître à la messe de l'Immaculée-Conception le 8 décembre [4]. Les personnages féminins de Claudel ne se réduisent pas à ce symbole de la grâce créatrice, inspiratrice, médiatrice, mais il leur a communiqué de son mystère et de sa force, depuis la Princesse de *Tête d'Or* [5], Lâla de la deuxième *Ville* [6], jusqu'à la Muse qui est la grâce de la quatrième ode, les trois jeunes femmes de la *Cantate*, et maintenant Prouhèze en ce temps où elle cesse d'être Ysé pour devenir Béatrice.

C'est à l'époque où il écrit *le Soulier de Satin* que Claudel, comme il avait fait au Brésil le scénario de *l'Homme et son Désir*, fait à Tokyo celui de *la Femme et son Ombre*, où l'on voit l'homme poursuivre l'Ombre, l'atteindre et ainsi tuer la femme [7]. C'est aussitôt après avoir achevé *le Soulier de Satin*, où déjà Dona Musique avait donné le thème, qu'il écrit la parabole d'Animus et Anima où la figure de la femme est totalement celle de l'âme à l'écoute du chant divin [8]. C'est en cette même année 1925 qu'il écrit le programme d'un oratorio, *la Parabole du Festin,* où le chœur anonyme qui appelle les invités aux noces [1] cédera la place quelques années plus tard à la Sagesse qui se lève, se dévoile, *comme si elle prenait conscience d'elle-même* [2], et va chercher les boiteux et les aveugles pour les amener à ce qui devient *le Festin de la Sagesse.* Et quand Claudel, plus tard encore, évoquant Ulysse, et ce qui l'a conduit à travers les ténèbres, appliquera l'image à sa propre vie, il fera de cette lumière la Sagesse : *Toutes les vaines promesses que le babil des feuilles et des sources a faites à notre adolescence, toute la sommation brutalement que le couteau de la passion a plantée au cœur de notre âge mûr, voici pour les réaliser solennellement en une nappe irrésistible la Lune parfaite, ce visage de majesté en qui est consommée la plénitude de tout désir* [3].

Il n'y aura plus de femmes, dans l'œuvre de Claudel, qui ne soient emportées dès le premier instant dans cette *nappe irrésistible* : Sara, Jeanne d'Arc. Il n'y aura plus d'hommes allant à Dieu par ce qu'ils ont en eux *de laborieux et d'entremêlé* [4] ; Christophe Colomb se saura dès le début de la pièce celui qui a *passé la limite* [5]. Et pour Christophe comme pour Jeanne, c'est du point terminal que leur vie sera évoquée : le livre de leur existence est entièrement écrit.

La tâche du poète est désormais de lire, d'interroger page à page ce livre de la vie dont avec Dona Musique il a trouvé le *sens* [6], pour extraire de chaque phrase et de chaque mot sa signification profonde à la lumière de l'intention totale. La nature, l'homme, la société, l'art, le langage, tout est offert à son entreprise de déchiffrement. Il en connaît l'esprit et il ne lui reste qu'à jouer de toutes les clefs dont il dispose.

Le domaine de la signification

Les *Conversations dans le Loir-et-Cher* bruissent du cliquetis de toutes ces clefs. Les interlocuteurs entre lesquels Claudel se divise, ou plutôt se multiplie, multiplient eux-mêmes les propositions appliquées à cet univers dont chacun apporte sa part. Et tantôt directement, tantôt *par voie de lacet, spirale, déviation latérale, parenthèses concentriques, saut et cheminement dans le vide* [1], les affirmations, négations, interrogations, contradictions, souvenirs, anticipations et métaphores accomplissent une œuvre de recherche où se retrouvent bien des thèmes de l'*Art poétique*, de *Connaissance de l'Est* et des essais dispersés qu'un volume de *Positions et Propositions* recueillera bientôt, mais à laquelle la variété du ton, la fécondité des images, la force du vocabulaire, la complexité de la syntaxe, donnent une liberté toute nouvelle.

L'Extrême-Orient a mis là sa marque. Non par aucun exotisme, mais par le raffinement de la symbolique. Quand il commence les *Conversations dans le Loir-et-Cher*, en juillet 1925, au château de Lutaine près de Cellettes, Claudel vient de résider quatre ans à Tokyo comme ambassadeur. *L'Oiseau noir dans le soleil levant* témoigne de ce qu'a été chez lui la sympathie pour l'art et la civilisation du Japon [2]. Le bouddhisme même, qui n'avait suscité en lui qu'une horreur globale à l'époque de *Connaissance de l'Est*, lui est apparu là sous un nouveau jour [3] : *Le surnaturel au Japon n'est (...) nullement autre chose que la nature, il est littéralement la surnature, cette région d'authenticité supérieure où le fait brut est transféré dans le domaine de la signification* [4]. L'art du nô au théâtre [5], celui du haï-kaï en poésie [6] lui ont communiqué le goût d'une signification à la fois plus immédiate et plus mystérieuse que la comparaison à deux termes, même incessamment renouvelée, qui faisait l'instrument de sa symbolique dans les odes et les drames. Et puis les rapports du naturel et du surnaturel ont perdu en lui de leur caractère tragique, une sorte de symbiose s'organise. Les haï-kaï qu'il a composés, ces *Cent Phrases pour éventail*, dont il a tracé lui-même au pinceau les caractères, reprennent l'image de la rose à maintes reprises, mais paisiblement, comme si le parfum en était fixé dans une mémoire où il n'est désormais qu'un signe d'absolu [7]. Au cœur de la nature, comme de l'art et de l'écriture même (ainsi qu'en témoigne en 1926 *Idéogrammes occidentaux* [8]), c'est l'intention figurative que Claudel retrouve. Quand il découvre, en 1928, l'analogie selon saint Bonaventure, dans le livre d'Étienne Gilson, ce sera pour lui une *révélation* [9]. Et quand, quelque

Au Japon. Toute la nature est un temple déjà prêt et disposé pour le culte.

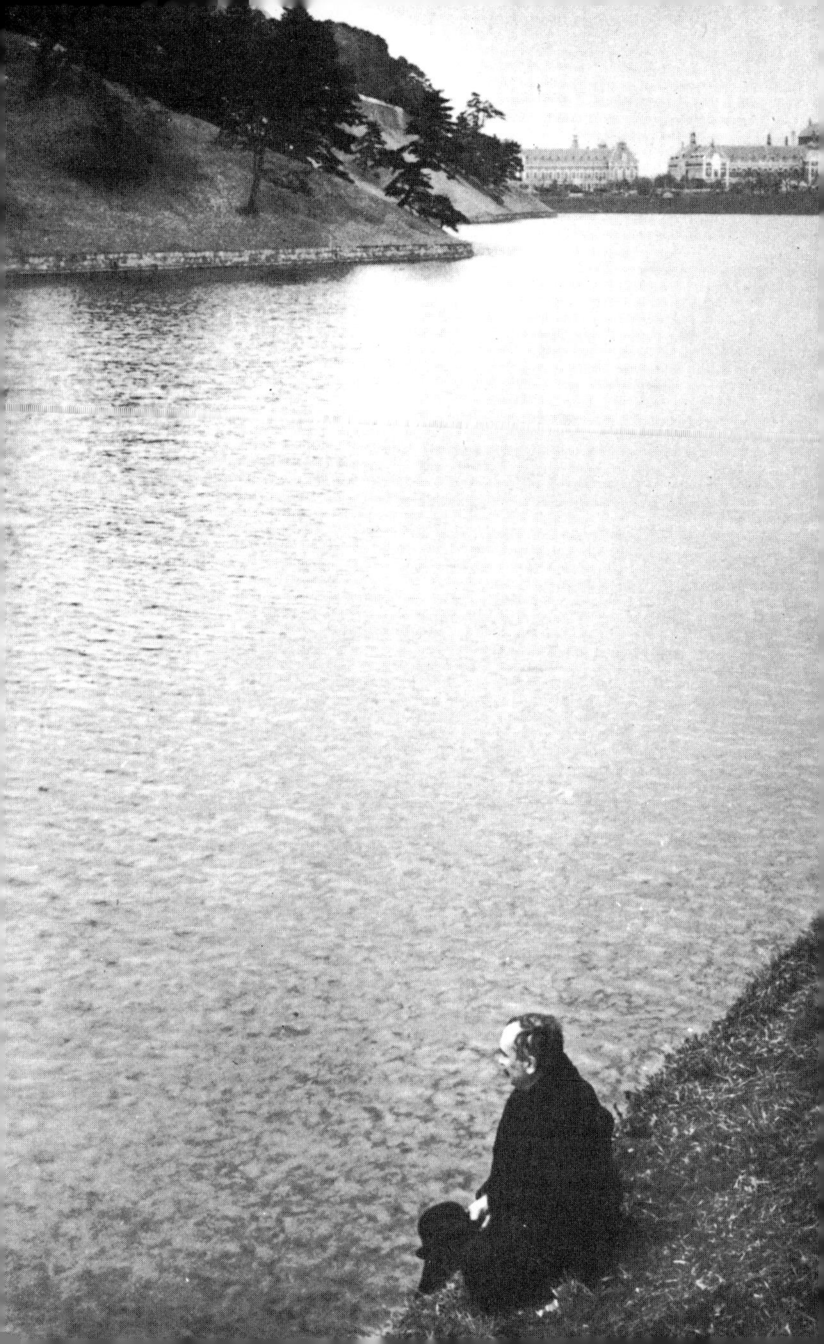

temps après, le hasard d'une commande de librairie le conduit à relire le livre de l'Apocalypse, qui l'avait toujours rebuté, la Bible tout entière lui apparaît soudain comme la plénitude de cet univers où tout est écrit de la main de Dieu dans le langage des figures ; à la tâche de déchiffrement de ces figures il se consacrera jusqu'au terme de sa vie [1].

Cette rive ultérieure

Au Japon, où il était arrivé en novembre 1921 après un long voyage en Indochine [2], Claudel avait donné l'essentiel de son temps disponible au *Soulier de Satin*, et il avait dû récrire entièrement la troisième journée dont le manuscrit avait disparu dans l'incendie de l'ambassade lors du tremblement de terre du 1er septembre 1923 [3]. Seuls avaient été composés en même temps une partie des textes de *l'Oiseau noir dans le soleil levant*, et sans doute *la Parabole du Festin*.

A Tokyo, après le tremblement de terre.

A Tokyo, avec Madame Claudel, et leurs filles Reine et Renée.

C'est pendant son congé en France en 1925 qu'il a écrit la première journée, *Jeudi*, des *Conversations dans le Loir-et-Cher*, ainsi que la préface du livre posthume de Jacques Rivière, *A la trace de Dieu* [1], et cette divagation succulente sur *la Philosophie du livre* [2] offerte par le délégué officiel du gouvernement à l'Exposition de Florence en mai. Rentré à Tokyo en janvier 1926, il a écrit les autres textes de *l'Oiseau noir*, et quelques essais qui seront recueillis dans *Positions et Propositions* et dans *Figures et Paraboles*. Nommé ambassadeur à Washington à la fin de 1926, il a gagné directement au début de 1927 les États-Unis où il est resté quelques semaines seulement – il y a écrit, à la mémoire de Marcelin Berthelot, *Sous le rempart d'Athènes* –, puis il est venu en France et en juillet s'est installé avec sa famille au château de Brangues dont il vient de faire l'acquisition : *Cela m'a fait une curieuse impression, moi, l'éternel exilé, de sentir enfin au dessus de ma tête un toit qui m'appartient* [3]. Il y écrit la deuxième journée, *Dimanche*, des *Conversations dans le Loir-et-Cher* et en juillet-août 1927, avant de repartir pour Washington, sa première œuvre dramatique depuis trois ans : le *Livre de Christophe Colomb* [1].

Après tant d'œuvres dispersées, le *Livre de Christophe Colomb* n'est-il pas l'expression d'une nostalgie devant l'unité toujours future d'une existence encore partagée, mais en même temps le cri de victoire de l'homme qui envisage l'ampleur de la course maintenant accomplie et qui sait que, s'il n'a pas finalement *réuni l'Univers* comme il en avait l'immense ambition [2], du moins *au delà de la distance inimaginable il a découvert des terres neuves* [3] ?

Car le Christophe Colomb de Claudel a découvert, bien sûr, l'Amérique, mais dans *le domaine de la signification* [4] c'est d'abord de *l'Autre Monde* qu'il s'agit, *cette rive ultérieure que plaise à la Grâce Divine de nous faire atteindre* [5]. Il l'a atteinte. Le livre est écrit. L'éternel exilé a joint les deux mondes, il a bouclé la boucle. Il est rentré, il se souvient, et c'est son double glorifié qui lui sert de mémoire (dédoublement du personnage entre le signe et le sens, comme dans *l'Homme et son Désir*, *la Femme et son Ombre*, *Sous le rempart d'Athènes*) : tout est *explication*, même quand ce n'est pas l'Explicateur qui parle. L'enthousiasme qui soulève la pièce est celui de Christophe II comprenant l'œuvre qu'il a faite bien plus que celui de Christophe I en train de l'accomplir [6]. Cela ne peut se faire sans rappel de thèmes, d'images et de scènes du passé, la vocation, le départ, la patrie, l'exil, l'Océan, la tempête, le globe terrestre [7], ni sans faire porter au dialogue en une métaphore permanente la marque des desseins de Dieu à travers traductions et paraphrases de maints textes d'Écriture Sainte [8]. Tout culmine enfin, avant l'*Alleluia* terminal, au *Paradis de l'Idée* : *Tout recommence de nouveau dans la lumière et l'explication ; ne voyez-vous pas que tout est devenu pur et blanc et que tout est peint sur la lumière comme avec de la lumière condensée, comme l'air qui devient du givre ? Tout se dessine comme sur la pure lumière intellectuelle et les personnages avant qu'ils montent au paradis de l'amour, vous les voyez qui s'amusent un moment dans ce paradis de l'idée* [9].

La grande enquête symbolique

Mon affaire n'est pas de refaire le monde, mais de le découvrir, disait Christophe Colomb [1]. Et dans l'année qui suit l'évocation de ce personnage, la dernière des *Conversations dans le Loir-et-Cher* (1928) est presque tout entière consacrée à ce thème [2] : car *la Terre est un seul temple consacré à la gloire de Dieu qu'il faut réunir, faire communiquer dans toutes ses parties* [3] et c'est tout le dessein de la civilisation moderne dont un des deux personnages de cet entretien esquisse le programme avec enthousiasme ; mais en même temps la Création est *comme un livre écrit,* et *tout l'ouvrage est rassemblé* [4] et *toutes ces paroles éparses du psaume de louange et d'action de grâces dont est faite la Création* [5], il reste à les réunir l'une à l'autre pour qu'elles achèvent leur sens.

Or quand Claudel, en 1929, à l'occasion d'une commande de préface (d'ailleurs refusée), se plonge dans la lecture continue de l'Apocalypse [6], il y a longtemps qu'il use des symboles bibliques de la nature pour évoquer les réalités spirituelles, mais il n'y a pas si longtemps qu'il a entrevu la correspondance nécessaire de la Création et de la Bible dans une signification totale : c'est l'*Introduction à un poème sur Dante,* en 1921, qui en donne le premier témoignage : *Les choses ne sont pas le voile arbitraire de la signification qu'elles couvrent. Elles sont réellement une partie au moins de ce qu'elles signifient, ou plutôt elles ne deviennent complètes que lorsque leur signification est complète. Quand la Bible se sert des choses créées pour désigner des réalités éternelles, elle le fait non pas comme un littérateur étourdi qui choisit au petit bonheur dans son répertoire d'images, mais en vertu d'une convenance intime et naturelle, puisque de la bouche de Dieu qui a créé chaque être en le nommant ne peut sortir rien que l'éternel. Il n'y a pas une séparation radicale entre ce monde et l'autre, dont il est dit qu'ils ont été créés en même temps (Creavit cuncta simul), mais des deux se fait l'unité catholique, en des sens divers, comme ce livre dont il est dit qu'il est écrit à la fois dedans et dehors* [7]. Christianisation du symbolisme qui ne marque pas seulement son extension, mais sa conversion. Ce n'est plus du souffle du poète, de la respiration de Cœuvre, que naît la *parole intelligible* [1], mais de l'Esprit saint qui se communique par l'Écriture. Le symbolisme de Mallarmé, dit Claudel en 1926 dans *la Catastrophe d'Igitur*, n'est finalement qu'une *mimique* et non pas une *clef ;* et reprenant l'image du *livre écrit au dedans et au dehors,* il évoque ainsi la tâche qui s'offre désormais : *Rien ne nous empêche plus de continuer, avec des moyens multipliés à l'infini, une main sur le Livre des Livres et l'autre sur l'Univers, la grande enquête symbolique qui fut pendant douze siècles l'occupation des Pères de la Foi et de l'Art* [2].

Cette *enquête symbolique* des Pères, c'est probablement par la fréquentation du bréviaire que Claudel s'est familiarisé avec elle. Une lettre à Suarès en 1908, de Tientsin, est l'indice le plus ancien de cette lecture [3], et en 1911 le troisième acte de *l'Annonce* voit Violaine faire lire à Mara dans le bréviaire une partie des Matines de Noël, et notamment des fragments d'un sermon de saint Léon et d'une homélie de saint Grégoire [4]. Or rien n'est plus adapté que ces mots d'*enquête symbolique* aux homélies, sermons, commentaires et traités de ces deux Pères, et d'Ambroise, d'Augustin, d'Hilaire, de Jérôme, de Bède, de Jean Chrysostome, ou de saint Bernard, dont le bréviaire fait l'essentiel des « lectiones » des Matines tout au long de l'année liturgique. Qu'est-ce que cela veut dire ? demandait Mallarmé devant les objets de la nature [5]. Que désigne ceci ? Qu'est-ce qui est exprimé par cela ? demande continuellement saint Grégoire devant les mots de l'Écriture [6]. *Designare, significare, intelligere* sont les verbes-clefs de tous ces textes. Et par eux les portes sont ouvertes sur la réalité du mystère. Le sens spirituel est atteint au delà du sens littéral.

Cette exégèse spirituelle a une longue histoire, qui déborde les douze siècles que lui assigne Claudel. Avant l'ère chrétienne elle se manifeste dans l'Ancien Testament lui-même, notamment dans les livres prophétiques [7], puis dans le judaïsme par le midrash avec ses procédés d'explication par similitudes de vocabulaire et parallélisme de thèmes afin de mettre en lumière les obligations religieuses d'Israël[1]. Les évangélistes, et notamment Matthieu, utilisent beaucoup de formes du midrash, et saint Paul plus encore[2], afin de montrer l'accomplissement des Écritures dans la Nouvelle Alliance. Claudel ne manquera pas, d'ailleurs, lors d'une violente polémique en 1949, de rattacher à saint Paul l'usage chrétien de *l'interprétation figurée*[3]. Cependant, ce que saint Paul appelle le « typos », la figure, relève d'un mode d'explication prophétique tout à fait particulier, où les événements de l'Ancien Testament sont lus comme annonces du Christ, et ce « sens typologique » des Écritures est tout autre chose qu'une variété de métaphore. Avec les Pères de l'école d'Alexandrie, et notamment Origène, ce sont encore d'autres méthodes qui entrent en jeu, et l'allégorie systématique applique à l'âme chrétienne et à l'Église toutes les significations d'une histoire où l'histoire finalement disparaît comme une ombre devant la lumière[4]. Puis avec saint Augustin, avec saint Grégoire le Grand, avec les Pères du Moyen Age, la question des « sens » de l'Écriture ne cesse de se développer, pour aboutir au XIIIe siècle à l'analyse de saint Thomas (Claudel a dû la lire quand il étudiait la Somme[5]) qui comporte la distinction devenue classique du sens littéral, livrant la réalité de l'histoire, du sens allégorique désignant le contenu de la foi, du sens moral (dit tropologique) indiquant les devoirs du chrétien, et du sens anagogique découvrant la plénitude du monde futur[6].

Mais Claudel n'est pas l'homme de la distinction des genres. Ne l'ayant jamais pratiquée dans son œuvre, il ne la pratiquera pas dans la Bible. Il ne voudra pas plus distinguer entre les différents genres littéraires des livres bibliques, entre les différentes origines de textes regroupés sous un même nom, entre les différentes transcriptions des versions, qu'entre les différents degrés de certitude et les différentes catégories de l'interprétation spirituelle[7]. Sens allégorique, moral, ou anagogique, typologie, étymologie, analogie verbale, accommodation métaphorique, tout lui est bon de la même manière et en même temps, comme lui étaient bons dans son œuvre et en même temps le poème et la proposition, la farce et le lyrisme. Une seule distinction, et radicale : celle du signe et du sens, de

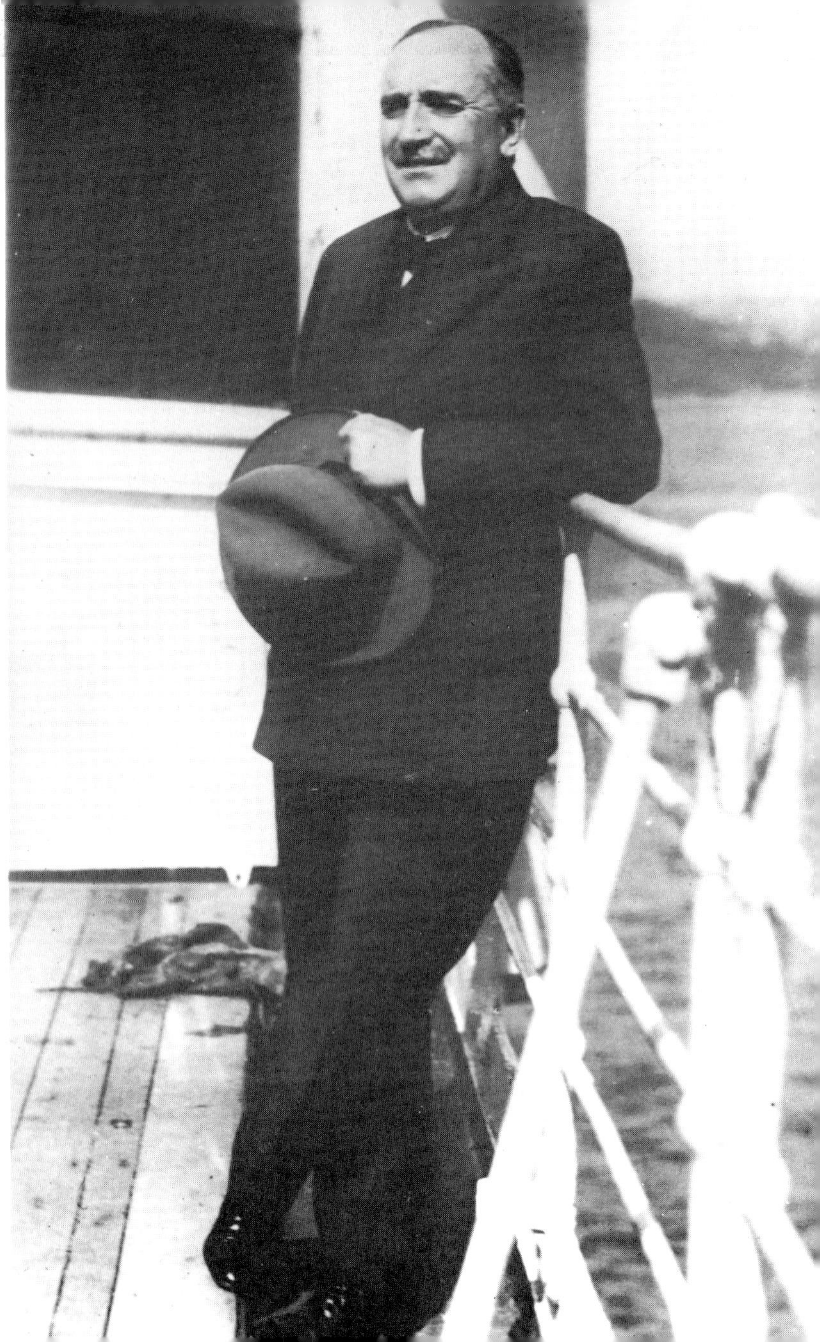

la lettre et de l'esprit, et tout le visible n'est rien s'il n'est l'enveloppe de l'esprit [1]. Un seul esprit, un seul sens, parce qu'il y a un seul principe : l'Alpha et l'Oméga considérés dans leur essence, non dans leur acte. L'histoire est bien de la catégorie de la lettre, puisqu'elle est conduite par autre chose qu'elle-même. Elle n'est pas explicative mais explicable [2]. Et l'on comprend pourquoi c'est l'Apocalypse qui devient tout d'un coup l'objet de la passion de Claudel : car les interprétations historiques de l'Apocalypse, *mal collantes* comme il dit [3], ne peuvent pas être vraiment des interprétations ; elles permettent seulement d'éclairer des mots ou des chiffres pour leur substituer des objets, des personnes ou des faits, mais ceux-ci de toute manière réclament interprétation afin de *révéler* ou *déployer* (sens du mot grec apocalypse) une autre réalité [4]. Le sens littéral est volatilisé. Et sur cet océan d'images que de patients navigateurs explorent depuis des siècles, Claudel se lance comme Christophe Colomb qui sait qu'il y a une terre de l'autre côté : *On ne se trompe pas quand on suit le soleil* [5].

Le temps retrouvé

De cette première exploration, Claudel rapportera une sorte de journal de route en forme de dialogues et commentaires [6], publié trente-cinq ans plus tard sous le titre *Au milieu des vitraux de l'Apocalypse*. La correspondance de l'époque témoigne de l'enthousiasme soulevé en lui par cette découverte d'un nouveau monde [7]. C'est du fond de l'Apocalypse que toute la Bible pour lui prend son sens. *L'Apocalypse va chercher de tous côtés les gouttes incluses à ce que Job appelle « les veines du divin murmure » pour leur donner poids, pente et direction. Pas un verset qui ne contienne référence ou allusion parfois multiple à une source rétrospective et où l'alpha ne vienne s'entrelacer à l'oméga* [8]. Toute son interprétation des autres livres bibliques sera donc, dans l'autre sens, prospective de cette unité essentielle. L'ange de Prouhèze, l'Explicateur de Christophe Colomb ne l'ont pas quitté. Les exégèses qu'il multiplie

---

Ambassadeur à Washington, en route vers les États-Unis.

en toutes directions de 1929 à 1936 sont autant de communications établies entre la périphérie et le centre. Les colonnes du temple ou les deux femmes du jugement de Salomon dans le livre des Rois [1], la pêche de Pierre et des disciples à la fin de l'évangile de Jean [2], les animaux sages du chapitre 30 des Proverbes [3], les sacrifices rituels du Lévitique [4], autant de fragments disjoints de la sphère totale dont l'esprit retrouve et recrée la forme. L'intelligence spirituelle est l'instrument de leur *co-naissance*, parce qu'ils sont eux-mêmes *co-naissants*. Comme dans l'*Art poétique* l'écoute de l'Univers, l'écoute biblique de Claudel est spontanément harmonique, non d'abord mélodique [5]. Aucun des textes de l'Ancien Testament ainsi étudié, qui soit situé comme moment de l'histoire du salut ; aucun qui pour Claudel prenne son sens de sa place dans cette histoire. Dans *le Marchand de colombes*, que de merveilleux symboles il sait faire lever du détail matériel et technique des sacrifices de l'Ancienne Loi [6], mais combien l'histoire du sacrifice dans la Bible, d'Abraham aux prophètes et de ceux-ci à Jésus, éclairerait plus profondément le dessein divin ! Or ce sens, sinon de l'Histoire, au moins d'une Histoire, l'Histoire sainte, c'est en Jésus-Christ que Claudel le voit en effet se révéler, et le temps qu'il avait perdu il le retrouve, non en arrière de l'Histoire comme Proust, mais en avant, par la finalité rédemptrice : Dans *la Troisième Rencontre*, Pierre sur sa barque s'approchant du rivage vit dans le temps de l'Église, et Jésus ressuscité sur la terre ferme, déjà dans le temps du monde à venir. Symbole pris directement à saint Grégoire [7], et qui, loin de faire de la lettre une ombre prête à se dissoudre au rayon de la réalité, en renforce l'éclairage : Jésus n'est pas symbole mais source vivante des symboles.

Certes dans la longue méditation sur la Passion du Christ, que Claudel commence à Washington en avril 1933 et qu'il achèvera à Bruxelles en avril 1935, *Un poète regarde la Croix*, l'usage de l'Ancien Testament est surtout métaphorique, et souvent la métaphore même s'appuie sur des spéculations numériques toutes gratuites ou des concordances verbales d'autant plus hasardeuses qu'elles résultent du texte latin de la Vulgate [8]. Mais le rayonnement historique de l'événement

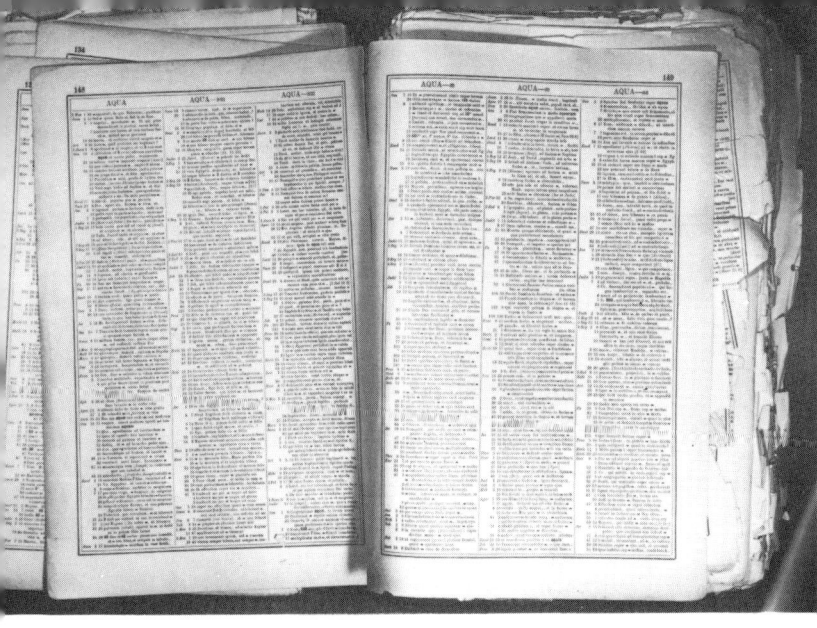

La Concordance *de la Vulgate, qui ne quitta plus la table de Claudel.*

que commémore la Semaine Sainte est tel, et le fil messianique tissé par la foi du commentateur si fort (même quand il s'enveloppe des fioritures analogiques les plus désordonnées) que l'attente du Rédempteur impose à l'œuvre non seulement un centre mais une certaine émergence du temps vers ce centre. Car la Rédemption suppose le péché, et le péché a une histoire, comme le salut, l'auteur du *Soulier de Satin* le sait bien. Et pourtant lorsque Claudel commente la quatrième parole du Christ en croix : *Sitio. J'ai soif*, et développe ce que peut être la double aspiration de Jésus : *désir de la Création tout entière dont il réclame l'amour et l'aveu, et désir du Père coéternel à qui il a reçu vocation de rejoindre son humanité* [1], il est happé lui-même par ce mot de *désir* qui a tant retenti dans sa propre histoire, par l'image de l'eau qui symbolise tout ce que cherche et attend la soif, par celle du feu qui a pour rôle de *dilater, d'ouvrir, de fondre* [2], et il montre, après saint Paul, *toute la Création qui travaille, qui impètre et qui obtient* [3], mais la *parturition* dont parle saint Paul n'évoque pas pour lui la genèse du salut : seulement le désir de la paix éternelle. *C'est dans ce flot temporel inextinguible qu'il puise inépuisablement la soif de l'Éternité, c'est vers la source qu'après avoir trempé ses lèvres dans le torrent (Ps. CIX, 7) l'homme ne cesse de relever la tête* [1]. Cependant Abraham, Jacob, Joseph, Moïse, David, Job, les Prophètes, ne peuvent être nommés, serait-ce toujours à titre de figures, sans que soit rappelée la promesse qui à travers leur message ou leur mission conduit à cet accomplissement [2] dont la Croix est le signe à la fois historique et allégorique [3].

Au cours des années suivantes, dans *les Aventures de Sophie*, dans *Présence et Prophétie*, dans *Emmaüs*, dans *Paul Claudel interroge le Cantique des Cantiques* et *Paul Claudel interroge l'Apocalypse*, puis dans *l'Évangile d'Isaïe*, c'est ce même besoin de mettre en lumière l'accomplissement messianique qui semble de plus en plus dominer les recherches de Claudel, avec le double effet de donner à sa vue de l'Ancien Testament une perspective finale et donc historique, et de tirer de toute la Révélation antérieure au Christ une prophétie globale dont l'histoire elle-même n'est qu'un des langages [4]. D'où ses colères contre le sens littéral et les *littéralistes*, (c'est-à-dire, le plus souvent, les historiens), qu'il accuse de ne pas donner à la Bible ses dimensions prophétiques et figuratives et d'évacuer ainsi la Révélation [5], et en même temps son attachement forcené à une certaine lettre, fût-ce celle de la Vulgate contre celle de l'original, quand cette lettre paraît avoir valeur de preuve prophétique [6].

Déjà, lorsque dans l'*Introduction au livre de Ruth*, en 1937, il a voulu fixer les principes de sa lecture de la Bible, comme il avait en 1903 fixé dans l'*Art poétique* les principes de sa lecture de l'Univers, il lui a bien fallu étudier *le domaine du sens littéral* [7]. Les pages qu'il y a consacrées sont d'une clarté parfaite, mais comme on sent que le cœur n'y est pas ! Et combien monte l'enthousiasme, au contraire, à mesure qu'il parle du sens figuré ! Et avec quelle allégresse lui-même aussitôt se sert de la figure pour expliquer l'usage de la figure [8] ! Mais pour montrer que dans la Bible comme dans la nature entière *tout ce qui passe est promu à la dignité d'expression*, *tout ce qui passe est promu à la dignité de signification, tout est symbole ou parabole, tout est figure* [1], comment ne pas évoquer les *figures* majeures dont la succession dans la durée a donné l'Ancien Testament ? Et tout en multipliant les métaphores qui font des personnages et des événements de cette histoire visible une sorte de double temporel d'un univers spirituel symétrique [2], c'est un fleuve [3] que montre Claudel, et qui a une pente et une direction : *D'Adam jusqu'à Noé, et de Noé jusqu'à Abraham, et d'Abraham jusqu'à Moïse, et de Moïse jusqu'à David, et de David jusqu'à Jean-Baptiste, il y a une promesse qui est à l'œuvre. Dieu est à l'œuvre à travers le temps* [4].

C'est de cette même période 1933-1937 que datent trois textes, *la Légende de Prâkriti* [5], *Ossements* [6] et *les Fossiles* [7], dans lesquels Claudel, en marge de la Genèse, évoque cette histoire de la vie qu'il se refuse toujours à nommer Évolution mais où il est bien obligé de retrouver un *mouvement*, une *exigence*, des *lois*, une *nécessité* [8], des *modifications*, un *progrès* [9]. Quand *la Légende de Prâkriti* évoque l'épopée de la Nature en travail sous la poussée de l'Esprit créateur, l'émersion de la terre, la montée des espèces vivantes, l'apparition de l'homme, cette *composition* de l'Univers ne donne pas seulement une figure mais une histoire, et la Nature n'y joue pas seulement le rôle de double d'un autre monde mais celui d'agent producteur [10] par *un long effort sans cesse soutenu, repris, modifié, enrichi et finalement mené à bien* [11]. Et si c'est, bien sûr, le *désir* qui porte cette histoire, c'est qu'il perçoit son sens et qu'il le traduit en acte [12].

Dans *Jeanne au bûcher*, enfin, ultime fleur dramatique de cette dernière saison, si le temps est perçu à l'envers à partir de sa consommation dans les flammes de Rouen, c'est parce qu'alors s'y éclaire d'une prodigieuse lueur non seulement la vocation de Jeanne, mais l'inextricable déploiement des causes secondes : les affaires des princes, les élans du peuple, les hasards de la guerre, tout cet apparent jeu de cartes qui n'aboutirait qu'à une comptabilité absurde de gains et de pertes à l'infini, s'il n'y avait ce qui change tout, qui rend l'action possible, et le résultat positif : *l'espérance qui est la plus forte* [13].

Brangues

La limite des deux mondes

Au printemps 1933, Claudel a quitté Washington et, nommé ambassadeur en Belgique, a rejoint Bruxelles. Il y a séjourné deux ans, puis en mai 1935, sa carrière diplomatique achevée, il s'est retiré à Brangues tout en prenant à Paris, rue Jean-Goujon, un appartement où il passe les mois d'hiver. Mais, si bref qu'il ait été, le séjour en Belgique lui a donné l'occasion d'une découverte qui offre à sa méditation un nouvel univers : celui de la peinture. Univers, vraiment, et non pas seulement matière. Car si l'art japonais lui avait, dix ans plus tôt, ouvert la voie d'une symbolique plastique – ce que n'avait pas fait l'art italien, lors du séjour à Rome en 1915-1916 –, les propositions développées dans *l'Oiseau noir* restaient en quelque sorte formelles : la peinture japonaise désignait la géométrie de la nature, et la nature à travers elle les formes qui demeurent sous les choses qui passent [1]. Vision qui n'a pas été oubliée, et lorsque Claudel en 1934, s'étant comme enivré à Bruxelles, à Anvers, à Delft, à Amsterdam et à La

Haye, de peinture flamande et hollandaise, écrit sa première étude, c'est d'abord cette structure des formes qui frappe son attention : *Comme dans les chefs-d'œuvre de l'art japonais, le triangle est presque toujours l'élément essentiel de la composition, soit le triangle vertical et isocèle qui devient voile et clocher, soit le long scalène qui part du cadre pour s'achever en une pointe effilée. On dirait d'un thème de solfège que nous pouvons scander à notre gré en ascension ou en descente. C'est lui, soit qu'il s'accentue et s'élargisse si nous le remontons en crescendo jusqu'aux ailes par exemple de ce moulin à vent, soit qu'il déboule tumultueusement comme dans Ruysdaël en rochers ronds l'un sur l'autre et en volutes de feuillages, soit qu'il s'allonge comme un long radeau mâté çà et là de clochers comme dans les toiles de Van Goyen, qui donne au gré de notre rêverie impulsion et vie secrète à tout cet ensemble à la fois fluide et fixe où la durée pour nous s'est congelée en extase* [1].

Claudel restera toujours profondément attentif à cette harmonie de la composition [2], qui lui donnera occasion de pages merveilleuses comme celles où, dans *Un poète regarde la Croix*, il évoque la *Descente de Croix* de Rubens à la cathédrale d'Anvers [3], ou bien dans l'*Introduction à la peinture hollandaise* décrit d'abord la structure de *la Ronde de Nuit* de Rembrandt avant de revenir vers les natures mortes hollandaises pour mieux s'enfoncer ensuite et entraîner avec lui son lecteur dans l'épaisseur même des dimensions qu'il y a découvertes [4].

Car sa vision de la peinture hollandaise, c'est par la médiation de l'espace, de la plaine, de l'eau, du ciel, du chemin, tout de suite cette invitation à aller au-delà de la surface de l'image : *Nous sommes introduits, j'allais dire que nous sommes aspirés, à l'intérieur de la composition et la contemplation pour nous se transforme en attrait* [5]. Que le peintre ait su ou non ce qu'il faisait (et, selon Claudel, probablement il ne le savait pas) [6], il n'est aucune de ces compositions *qui à côté de ce qu'elle dit tout haut n'ait quelque chose qu'elle veuille dire tout bas. C'est à nous de l'écouter, de prêter l'oreille au sous-entendu* [7]. C'est pourquoi du *symbolisme instinctif* il faut passer *à une élaboration de plus en plus consciente des apparences* [8]. La peinture est *la limite des deux mondes* [1]. Et l'autre monde se fait d'autant mieux entendre que le tableau impose plus de silence à la nature dont il offre l'image : *l'œil écoute* [2].

Or la maison de l'homme, dans la peinture hollandaise, n'a pas moins de capacité de silence que la nature de plein air : elle est foyer et désigne un foyer [3]. Et qui d'autre qu'Anima, dans la pénombre de cette habitation enchantée, peut accomplir *ces occultes trafics, cette chimie, cette musique* [4], d'où naît l'harmonie perceptible justement à travers le seul silence ? Monde qui n'est pas clos, puisqu'il reçoit la lumière et qu'il la communique, et que la peinture est ainsi l'image d'une permanente *conversation entre l'extérieur et l'intérieur* [5], et que les portraits eux-mêmes, apparents documents humains qui pourraient relever de la psychologie ou de l'histoire, apportent autre chose : *ils restituent en l'isolant cette effigie, cette image de Dieu, travaillée par la circonstance et le rôle, qui reposait enfouie sous le quotidien* [6].

A livre ouvert

Paul Claudel interroge l'œuvre d'art comme il interroge la Bible, et comme il interrogeait la terre autour de lui au temps de *Connaissance de l'Est* et peut-être déjà au temps de Villeneuve, *à la plus haute fourche du vieil arbre dans le vent* [7]. Mais de cet Univers dont de tous côtés il a cherché la connaissance et la possession, on dirait que maintenant la plénitude le sature. Les images en flot à son moindre appel se précipitent et s'organisent, mais son cri d'un instant dans l'ode *l'Esprit et l'Eau : O mon Dieu, délivrez l'être de la condition* [8] *!*, s'il ne le pousse pas à nouveau, par une pudeur qui le contient sous la prose opulente des dernières œuvres, est audible à qui écoute à son tour la mélodie de ce paysage qu'il est lui-même. C'est l'autre vie seule maintenant qu'il cherche à lire. C'est *le texte à livre ouvert* qu'il veut posséder [9].

Espérance qui est en même temps défaite acceptée, celle du créateur pareil à Samson dont la Muse-qui-est-la-grâce est Dalila, telle que Claudel la contemple dans le tableau de

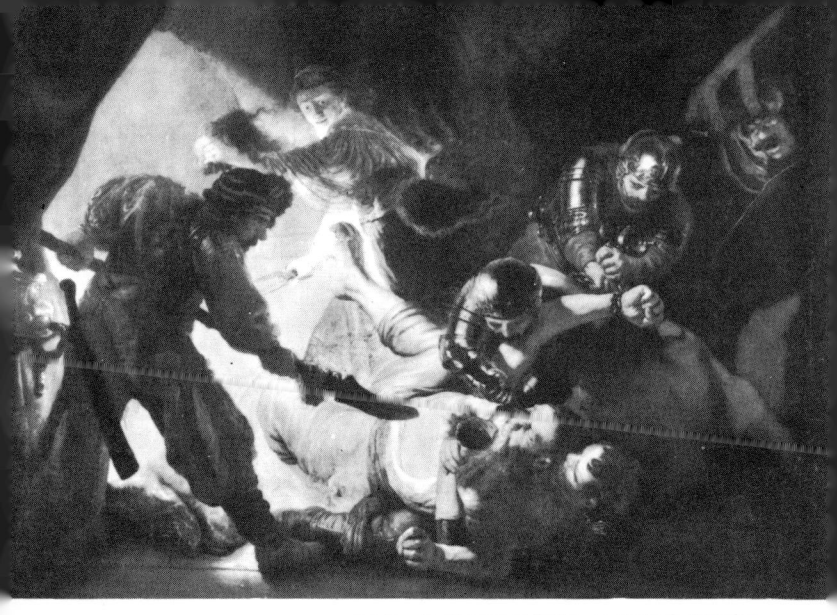

Rembrandt : Samson et Dalila, *au musée de Francfort.*

Rembrandt au musée de Francfort : *Quelle est cette femme qui s'enfuit vers l'ouverture lumineuse, élevant entre ses doigts ces boucles épaisses et dorées qu'elle vient de dérober au front consacré de l'oint du Seigneur ? Est-ce Dalila ? est-ce l'étrange fée que nous retrouverons tout à l'heure dans la Ronde de Nuit ? ou plutôt ne serait-ce pas la Grâce divine qui vient d'arracher cette poignée en tant que prémices à la toison animale d'un artiste orgueilleux, maintenant réduit* [1] *?*

Lorsqu'en 1939, à l'occasion de l'exposition des tableaux du Prado à Genève, Claudel applique à la peinture espagnole son exégèse plastique, d'une certaine manière elle lui échappe, comme si le lien se défaisait entre *l'intérieur et l'extérieur.* Tantôt, comme dans son commentaire de *la Bacchanale* du Titien, il allégorise immédiatement, au risque de se tromper sur l'objet qu'il croit voir [2], tantôt comme dans ses propos sur le Greco il bute soudain sur la forme et ne peut aller au-delà [3]. Puis, dans *Seigneur, apprenez-nous à prier,* le tableau n'est plus qu'un prétexte, plutôt une ombre projetée de la matière spirituelle.

La dernière photographie, boulevard Lannes.

Tout lui fait signe, tout lui est signe, mais sa recherche maintenant à travers les figures de l'univers, de l'art, et de l'Écriture, les bouscule, les force, les violente, pour parvenir à ce qu'il devine sans elles, au-delà d'elles, au-delà des fragments du miroir qu'il mêle d'un mouvement de plus en plus impatient d'où naissent par intervalles des éclats de lumière dans la pénombre d'une réalité qui s'abolit.

Après *Présence et Prophétie* qui lisait dans l'homogénéité de la création la présence de Dieu à notre être tout entier, et dans le destin d'Israël *une histoire aspirée comme la mer aspire le fleuve en dépit de tous les détours et barrages dont il faut venir à bout bon gré mal gré* [1], Claudel retourne à *l'Apocalypse*, où la métaphore et l'allégorie recomposent le monde céleste et dissolvent pour lui toute autre histoire que celle du monde d'aujourd'hui en passe de se consumer. Ce sont les années 40-45, et il est vrai que le monde est en flammes. Mais après *Paul Claudel interroge l'Apocalypse* et au sortir de la guerre, l'interrogation similaire du *Cantique des Cantiques*, puis *Emmaüs* et *l'Évangile d'Isaïe* accroissent le midrash claudélien d'une formidable ramure qu'il tend de toutes parts vers le ciel, mais où l'abondance des feuilles cache les fruits [2].

C'est l'époque des attaques contre tout ce qui peut être nommé littéraliste en Écriture, moderniste en liturgie ou en théologie [3], socialiste ou étatiste en économie [4]. C'est l'époque aussi de la nouvelle version de *Partage de Midi* et de la préface qui ne sait plus lire les choses de ce monde, celle où Claudel retouche *l'Échange*, ébauche un troisième *Tête d'Or*, est prêt à refaire toutes ses pièces pour leur donner ce qui serait pour lui leur vrai sens maintenant qu'il connaît le terme de la vie tout entière dont elles ont jailli un moment. C'est l'époque, enfin, des *Mémoires improvisés* où le poète de quatre-vingt-trois ans, à longueur d'heures, tisonné par Jean Amrouche devant le micro de la radio, tour à tour illumine et occulte ce gros morceau d'univers qu'il porte avec lui ou qu'il est lui-même, et le juge, le tâte, le moque, l'admire sans feinte. Il ne laisse soin d'interpréter son œuvre à personne. Le 17 février 1955 (il a quatre-vingt-six ans) il est à la générale de la nouvelle mise en scène de *l'Annonce* après avoir suivi de près les répétitions. Le 22 février, il est soudain frappé d'une crise cardiaque. Le 23 février, il est mort.

Figure et Parabole

Les grands hommes sont des paraboles vivantes [5], écrivait Claudel en 1926. Cela n'est vrai qu'à condition de les simplifier, de les réduire au sens lisible. Mais ce qui a permis à ce sens de se faire, n'est-ce pas autant ce qui le contredit que ce qui l'entraîne ? Et puis, dégager un fil conducteur, c'est chercher la nécessité, et ce qui nous intéresse dans un être, c'est de le découvrir tel qu'en lui-même enfin la liberté le change.

Claudel par lui-même ou Claudel par chacun de nous, autant de figures reconstituées, possibles, vraisemblables, – mais auxquelles il ne faut pas trop croire. Ce serait faire de Claudel ce que Claudel fait de ses personnages dans les dernières versions de ses drames, ce serait croire que le livre enfin écrit, le livre de la vie, peut être lu, comme dans l'Apocalypse, au-dedans et au-dehors. Une des marques de la liberté, peut-être, c'est de tout mêler, de tout rendre indéchiffrable hors au regard de Dieu.

Ce sont les contradictions patentes de Claudel autant que ses simplifications abusives qui témoignent de cette liberté. Le déterminisme providentiel qu'il a si souvent fait agir sur ses personnages ne parvient pas à le déterminer lui-même. Il échappe de toutes parts, et toutes les images circulaires et concentriques qui éclatent dans son œuvre sont issues moins de son existence que de son espérance.

Si Claudel était une parabole, il est vrai qu'elle serait à la taille, sinon de l'univers, au moins d'un continent, d'un grand continent chaotique et multiple qui cherche son unité. Continent barbare, comme on imagine les Gaules et la Germanie à l'aube de l'évangélisation. Terre païenne, semée de lieux de culte où s'enracinent les mythes et s'accomplissent les mystères du soleil et de la lune, de l'amour et de la mort. Dans l'univers de Claudel, la volonté de puissance, l'érotisme sacré, la magie gnostique sourdent de toutes parts, au creux des forêts, aux fontaines des Sibylles. Tête d'Or, Mésa, Rodrigue, et le déchiffreur de l'Apocalypse, sont nés d'une terre fécondée par les plus vieux rêves du monde. Ce n'est pas seulement Paul Claudel que Paul Claudel doit évangéliser, mais aussi Prométhée, Tristan, Zarathoustra, et tout ce qui peuple autour d'eux les ténèbres nocturnes ou la fournaise de midi. Énorme entreprise, à la fois patiente et hâtive, qui comporte ses baptêmes forcés et ses plantations d'archange saint Michel et de Vierge noire en des sanctuaires tout pleins encore d'anciennes présences. Mais dans le vaste corps du continent quelque chose circule et s'étend, pulsation du sang dans les veines, pénétration de cette eau mystérieuse qui des *Odes* à *L'œil écoute* a pour effet de tout réunir et tout offrir à la lumière, *etiam peccata*. L'œuvre et le continent sont du même monde. Car la terre n'est pas l'eau, et le poète, si grand soit-il, n'est pas l'Esprit.

Dans l'Apocalypse qu'aimait tant Claudel, il est dit par le Seigneur : « Voici que je fais l'Univers nouveau [1]. » La vocation de l'homme comme celle de l'Univers relève à la fois de l'histoire et de l'espérance. C'est pourquoi ce que Claudel en mourant a confié à la terre, c'est en même temps ses restes et sa semence.

Notes et références

Les œuvres de Claudel sont désignées par les initiales des mots de leur titre, en lettres minuscules, sauf la première, selon les sigles indiqués dans la bibliographie, pp. 172-185.

L'œuvre poétique et le théâtre sont cités d'après les volumes de La Pléiade (O.P., 1957; T. 1, 1956; T. 2, 1959); les autres œuvres d'après les éditions courantes. Les quelques textes qui n'existent que dans les *Œuvres Complètes* sont cités par référence à O.C.; de même ceux qui n'existent que dans *Œuvres en Prose* de La Pléiade (PR.).

Les recueils de correspondance sont désignés par les initiales du correspondant, en lettres capitales, selon les sigles indiqués dans la bibliographie, p. 186.

Les témoignages, souvenirs, biographies et études, sont désignés par le nom de l'auteur (suivi d'un mot du titre, si besoin est), selon la bibliographie, pp. 188-190.

Le chiffre précédé d'un point noir indique la page du présent volume, les autres chiffres correspondent aux appels de note à l'intérieur d'une même page.

● 6   1. T.o. 1, T. 1, 31-32.
2. Cf. *Un poète parle de lui-même*, O.C. XVIII, 361. En outre, un passage du journal de Romain Rolland permet de supposer que *Tête d'Or* serait né d'une audition du *Crépuscule des Dieux*, le 17 mars 1889 (*Cloître*, 287).

● 7   1. *Ma conversion*, C.e.c. 11-12.
2. T.o.1, T.1, 36-42.
3. T.o.1, T.1, 110.
4. *Ma conversion*, C.e.c. 14.

● 8   1. *La Princesse Maleine* est de 1889.
2. Rolland, *Cloître*, 281; cf. Acc. 93.
3. Guillemin, I, 28; M.i. 15, 25; C.d.l.c. 15; Mondor, 208.
4. C.e.c. 61; M.i. 71.
5. Publié dans *Annales des Sciences Politiques*, 1889, IV; reproduit dans CPC 4, 81-98.
6. Guillemin. III, 36.
7. Rivière-Fournier, III, 67.
8. R. Rolland, *Cloître* et *Mémoires* passim.
9. M.i. 73.
10. Guillemin, I, 29.
11. M.i. 50.
12. Cf. *le Chemin dans l'art*, in O.ec. 138; P.c.i.a. 127.
13. P.c.i.c. 87-88; P.c.i.a. 127; C.d.l.c. 161.

● 9   1. F. Jammes, *le Patriarche et son Troupeau*, 54; J.R. 188.
2. *Mon pays*, C.e.c. 22.
3. *Mon pays*, C.e.c. 21.

● 11   1. Expo. B. N. 1968, n° 14 (cf. Mondor, 31).
2. A Frizeau en 1905 : F.J. 51. Cf. *Quatre-vingts ans* PR. 1385.
3. Chaigne 256; Madaule in T. 1, XXXIII; Guillemin, *le Converti*, 17, note 2.
4. Expo. B.N. 1968, n° 15.
5. Guillemin, III. Développé et nuancé dans *le « Converti » Paul Claudel*.

6. Pour la réduction des symboles, v. surtout J.P. Weber, *Genèse de l'œuvre poétique* : le thème du « sein amer » chez Claudel et ses rapports avec un sevrage précoce.

● 12   1. M.i. 38, 198; I.q.o., O.C. XVIII, 352.
2. *Art poétique*, O.P. 150, 165, 185 à 191.

● 13   1. *Mon pays* (1937 ou 1938), C.e.c. 22; cf. M.i. 10.

● 14   1. T.1, 983-985.
2. *Rêves*, C.d.e. 1, O.P. 67. Cf. p. 44.
3. *Mon pays*, C.e.c. 21; cf. CPC 2, 84; M. i., 11, 91.
4. B.S.P.C. 3, 13.
5. Sur les ascendances, v. J. Cassar, in B.S.P.C. 45, 4-22.

● 16   1. Cf. Ot. 1, T.2, 249, 251, 256; P.d., T. 2, 412, 449.
2. M.i. 14, 246, 255.
3. M.i. 109 à 113.
4. V.e., O.P. 18; Mag., O.P. 259; R.s.j. T. 1, 849; Pos. II, 96, 107, 109; J.R. 64; A.G. 196; T.f.s. 137; C.d.l.c. 170-173; Ev.d.i. 234.
5. O.P. 145, 151, 184, 188.
6. A.G. 121, 137; A.S. 157, 159, 168; F.J. 206; M.i. 244, 249.
7. Ot. 1, T. 2, 225.

● 17   1. Mus., O.P. 222-223.
2. C.e.c. 20; M.i. 11.
3. C.e.c. 20; M.i. 11.
4. C.e.c. 21.
5. C.e.c. 21.
6. T. 1, 1352, 1353, 1358.
7. C.e.c. 18.
8. M.i. 13, 245. B.S.P.C. 45.
9. M.i. 14.
10. A.S. 51; F.J. 61.

● 19   1. C.e.c. 10; M.i. 19; le discours de Renan, prévoyant que parmi les élèves l'un

d'eux un jour ferait son procès, a été retrouvé par Bonnerot et Chaigne, T.R. 55, p. 20; v. aussi J. 2, 846.
2. BSPC 67, p. 9. M.i. 16-23.
3. CPC 1, 112-126.
4. M.i. 15, 22.
5. F.J. 257; A.G. 210; A.S. 177.
6. F.J. 327; D.S. 38.
7. C.d.l.c.15.
8. J. 1, 247.
9. P. h., T. 2, 504-505.
10. Sur ses sœurs, Fig. Litt. 31 janv. 1948. Surtout : R.M. Paris, *Camille Claudel.*
11. *Aux jeunes gens de 1938.* C.e.c. 156; Acc. 266; M.i. 24.

● **21** 1. M.i. 16.
2. Mondor, 51; M.i. 14, 20; Ev.d.i. 120; P.c.i.a. 113.
3. C.e.c. 9; M.i. 14.
4. C.e.c. 10; M.i. 14; P.c.i.a. 112.
5. P.v. in O.P., 6-7, et Cor. in O.P. 421, 425; datés de 1887, mais Claudel ne note parfois que la date de la dernière rédaction.
6. A.d.s. 54-55; J.a.b. 8; Emm. 65.
7. M.i. 250; V. ra., O.P. 808.
8. C.e.c. 9; M.i. 22.
9. C.e.c. 10; Acc. 227; F.J. 33; J.R. 142; P.c.i.a. 39, 63, 116; Lettres à H. Psichari, in *Des jours...*, 142-143, 150-152.
10. En 1906-1907 : Mag., O.P. 261.
11. Thibaudet, *Hist. de la litt. française de 1789 à nos jours* (Stock, 1936), 343.
12. Zola, *le Roman expérimental*, 27, in Guillemin, *Zola, légende ou vérité* (Julliard, 1960), 63.

● **22** 1. R. Rolland, *le Voyage intérieur* (A. Michel, 1959), 93. Voir aussi les propos de Renan adressés à R. Rolland, le 26 décembre 1886, lendemain d'un jour fameux pour Claudel (R. Rolland, *Cloître*, 24-25.)
2. R. Rolland, *Mémoires*, 21-22.
3. A Mallarmé (1895) CPC 1, 46; M.i. 70, 73, 80.
4. Acc. 227; M.i. 32.
5. *Journal intime*, (1918, 1931, 1932, 1935, 1937) cité par Guillemin, in *Claudel et son Art*, 54, 55, 65; Pos. I, 43-52.
6. J.R. 157; C.e.c. 13, 54, 56; Acc. 175; V.ra., O.P. 783; U.p.r.c. 269; A.m.v.a. 91.
7. P.c.i.a. 63, 117.
8. Pos. II, 14-15; P.J. (1912); A.S. 106, 122; S.d.s. 1, T. 2, 859.
9. Mag., O.P. 251-252.
10. *Victor Hugo* (1935) O.C. XVII; C.j.r. (1954); M.i. 21, 34. Cf. Mondor, 257-260.
11. Guillemin, *Claudel et son Art*, 54; M.i. 34; C.e.c. 147.
12. Rolland, *Cloître*, 281.
13. J.R. 102; F.e.p. 175-176, 201-207; Rolland, *Mémoires*; 27.
14. M.i. 33.
15. M.i. 33-36.

16. J. 1, 643.

● **24** 1. J.R. (1908), 142-143. D'après M.i. (1951), 23, ce serait non en juin mais en mai. Le n° de *la Vogue* est du 13 mai 1886.
2. J.R. 142; M.i. 25-26; cf. U.p.r.c. 268-269.

● **25** 1. *Les Illuminations*, Génie (Mercure, 1945) 77, 79.
2. C.e.c. 10.
3. *Une saison en enfer*, L'impossible (Mercure, 1945) 70-71.
4. *Id.*, Adieu, 86. Cité : C.e.c. 12; A Byvanck, CPC 2, 272; M.i. 29.
5. C.e.c. 10.

● **29** 1. *Ma conversion*, C.e.c. 10-13. Publié dans la « Revue de la Jeunesse » en 1913; écrit cette année là, et non en 1909 comme indiqué en C.e.c. 16; cf. Guillemin, III, 5.
2. L.M. 213-214.
3. A.G. 213.
4. F.J. 32-33. La lettre à Byvanck, du 30 juillet 1894, publiée pour la première fois en 1938, confirme d'avance le récit de 1913 (CPC 2, 271-272). Cf. Pos. II, 135.

● **30** 1. Mag., O.P. 248-249.
2. Cf. St Augustin (épisode du *Tolle, lege*) : « Statim quippe cum fine hujusce sententiæ quasi luce securitatis infusa cordi meo omnes dubitationis tenebræ diffugerunt ». in *Confessions*, VIII, 12 (29); ou Ste Thérèse de l'Enfant Jésus (nuit de Noël 1886) : « Mais Thérèse n'était plus la même, Jésus avait changé son cœur. » in *Manuscrits autobiographiques* (Livre de Vie, p. 116). Claudel a-t-il jamais fait allusion à la conversion de St Augustin? Je ne l'ai pas trouvé. Quant à Ste Thérèse de l'Enfant Jésus, elle n'est citée dans l'œuvre qu'assez tard (En 1930, A.m.v.a 319; en 1932, Pos II, 201; en 1935, V. ra. O.P. 779), mais c'est en 1926 qu'il rapproche les deux événements de Noël 1886 (J. I, 702; cf. P.c.i.c., 98).
3. Les autres textes relatifs à Noël 86 n'apportent rien de plus : *le Chant religieux* (1938), C.e.c. 24-25; *le 25 décembre 1886* (1942), V.ra., O.P. 771; M.i. (1951), 51.

● **31** 1. P.v., O.P. 5-6.
2. Peut-être est-il postérieur à Noël 86. Cf. BSPC 10, 13.
3. Devenu *Chanson d'automne* in Cor., O.P. 425.
4. Cor., O.P. 421.
5. P.v., O.P. 6-7.
6. Cor., O.P. 421.
7. P.v., O.P. 7.
8. Expo. B.N. 1968, n° 83.
9. Fr. dr., O.P. 25.
10. M.i. 25, 27; End. (éd. de 1947).

11. Pour Mondor, c'est de 84 (Mondor, 51); pour Walzer, pour Roberto, c'est de 86. (BSPC, 5, 6; Roberto, *l'Endormie de P. Claudel*); pour Jacques Petit, c'est de 88 (CPC 2, 158-159); on peut dire plutôt 1887, avec Guillemin (*le « Converti »*, 98).
12. T. o. 1; T. 1, 105.

● 32 1. A Byvanck (juillet 1894), CPC 2, 273.
2. CPC 1, 140.
3. CPC 2, 272.
4. Figaro Littéraire, 24-6-50, O.C. VI, 400.

● 33 1. Cf. A Mockel, 1891, CPC 1, 140-141.
2. La « Bible protestante » qu'ouvrit Claudel fut ou la version Segond, ou plutôt la version Osterwald (cf. Vachon, 114), avec lesquelles le langage claudélien est sans rapport.
3. A Mockel, 1891, CPC 1, 141.
4. Ville 1, T. 1, 311.
5. Ville 2, T. 1, 428, 488.
6. A.p., O.P. 141, 181, 188-191, 194-195; Cf. Pos. I, 13, 64; F.e.p. 116-117; P.e.p. 205, 264; E.e.m. 137-138.

● 34 1. M.i. 70, 73; P.c.i.a. 127-128.
2. Ville 1, T. 1, 371.
3. Ville 1, T. 1, 392.
4. Ville 1, T. 1, 393.

● 35 1. Ville 1, T. 1, 378.

● 36 1. Ville 2, T. 1, 478-485.
2. V.e., O.P. 18.
3. A.S. 36.
4. *Ma conversion*, C.e.c. 16.
5. A Byvanck (30 juillet 1894), CPC 2, 272.
6. M.1.b., O.P. 504.
7. P.d.m. 1, T. 1, 1005.

● 37 1. J.f.v. 2, T. 1, 578.
2. Ann. 1, T. 2, 22-26.

● 38 1. J.f.v. 1, T. 1, 556-557.
2. J.f.v. 2, T. 1, 640-642.
3. J.f.v.1, T. 1, 566-568.
4. M.i. 92.
5. M.S. 267; M.P. 75. Même pour la seconde version : J.R. 185-186; A.G. 42, 98; F.J. 151.

● 39 1. M.P. 72; M.S. 263; M.i. 93, 98, 116.
2. M.S. 262-263; C.d.e. 1, O.P. 38.
3. M.S. 267.

● 40 1. M.P. 75, 81.
2. M.P. 86; M. Martin du Gard, 145.
3. A Schwob. CPC 1, 168; M.P. 93.
4. M.S. 271. Cf. CPC 6, 274.
5. M.i. 99, 106.

● 41 1. Ech. 1, T. 1, 668.
2. Ech. 1, T. 1, 686.

● 42 1. Pos. I, 55-57.

2. Ann. 1, T. 2, 89, 91, 94; P.h. 1, T. 2, 552-561; S.d.s.1, T. 2, 696; S.t., O.P. 616-617; F.J. 280.
3. S.d.s. 1, T. 2, 800-810.
4. M.P. 102; cf. M.P. 88, certainement de 1895 et non de 1894.
5. S.M. 43; M.P. 97; M.i. 119-120.
6. M.P. 97; S.M. 45; M.i. 140.
7. M.P. 102; S.M. 49.
8. S.M. 51; M.P. 105.
9. M.i. 140; S.M. 55.
10. Période obscure, de sept. 97 à sept. 98; cf. CPC 4, 108-109.
11. F.J. 26.
12. M.i. 119-120.

● 43 1. C.d.e. 1, O.P. 37-38.
2. M.i. 123.
3. V.e., O.P. 17.
4. M.i. 141-142.
5. *La Catastrophe d'Igitur*, Pos. I, 201.
6. Comme en témoigne la correspondance de 1891-1897 recueillie dans CPC 1, 40-54, et malgré les réserves formulées tardivement dans M.i. 65, 128.
7. M.i. 64; Pos. I, 203; cf. Mus., O.P. 231; C.d.l.c. 257.

● 44 1. M.i. 129; la lecture du livre d'Étienne Gilson sur St Bonaventure est de janvier 1928 (J. 1, 799); cf. Friche, *Études claudéliennes*, 172.
2. M.i. 65.
3. Gilbert Gadoffre (*Les Trois Sources*, 139-141) a montré en outre l'influence du symbolisme médiéval et patristique à travers la lecture de *la Cathédrale* de Huysmans; le livre est de 1898, mais peut-être Claudel ne l'a-t-il lu qu'en 1900 à Ligugé.
4. Peut-être y a-t-il là influence du Tao et notion du « temps circulaire des religions cosmiques », cf. Gadoffre, *Claudel et la Chine du Tao*, 104.
5. M.i. 128-129.
6. M.i. 128.
7. C.d.e. 1, O.P. 67. Cf. Ville 1, T.1, 366.
8. A.p., O.P. 126; voir aussi *Note sur l'art chrétien* (1932), Pos. II, 198.
9. C.d.e. 1, O.P. 52.

● 46 1. R.s.j., T. 1, 816.
2. R.s.j., T. 1, 824, 828, 832, 837.
3. R.s.j., T. 1, 832, 837.
4. R.s.j., T. 1, 824.
5. R.s.j., T. 1, 824.
6. R.s.j., T. 1, 833.

● 47 1. R.s.j., T. 1, 839.
2. R.s.j., T. 1, 856.
3. A.d.s., 198; L.G. 108.
4. L'idée est de Madaule, *Drame*, 173.
5. M.i. 160.
6. Claudel fait le 10 sept. 1900 une démarche auprès de l'archevêque de Paris en

vue de son entrée dans l'ordre bénédictin.
Cf. Guédon, *Semaine relig. de Paris*, 23-4-60, et BSPC 90, p. 31-34.

● **48** 1. Lettre de décembre 1946, D.S. 95; cf. lettres de 1908 et 1909, L.M. 54, 73; lettre de 1946 à Dom Basset, in Chaigne, 84; M.i. 151; Préface à P.d.m. in T. 1, 983. Récits « à nuancer », cf. Varillon, « Études » sept. 1966 et Introduction au *Journal* 1, p. IX.
2. Il s'embarque sans doute le 19 octobre 1900, selon la lettre du 12 octobre, M.P. 108; il est à Colombo le 9 nov., M.S. 271.
3. J.L.B. in O.C. XI, 324.
4. Mus., O.P. 223.
5. Mus., O.P. 222.
6. Mus., O.P. 225.
7. Achevée en 1901, l'Ode est datée de la dernière copie en 1904, M.i. 160 (Contra : *Journal* de Gide, 5-12-05).

● **51** 1. Mus., O.P. 231-233.
2. Mus., O.P. 232; P.d.m. 1, T. 1, 1005, 1006.
3. Mus., O.P. 232; P.d.m. 1, T. 1, 1008.
4. Mus., O.P. 232; P.d.m. 1, T. 1, 988.
5. Mus., O.P. 233; P.d.m. 1, T. 1, 1001.
6. M.q.e.g., O.P. 275.
7. P.d.m., 1, T. 1, 1000.
8. P.d.m., 1, T. 1, 1004.

● **52** 1. P.d.m. 1, T. 1, 1064.
2. T. 1, 983-985.
3. P.d.m. 1, T. 1, 1000.
4. Cf. M.i. 189; J.L.B. in O.C. XI, 315, 326; Barrault, *Cahiers* 1, 81, 84.

● **53** 1. P.d.m. 1, T. 1, 1053-1054.
2. L'une est celle de la représentation par Barrault, P.d.m. 2 bis, in O.C. XI, 187-191; deux autres sont restées à l'état de variantes, O.C. XI, 333-336 et 337-340; la dernière est celle de la version définitive de la pièce publiée en 1949 : P.d.m. 2, O.C. XI, 285-290, et T. 1, 1140-1144.
3. J.L.B. in O.C. XI, 317, 326 (avril 1950).

● **54** 1. J.L.B. in O.C. XI, 316; M.i. 188; P.d.m.2, T. 1, 1149.

● **55** 1. P.d.m. 2, T. 1, 1101-1102, 1119, 1141, 1142, 1146-1148.
2. P.d.m. 2, T. 1, 1150-1151, tandis que disparaît la réplique de P.d.m. 1, T. 1, 1061 : *Je ne vois et je n'entends point cela.*

● **57** 1. C.d.t., O.P. 145.
2. A.G. 47, 48.
3. *Journal* de Gide, 5-12-05.
4. A.G. 81. Cf. Acc. 183.
5. M.i. 163, 196.
6. C.d.t., O.P. 125.
7. C.d.t., O.P. 142.
8. C.d.t., O.P. 125.
9. C.d.t., O.P. 135.

10. C.d.t., O.P. 143.
11. C.d.t., O.P. 134

● **58** 1. E.B. (1909), 174.
2. C.d.t., O.P. 140.
3. C.d.t., O.P. 140.
4. A.p., O.P. 154.
5. A.p., O.P. 150.
6. A.p., O.P. 155.
7. A.p., O.P. 162.
8. A.p., O.P. 163. La composition de l'univers animé est vue sous une certaine influence des *Souvenirs entomologiques* de Fabre, selon lettre à Frizeau, F.J. 63.
9. A.p., O.P. 180.
10. A.p., O.P. 188.
11. A.p., O.P. 155.
12. C.d.t., O.P. 140.
13. C.d.t., O.P. 145.

● **59** 1. C.d.e. 1, O.P. 85.
2. J.R. 61. Cf. 62, 63.

● **61** 1. P.J. 18-2-1912. Cf. en 1907, A.S. 106; en 1921, Pos. 1, 168-170; en 1927, Pos. II, 14-15.
2. C.t.v., O.P. 353.
3. E.e.e., O.P. 241.
4. C.d.t., O.P. 143. Il faudrait ajouter au symbolisme mallarméen et à l'analogie médiévale l'influence de la philosophie taoïste, cf. G. Gadoffre, *Les Trois Sources*.

● **62** 1. E.e.e., O.P. 240.
2. A.p., O.P. 194.
3. A.p., O.P. 197, 203.
4. A.p., O.P. 195, 198.
5. A.p., O.P. 199.

● **64** 1. F.J. 51, 60; A.S. 42, 77.
2. J. 1, 3.
3. J. 1, 126-127. Voir note p. 1041.
4. A.S. 28.
5. A.S. 32.
6. F.J. 42.
7. Jammes, *Caprices*, 197-198; Jammes, *Une conversion*, « Revue de la jeunesse », 10 oct. 1913; F.J. 372, 385. J.P. Inda, *le P. Michel et Paul Claudel*, « Corde Magno », déc. 1970.
8. F.J. 43, 45.
9. F.J. 51, 53.
10. F.J. 53; A.S. 42.
11. A.S. 51. Cf. S.d.s. 1, T. 2, 754.
12. F.J. 59. C'est cette « fissure de la montagne » évoquée dans E.e.e., O.P. 245.

● **65** 1. Cor., O.P. 422.
2. P.d.m. 1, T. 1, 1029.
3. P.d.m. 1, T. 1, 1063.

● **66** 1. F.J. 62.
2. F.J. 62.
3. F.J. 65. L'explicit porté sur le manuscrit est du 21 novembre (O.C. XI, 303).

4. F.J. 65.
5. A.S. 77.

● **68** 1. E.e.e., O.P. 245-246.

● **69** 1. C.t.v. (Cantique de la rose), O.P. 328-330.
2. M.l.b., O.P. 485-486, 507.
3. S.d.s. 1, T. 2, 695.
4. C.p.e., O.P. 698, 699, 700, 701, 705.
5. O.n.s.l. 2, 127, 181.
6. F.d.s., O.P. 628; cf. P.c.i.c. 168.
7. E.e.e., O.P. 242.
8. E.e.e., O.P. 247.
9. E.e.e., O.P. 248.
10. E.e.e., O.P. 248; Cf. Pos,. II 263.

● **70** 1. F.d.s., O.P. 675.
2. C.d.l.c. 119; cf. V. ra., O.P. 784, 797.
3. Pos. II, 131; cf. A.G. 70.
4. F.J. 90.
5. Pos. II, 135.

● **72** 1. Mag., O.P. 253.
2. Mag., O.P. 260.
3. Mag., O.P. 250, 254, 257.
4. Mag., O.P. 252.
5. Mag., O.P. 254.
6. Mag., O.P. 251, 255, 261, 262.
7. Mag., O.P. 251, 258, 261, 262.
8. Mag., O.P. 255.
9. Mag., O.P. 255, 257, 260.
10. Mag., O.P. 257, 258.
11. A.S. 110.
12. M.f., O.P. 278.
13. M.q.e.g., O.P. 266, 267, 274; M.f., O.P. 282.
14. M.q.e.g., O.P. 265, 268, 270, 272.

● **74** 1. M.q.e.g., O.P. 275.
2. M.q.e.g., O.P. 272; cf. P.c.i.a. 347.
3. S.d.s. 1, T. 2, 672; S.d.s 2, T. 2, 962.
4. M.f., O.P. 280; M.q.e.g., O.P. 271, 272.
5. M.q.e.g., O.P. 276.
6. M.q.e.g., O.P. 275.
7. M.f., O.P. 283.
8. M.f., O.P. 281, 290.
9. A.S. 112.
10. J.R. 124, 129; A.S. 124.
11. F.J. 113.
12. F.J. 141; *Journal*, 14 nov. 1908.
13. A.G. 92; Cor., O.P. 381, 404, 389; l'hymne de *l'Assomption* est peut-être le texte disparu dans l'incendie de l'Ambassade à Tokyo en 1923 (BSPC 10, 9), mais le thème est dans le *Processionnal*, O.P. 297.

● **75** 1. Cf. Vachon, *Le temps et l'espace dans l'œuvre de P.C.*; parmi les nombreux textes liturgiques dont il a décelé la présence, citons ceux de l'Office des Défunts (textes de Job, in T. o. 1), de la Dédicace (in Ville 1 et 2, J.f.v., Ech. 1), de la Vierge (Proverbes, Cant. des Cant., Apoc., in T.o. 1, J.f.v.1, Ech. 1), du Sacré-Cœur (in Ville 1, J.f.v. 2.), de la Semaine Sainte (l'arbre et la croix in T.o.1, la nuit pascale in Ville 1, acte 3).
2. Le P. Rywalski (*C. et la Bible*, 4-5) a rempli deux pages de citations de ces traductions littérales, avec le texte latin de la Vulgate en regard; il serait facile d'établir leur appartenance liturgique; sauf un, tous ces exemples sont postérieurs à 1906; v. aussi M. F. Guyard, *C. et l'Étymologie*.
3. A.S. 97.
4. Ma conversion, C.e.c. 14-15; cf. A.S. 125-126; Emm. 139; Acc. 278; E.e.m. 198.

● **76** 1. J.a.b. 55.
2. Mai 1907, J.R. 51.
3. Juin 1911, F.J. 211.
4. J.R. 42.
5. Mai 1907, J.R. 51. Claudel ajoute au sujet de la Bible : *Il est essentiel que vous la lisiez d'un bout à l'autre*, mais il ne semble pas l'avoir déjà fait lui-même (cf. J. 1, note p. 1050). Le passage des Proverbes sur la Sagesse présidant à la création qu'il se rappelle avoir lu le soir de Noël 1886 dans la *Bible protestante* de Camille (D.S. 99; J.a.b. 8; M.i. 51) n'avait peut-être pas encore été lu dans son contexte en 1922, où il a été désigné comme *l'épître de l'Immaculée Conception* (T.q.e.t. 50). Même quand la référence biblique est donnée, le texte cité est souvent celui de la liturgie qui n'est pas toujours celui de la Bible, par ex. Cantique des Cantiques 4, 7, cité *Tota pulchra es et macula originalis non est in te* alors qu'en réalité *originalis* n'est pas dans la Vulgate mais seulement dans le graduel de la messe de l'Immaculée Conception (A.d.s. 23, vers 1935), cf. J. C. 156.
6. J.R. 49-50.

● **77** 1. P.s.s.n., O.P. 299-300.
2. F.J. 113.
3. A.S. 112.
4. F.J. 132 (18 juillet 1908).
5. A.G. 89 (4 août 1908).
6. 1re édition en 1841-1866, 15 volumes Claudel en parle à Rivière le 25 mai 1907 : *L'année liturgique, de Guéranger, que je ne vous recommande pas autrement, contient seule les prières complètes en latin de la messe* (J.R. 52).
7. Cf. *Séquence* par H. Leclercq, Dict. d'archéol. chrét. et de liturgie xv, col. 1294-1303.
8. Cf. *Prudence*, Dict. de Théol. Cathol., XIII, col. 1076-1077.

● **78** 1. *Prière pour le dimanche matin*, Cor., O.P. 369; *Memento pour le samedi soir*, Cor., O.P. 464; l'ensemble des hymnes d'après le projet de 1908, devait constituer

un gros recueil en quatre volumes (sans doute les quatre saisons, comme dans le bréviaire), A.G. 96.
2. Cor., O.P. 381-383.

● 79 1. Par ex. le *Lux jucunda* d'Adam de Saint-Victor ou le *Splendor Patris et figura* du même auteur, in *l'Année liturgique*, temps pascal, III, 424, et temps de Noël, I 470.
2. Cor., O.P. 389.
3. Comme disait Besme dans Ville 2, T. 1 428, 488.
4. A.S. 109.
5. A Mockel, 1891 CPC I, 141.
6. A.S. 129.

● 80 1. J.R. 126-127.
2. Pos. I, 9-89.
3. A.G. 99 (18 février 1909); cf. M.i. 231.
4. A.G. 157 (22 déc. 1910). Contre le lyrisme, cf. A.G. 47 (7 août 1903).
5. Lefèvre, *Une heure avec*, III, 164-165 (avril 1925).
6. Igny, abbaye cistercienne dans le Tardenois, à 15 km de Fère, près de la route de Fismes à Dormans, confisquée à la Révolution.
7. J. 1, 132-133.
8. Autre schéma de la trilogie en mai 1908, in F.J. 130.
9. M.i. 254.

● 82 1. J. 1, 133.
2. M.i. 254, 257.
3. A Frizeau, mai 1908, F.J. 130.
4. Ot. 1, T. 2, 264.
5. Ot. 1, T. 2, 264.
6. Ot. 1, T. 2, 292.
7. Ot. 1, T. 2, 271.
8. Ot. 1, T. 2, 285.
9. Ot. 1, T. 2, 292.
10. Ot. 1, T. 2, 293-294. Malgré l'ambiguïté du dernier geste de Sygne, Claudel écrivait en 1914 que dans cette première version *Sygne refusait explicitement le pardon*, F.J. 271.
11. F.J. 271.

● 83 1. Ot. 2, T. 2, 302.
2. F.J. 272.
3. Cf. notamment *Sainte Thérèse*, F.d.s., O.P. 616-617; O.j.m.d., F. d. s., O.P. 676, 678, 679, 681; Ann. 1, T. 2, 88, 89, 91, 94; P.h. 1, T. 2, 534, 539-541, 552-561; S.d.s. 1, T. 2, 655, 684-685, 696, 737, 765.
4. A.G. 158.
5. *Lettre sur Coventry Patmore*, Pos. II, 30-32. Datée de Prague, 1910; peut-être postérieure, car publiée en février 1914 dans les « Études franciscaines ».
6. Ephes. 5, 32; la traduction de Pos. II 32, le réduit d'une manière significative; cf. en 1922 T.q.e.t. 51.

7. Ot. 1, T. 2, 232.
8. P.d.m. 1, T. 1, 1055.
9. P.h. 1, T. 2, 541-542.
10. S.d.s. 1, T. 2, 684-685, 737, 765.
11. A.S. 180 (1913); *Richard Wagner* (1926), F.e.p. 174-179; *Aegri Somnia* (1937), O.ec., O.C. XVII, 90; *le Poison wagnérien* (1938), C.e.c., 123; P.c.i.a. 116 (1941); *le Cor d'Hernani* (1952), O.C. XVII, 300.
12. F.J. 151, 152, 176; M.K. 67; A.G. 121, 125, 129, 132, 134; contra : M.i. 228.
13. A.G. 141.
14. F.J. 151.

● 84 1. A.G. 98.
2. F.J. 147, 150; A.G. 42; Correspondance Jammes-Gide, 254-258.
3. M.K. 67. Claudel semble alors en butte à des suspicions de la part du Ministère pour « menées cléricales », A.S. 140-147, A.G. 99-101; L.M. 67.
4. F.J. 151.
5. M.i. 232, 234.
6. J.R. 186.
7. Ann. 1, T. 2, 74.
8. Dans U.p.r.c. 46 la lèpre est le symbole de la luxure.

● 86 1. Ann. 1, T. 2, 12, 22, 23.
2. Ann. 1, T. 2, 94-95. Dans l'acte 4 de 1938, Jacques Hury est écarté au profit non plus de l'amant mystique mais du père, Ann. 1 bis, T. 2, 127-128.
3. Ann. 1, T. 2, 17, 67, 86.
4. Ann. 1, T. 2, 75, 79.
5. Ann. 1, T. 2, 89, 91, 94, 101-103.
6. Ann. 1, T. 2, 107.

● 87 1. Ann. 1, T. 2, 18, 108.
2. Ann. 1, T. 2, 108.
3. Ann., 1, T. 2, 24, 30; A.p., O.P. 137, 142, 153, 156, 186, 191; E.e.e., O.P. 238-242; Mag., O.P. 252; M.q.e.g., O.P. 267, 271; M.f. 281, 283, 289, 290; l'image vient de saint Augustin, *Confessions*, XIII, IX-10; cf. U.p.r.c. 237 (avec référence inexacte) et Ev.d.i. 220-225.
4. Ann. 1, T. 2, 109.
5. V.e., O.P. 17.
6. M.q.e.g., O.P. 272, 275.
7. Ann. 1, T. 2, 113.
8. Ann. 1, T. 2, 74.
9. Ann. 1, T. 2, 92.
10. Ann. 1, T. 2, 79.
11. Ann. 1, T. 2, 79-83. Les textes que Violaine fait lire à Mara sont des traductions volontairement littérales de différents textes des Matines de Noël *(première leçon de chacun des trois nocturnes)* dont *l'Année liturgique* de Guéranger, Temps de Noël, I, 196, 208, 223, donne le texte latin et des traductions bien différentes. A l'époque où il travaille à *l'Annonce*, à Prague, Claudel est voisin d'un monastère bénédictin dont

il suit les offices (A.S. 169) et sans doute se sert-il maintenant du bréviaire (cf. A.S. 154) *La Cantate à trois voix*, l'année suivante, sera *composée, sur le mode du bréviaire, de dialogues et de cantiques* (A.G. 199).

● **88** 1. Claudel a lu au début de 1910 *le Mystère de la charité de Jeanne d'Arc* de Péguy (A.G. 119, 124).
2. J.R. 231; A.G. 177-180; contra : A.S. 169, peut-être mal datée.
3. Variot, T.R. 55, 63-65; M.K. 73; F.J. 254; article de Mauriac dans *l'Amitié de France*, mars 1913. Cf. CPC 5, 93-98.
4. A.G. 177, 180, 181.
5. A.G. 180.
6. F.J. 215.
7. C.t.v., O.P. 321.

● **89** 1. E.e.e., O.P. 241; cf. C.t.v., O.P. 353, 942.
2. F.J. 243.
3. O.P. 941.
4. C.t.v., O.P. 339.
5. C.t.v., O.P. 341, 345, 351, 941-942; l'image de la patrie comme absolu de l'amour est dans P.h., T. 2, 533, et M.l.b., O.P. 496, 497; cf. S.d.s. 1, T. 2, 776, et L.c.c., T. 2, 1148.

● **90** 1. C.t.v., O.P. 356; cf. T.q.e.t. 51; S.d.s. 1, T. 2, 900.

● **91** 1. C.t.v., O.P. 328.
2. Ann. 1, T. 2, 74.
3. C.t.v., O.P. 330.
4. M.q.e.g., O.P. 269.

● **92** 1. Pr. 1, T. 2, 334-340.
2. A.G. 210; A.S. 177; F.J. 257; CPC 1, 126-127; L.M. 208.
3. A.G. 211; CPC 1, 127; *Camille Claudel*, O.C. XVII, 247-256; P.c.i.c. 141; M.i. 332.
4. M. Gérald Antoine a noté que Claudel *grossit le plus souvent la veine comique* dans les secondes versions, in *l'Art du comique chez Claudel*, CPC 2, 105.
5. Publiée dans *Cahiers de la Compagnie Barrault-Renaud*, Nos 25 et 26 (Julliard, 1958-1959).
6. F.e.p., 105-156.

● **95** 1. Dans ses premières notes pour *le Pain dur*, Claudel écrivait : *Elle trompe et fait semblant d'aimer. Sa vocation est la patrie.* BSPC 2, 12.
2. P.d., T. 2, 429.
3. P.d., T. 2, 447.
4. P.d., T. 2, 430.
5. P.d., T. 2, 467.
6. P.d., T. 2, 462.
7. P.d., T. 2, 468.
8. P.h. 1, T. 2, 510, 511, 526, 527, 537, 541 (1364).
9. P.h. 1, T. 2, 508, 509, 527 (P.h. 2 précisera : *Je mets cet Orso entre le bonheur*

sera : *Je mets cet Orso entre le bonheur et toi*, cf. 1363), 534.
10. P.h. 2, T. 2, 560 (précisant le sens qui était déjà dans P.h. 1 avec le *parfum mortel* des tubéreuses, 1365).
11. P.h. 1, T. 2, 506.

● **96** 1. P.h. 1, T. 2, 540.
2. P.h. 1, T. 2, 509, 543; P.h. 2, T. 2, 527.
3. J. 1, 133.
4. M.i. 244.
5. M.i. 247, 249-250.
6. BSPC 1, 10.
7. Ot. 1, T. 2, 226, 244, 245, 252-255; *Propositions sur la justice* (1910), Pos. II, 36-44; *Lettre à Sylvain Pitt* (1910), Pos. II, 45-47; *Lettre à Arthur Fontaine* (1910), Pos. II, 139.
8. J. 1, 132.
9. P.h. 1, T. 2, 496, 510.
10. P.h. 1, T. 2, 508, 514-519.
11. P.h. 1, T. 2, 507, 539; M.i. 247-248; D.M. 42.
12. P.h. 1, T. 2, 485, 488, 490, 535.

● **97** 1. M.l.b., O.P. 484; cf. 497-498 et *Sainte Geneviève*, F.d.s., O.P. 637.
2. F.J. 291.
3. A.G. 129-140.
4. A.G. 157, 160, 177; J.R. 231.
5. A.G. 158.
6. Benoist-Méchin et Blaizot, 53.
7. A.G. 199.
8. A.S. 170.
9. F.J. 250.
10. F.J. 238.
11. D.M. 37; F.J. 260.
12. A.G. 203, 209; F.J. 269; BSPC 10, 9; Massis, 270.
13. F.J. 260; D.M. 39.
14. D.M. 40.
15. D.M. 41; M.i. 255; BSPC 2, 11.
16. D.M. 43.
17. Cf. *Saint Martin*, F.d.s., O.P. 663, et *l'Absent professionnel*, CPC 4, 69-70.
18. Hoppenot, 8; F.J. 273-277.
19. Hoppenot, 8.
20. Ève Francis, *Temps*, 300 ss; *Un autre*, 8-60; F.J. 280; J. 1, 320.
21. F.d.s., O.P. 616-617.
22. Charles-Roux, 181-183; F.J. 283.
23. D.M. 46-47.
24. P.J. 27-11-15; F.J. 284; P.h., T. 2, 561.
25. F.J. 291; D.M. 50.

● **98** 1. F.d.s., O.P. 598; cf. *Un poète parle de lui-même*, O.C. XVIII, 363.
2. O.e.l., T. 2, 589, 591; S.d.s. 1, 763-767; cf. M.i. 277.
3. O.e.l., T. 2, 616.
4. M.l.b., O.P. 485.
5. M.l.b., O.P. 486, 507.
6. M.l.b., O.P. 498.
7. M.l.b., O.P. 501.
8. M.l.b., O.P. 501.

9. M.l.b., O.P. 507.
10. M.l.b., O.P. 510.
● **100** 1. Hoppenot, CPC 3, 7-24.
2. Hoppenot, CPC 3, 19; cf. S.d.s. 1, T. 2, 893.
● **101** 1. A Alexis Léger, 4 août 1918, CPC 3, 20.
2. P.c.i.a. 234-235 (vers 1941-1942); cf. *l'Absent professionnel*, in CPC 4, 70.
● **102** 1. *Lettre ouverte à M. Paul Claudel, ambassadeur de France*, juillet 1925 (in Nadeau, *Documents surréalistes*, Seuil, 1948, p. 36); cf. F.J. 306.
2. Lettre à Chavannes 30-12-19, BSPC 20.
3. Ms. inédit fév. 1917 - oct. 1920. Cf. P.c.i.a. 234-235; M.l.b. 512; T.q.e.t. 50; C.d.l.c. 234. Claudel travaille aussi à cette époque à un commentaire d'Ézechiel (lettre à Alexis Léger 4-8-18, CPC 3, 20).
4. S.d.s. 1, T. 2, 857, 906.

● **105** 1. Date indiquée à l'*explicit*, S.d.s. 1, T. 2, 933; contra : M.i. 272, qui parle de *l'intervalle entre le Danemark et le Japon*, soit le printemps 1921 (mais D.M. 66 montre que l'œuvre était déjà commencée en septembre 1920).
2. S.d.s. 1, T. 2, 933, F.J. 305.
3. M.i. 272; cf. Barrault, *Notes*, 52.
4. S.d.s. 1, T. 2, 851, 861-862, 911-912.
5. S.d.s. 1, T. 2, 857-858, 862.
6. S.d.s. 1, T. 2, 857, 861, 914-919; cf. Charles-Roux, 182, Hoppenot, 10.
7. S.d.s. 1, T. 2, 891.
8. S.d.s. 1, T. 2, 910.
9. S.d.s. 1, T. 2, 860, 908-919.
10. S.d.s. 1, T. 2, 900, 906, 929-930.
11. S.d.s. 1, T. 2, 856, 858, 892, 901-908.
12. S.d.s. 1, T. 2, 901-907.
13. S.d.s. 1, T. 2, 857, 903-906.
14. La quatrième journée a été définitivement écrite entre janvier et novembre 1924, après la troisième, elle-même récrite après sa disparition dans l'incendie de Tokyo, F.J. 305.

● **106** 1. S.d.s. 1, T. 2, 856.
2. C.d.t., O.P. 142.
3. S.d.s. 1, T. 2, 899, 906.
4. S.d.s. 1, T. 2, 904, 906.
5. M.l.b., O.P. 510; cf. C. d.l.c. 74.
6. V. les correspondances A.G., J.R., A.S., F.J., la correspondance Jammes-Gide notamment 236-243 et 352, le *Journal de Gide*, 2 lettres à Arthur Fontaine in Pos. II, M.i. 207-225, et U.p.r.c. 270-271.
7. S.d.s. 1, T. 2, 904-905.
8. Claudel n'emploie pas ce mot *abjection*, qui était familier à Charles de Foucauld, mais le rapprochement doit être fait, car Rodrigue est heureux de devenir pauvre serviteur d'un couvent comme Foucauld à Nazareth. Claudel a lu dès sa publication en 1921 le livre de René Bazin, *Charles de Foucauld, explorateur du Maroc, ermite du Sahara* qui a révélé au public la vie de Foucauld (F.J. 301). Autre trace de la vie de Foucauld : Don Camille a parcouru le Maroc déguisé en marchand juif (S.d.s. 1, T. 2, 659).
● **107** 1. S.d.s. 1, T. 2, 919-924.
2. S.d.s. 1, T. 2, 654.
3. S.d.s. 1, T. 2, 680; Cf. 746.
4. M.i. 269; cf. J. 1, 417.
5. M.i. 272.
6. S.d.s. 1, T. 2, 810.

● **108** 1. S.d.s. 1, T. 2, 840.
2. Cf. *Choses de Chine*, O.C. IV, 353.
3. Cf. p. 57-58.
4. C.d.t., O.P. 125.
5. S.d.s. 1, T. 2, 775.
6. Cf. 1re épigraphe du *Soulier*, T. 2, 647.
7. Cf. l'influence de Dostoievski, M.i. 37.
8. S.d.s. 1, T. 2, 668, 682-683.

● **110** 1. S.d.s. 1, T. 2, 688-711.
2. S.d.s. 1, T. 2, 720-731.
3. S.d.s. 1, T. 2, 738-740.
4. S.d.s. 1, T. 2, 652-655, 743-744.
5. S.d.s. 1, T. 2, 785, 792-793, 796, 817-818, 820-821, 835, 837, 843.
6. S.d.s. 1, T. 2, 818-828.
7. S.d.s. 1, T. 2, 833-845.
8. S.d.s. 1, T. 2, 820, 837, 867, 898-908, 921, 925-927, 933.
9. S.d.s. 1, T. 2, 677-688, 696-700.
10. S.d.s. 1, T. 2, 678-680, 705-706, 823-828.
11. S.d.s. 1, T. 2, 748-752.
12. S.d.s. 1, T. 2, 919-924.
13. S.d.s. 1, T. 2, 727, 728, 734-735, 771, 826.
14. S.d.s. 1, T. 2, 647, 805; Déjà cité en 1908 in J.R. 128; Cf. Marrou, *Saint Augustin et l'Augustinisme*, 142-143.
15. Mag., O.P. 254.
16. S.d.s. 1, T. 2, 653, 797-809.
17. S.d.s. 1, T. 2, 663-664, 739, 808.
18. S.d.s. 1, T. 2, 824-825.
19. S.d.s. 1, T. 2, 653-654, 809, 865, 921-923.
20. S.d.s. 1, T. 2, 675, 772.
21. S.d.s. 1, T. 2, 673, 682-684, 734-735, 737, 749-754.

● **111** 1. Ville 2, T. 1, 490.
2. S.d.s. 1, T. 2, 655, 684-686, 695, 729, 739, 758, 763, 764-767, 799, 839-845.
3. S.d.s. 1, T. 2, 805, 842, 844.
4. S.d.s. 1, T. 2, 765-767.
5. S.d.s. 1, T. 2, 655 ; cf. 681, 683, 765, 805.
6. S.d.s. 1, T. 2, 684-685, 737, 765.
7. S.d.s. 1, T. 2, 843.
8. D.M. 66; CPC 3, 284.
9. O.j.m.d., O.P. 675.

● **112** **1**. O.j.m.d., O.P. 676.
2. O.j.m.d., O.P. 681; cf. Pos. I, 173.
3. D.S. 99 (1946); M.i. 51, 76 (1951); J.a.b. 8 (1952); cf. Blanchet, *Claudel à Notre-Dame*, 305.
4. Proverbes, Chap. 8, Versets 22-35.
5. A Mockel (1891) CPC 1, 140; M.i. 51; Rywalski, 79, rapproche aussi T.o. 1, T. 1, 65 de Prov. 1, 20-21, mais le rapprochement serait plus frappant avec Prov. 8, 1-11.
6. M.i. 76. Sur les rapports de la Sagesse et des premiers drames, v. surtout A. Vachon, *Le temps et l'espace*, 111-175.
7. F.s.o. 1, T. 2, 640.
8. Dans *Réflexions et Propositions sur le vers français*, Pos. I, 55-57; cf. *Lettre à l'abbé D.* (1922), T.q.e.t. 51; P.c.i.c. 94-98.

● **113** **1**. P.f., T. 2, 1099-1103.
2. Sag., T. 2, 1108; cf. Rywalski, 78.
3. *Éloge de la sagesse*, R.e.r. 23-24.
4. S.d.s. 1, T. 2, 654.
5. L.c.c., T. 2, 1143-1166, 1179.
6. S.d.s. 1, T. 2, 750, 775.

● **114** **1**. C.d.l.c. 16.
2. O.n.s.l. 2, 20-36, 125-127, 227-241, S.d.s. 1, T. 2, 856-857.
3. Comparer par ex. C.d.e., O.P. 26-30, 89-90, et O.n.s.l. 2, 24-40.
4. O.n.s.l. 2, 28; cf. C.d.l.c. 233.
5. O.n.s.l. 2, 89-107.
6. Cf. Préface de 1941 à C.p.e., O.P. 691-693.
7. C.p.e., O.P., 694, 698, 699, 700, 705; cf. O.n.s.l. 2, 127, 181, et tout à la fin de la vie Ev. d.i. 235.
8. O.C. XVIII, 303-314; même thème in *l'Harmonie imitative* (1933), O.C. XVIII, 285-302, et *Les mots ont une ame* (1946) O.C. XVIII, 315-319; cf. C.d.l.c. 220, 235, 249.
9. Lettre à l'abbé Friche, in Friche, *Études claudéliennes*; M.i. 129.

● **116** **1**. J.a.b. 9-15.
2. *Mon voyage en Indochine*, O.C. IV, 332-334.
3. Récit dans *A travers les villes en flammes*, O.n.s.l. 2, 41-66; les autres manuscrits détruits étaient un poème sur l'Assomption, des poèmes sur les thèmes du *Partage de Midi*, deux essais exégétiques sur les premiers versets de la Genèse (une copie de ceux-ci a été retrouvée) et un texte sur Angkor écrit après le voyage en Indochine (BSPC 3, 10); c'est pour évoquer le contenu de ce dernier texte que Claudel écrit *le Poète et le Vase d'encens*, O.n.s.l. 2, 182-206.

● **117** **1**. Pos. II, 67-88.
2. Pos. I, 103-129.
3. F.J. 315.

● **118** **1**. D.M. 78-79; M.i. 325, 327.
2. L.c.c., T. 2, 1183-1184.
3. L.c.c., T. 2, 1186.
4. O.n.s.l. 2, 28.
5. L.c.c., T. 2, 1142.
6. Cf. *l'Enthousiasme*, in Cahiers Barrault-Renaud I, 1953, p. 11.
7. L.c.c., T. 2, 1143, 1147-1148, 1170, 1166-1167, 1177-1181, 1142.
8. L.c.c., T. 2, 1142, 1148, 1176, 1179, 1184-1188, 1196.
9. L.c.c., T. 2, 1191.

● **119** **1**. L.c.c., T. 2, 1180.
2. C.d.l.c. 230-270.
3. C.d.l.c. 232.
4. C.d.l.c. 234.
5. C.d.l.c. 254.
6. J.a.b. 9-10; D.M. 112.
7. Pos. I, 173; cf. T.q.e.t. 50 (1922).

● **120** **1**. Ville 2, T. 1, 488.
2. Pos. I, 204, 206, 207; cf. *Léon Bloy* (1925) PR. 528.
3. A.S. 137. Un peu plus tard, Claudel suivra à Prague les offices des Bénédictins, ses voisins (A.S. 169; cf. C.d.l.c. 202); cf. A.S. 125. Peut-être P.C. a-t-il commencé à lire le bréviaire à Ligugé en 1900. Celui qu'il possédait avait été édité en 1892 (d'après Vachon : *Le temps et l'espace*, 184). Claudel pratiquera peu la lecture directe des Pères (*Claudel parle*, 9-12).
4. Ann. 1, T. 2, 79-83.
5. Pos. I, 203; C.d.l.c. 257; M.i. 64.
6. *Qui (...) nomine, nisi (...) designantur? Quid exprimi per (...) putamus? Quid debemus intelligere per (...) nisi (...)? Quid (...) nisi (...) designat?* Moralia, 9, 6 (Commune Doctorum); Lib. 2. Homiliar. Hom. 38 (18 sept.); Homil. 31 in Evang. (Sabbato quat. temp. sept.).
7. Cf. J. Daniélou, *Exégèse et Dogme*, « Dieu vivant », 14, 1949, p. 93.

● **121** **1**. Cf. Renée Bloch, *Midrash*, Dict. de la Bible, Supp., v, 1263-1281.
2. Cf. Bloch, op. cit. 1279-1280; Tresmontant, *St Paul et le Mystère du Christ*, Seuil 1956, 20-21.
3. *Du sens de l'Écriture Sainte*, in J.a.b. 62.
4. Cf. J. Daniélou, *Origène*, Éd. Table Ronde, 1948; H. de Lubac, *Histoire et Esprit*, *l'intelligence de l'Écriture d'après Origène*, Aubier, 1950.
5. Somme Théologique, Ia, qu. 1, art. 10; Claudel s'y réfère en nov. 1937 in I.l.r. 120.
6. Cf. H. de Lubac, *Exégèse médiévale*, *les quatre sens de l'Écriture*, 4 vol., Aubier 1959-1964.
7. U.p.r.c. 15, 46; A.d.s. 168; I.l.r. 29, 36-39, 65; Emm. 108-109; Ev. d.i. 60.

● **123** **1**. Pos. II, 257; U.p.r.c. 16-17,

144

62; A.d.s. 44, 58-62, 161; I.l.r. 40-41, 60-61, 75, 86, 87-88, 89, 115.
2. A.d.s. 168; I.l.r. 37, 45.
3. J.a.b. 10.
4. I.l.r. 21, 24, 110; A.m.v.a. 12, 123.
5. L.c.c., T. 2, 1155. Cf. S.d.s. 1, T. 2, 674.
6. A.m.v.a. 7-8. Cf. CPC 3, 301, 321.
7. D.M. 112, 116, 151, 163, 182; F.J. 326, 328, 331, 337; D.S. 40, 44.
8. J.a.b. 10-11. Cf. A.m.v.a. 38-39.

● **124** 1. *Les Deux Mérétrices* et *les Colonnes*, écrit en décembre 1930, d'après D.M. 163 et repris dans Emm. 262, 278; cf. CPC 3, 321.
2. *La Troisième Rencontre*, avril 1931, in Pos. II, 253-264.
3. *Les Quatre Animaux sages*, publié en oct. 1933 dans la N.R.F., repris F.e.p. 9-14.
4. *Le Marchand de colombes*, publié en fév. 1935 dans la N.R.F., repris F.e.p. 81-102.
5. Cf. p. 58-61.
6. F.e.p. 86-95; autre interprétation dans I.l.r. 39-44.
7. Pos. II, 255 (commentant Jean XXI, et non XVI comme indiqué p. 253); St Grégoire, Homil. 24 in Evang., au bréviaire *Feria quarta infra octavam Paschæ*.
8. Ex : U.p.r.c. 65, 71, 72, 280. La *Concordance* latine est recommandée par Claudel en nov. 1933, D.S. 53; elle sera sur sa table de travail jusqu'à la fin, dépenaillée par l'usage incessant (Cf. Cadilhac, *la Maison de Claudel à Brangues*).

● **125** 1. U.p.r.c. 120.
2. U.p.r.c. 121-127.
3. U.p.r.c. 130.

● **126** 1. U.p.r.c. 131.
2. U.p.r.c. 26, 143, 148, 150, 161.
3. U.p.r.c. 243.
4. A.d.s. 29-30, 58, 154-155; Emm. 29, 57, 61-64, 73; P.c.i.a. 147; P.c.i.c. 259-260; Ev.d.i. 17-27, 47-55, 91, 99, 225-230 (sur les rapports du *mouvement* et de la *composition*), 255, 326-328.
5. A.d.s. 44, 60, 160, 168; Emm. 151; P.c.i.a. 56, 60-70, 96, 230-233, 241; P.c.i.c., 14-18, 146, 227, 314; Ev.d.i. 25, 36, 40. 102, 328; J.a.b. 57, 59-67.
6. A.d.s. 8, 96, 123; P.e.p. 134-141; Emm. 90, 234; P.c.i.a. 275-381; P.c.i.c. 148, 381, 527; Ev.d.i. 37, 72, 130-132, 184.
7. I.l.r. 24-30.
8. I.l.r. 39-44.

● **127** 1. I.l.r. 60.
2. I.l.r. 62-63, 75.
3. I.l.r. 60.
4. I.l.r. 83. Cf. Ev.d.i. 13.
5. Publié dans la N.R.F. en décembre 1933. Recueilli dans F.e.p. 105-159.
6. Daté 8 juin 1936. Recueilli dans *L'œil écoute*, 195-212.
7. Entre 1935 et 1937. Recueilli dans E.e.m. 236-241.
8. F.e.p. 116, 127, 134, 137.
9. O.éc. 211, 202; et aussi *devenir, essais, états préparatoires*, in E.e.m. 238, 239, 240.
10. F.e.p. 113, 117; E.e.m. 239; cf. Ev.d.i. 225-230.
11. F.e.p. 120.
12. F.e.p. 135-140, 152. En février 1931 le Père Teilhard de Chardin est allé voir Claudel à New York au sujet de la Croisière Jaune. Le P. Teilhard écrit : « Le grand poète a été charmant et confiant (...) Claudel rencontre souvent et très intuitivement des positions neuves et belles : nécessité, par exemple, de faire primer la finalité sur l'efficience dans la création de l'Univers... », *Lettres de voyage*, Grasset, 1961, 136. (Il n'y aura que deux autres rencontres entre Claudel et Teilhard, en déc. 1938 chez H. Hoppenot, et nov. 1947 chez Mme Carasso.) Claudel lira *le Milieu divin* en mai 1945.)
13. Jeanne, T. 2, 1221, 1222.

● **128** 1. O.n.s.l. 33, 126.

● **129** 1. I.p.h. in O.éc. 14.
2. I.p.h. in O.éc. 19, 37, 68, 65.
3. U.p.r.c. 203-205.
4. I.p.h. in O.éc. 45-51.
5. I.p.h. in O.éc. 15.
6. U.p.r.c. 204.
7. I.p.h. in O.éc. 17.
8. I.p.h. in O.éc. 25-26.

● **130** 1. I.p.h. in O.éc. 27, 33.
2. I.p.h. in O.éc. 34.
3. I.p.h. in O.éc. 22.
4. I.p.h. in O.éc. 23, 35, 41.
5. I.p.h. in O.éc. 44.
6. I.p.h. in O.éc. 40.
7. C.d.e. O.P. 67.
8. E.e.e., O.P. 238.
9. U.p.r.c. 213.

● **131** 1. O.éc. 44.
2. O.éc. 67-69.
3. O.éc. 74-78.

● **133** 1. L.G. 107.
2. Il faut ajouter à l'influence des Pères celle de la Cabbale, connue par Claudel à travers le livre du P. de Menasce, *Quand Israël aime Dieu*, lu en 1931 (D.M. 193 P.e.p. 293) et celui de Vuilliaud, *la Kabbale juive* (P.c.i.c. 130, 524).
3. Lettres au P. Maydieu, in *Dieu vivant*, oct. 1949, rec. in J.a.b. 59-67; Lettres au P. Paroissin; P.c.i.c. 409; *Claudel parle*, 10-15.
4. Articles dans le Figaro, rec. in Q.n.s.p.
5. F.e.p. 209 : Cf. Acc. 152.

● **135** 1. Apoc. 21, 5; dans le même sens Isaïe 65, 17; cf. Ev.d.i. 214, 322.

Chronologie

Vie	Œuvre

1862
Mariage de L.-P. Claudel et L. Cerveaux.

1863
Naissance et décès d'Henri Claudel.

1864
Naissance de Camille Claudel.

1866
Naissance de Louise Claudel.

1868
Août, 6, naissance de Paul Claudel, à Villeneuve.
Oct., 11, baptême.

1869
Mort de l'abbé Cerveaux, curé de Villeneuve, oncle de Mme L.-P. Claudel; les parents de P. C. quittent l'ancien presbytère où il les avait logés, et viennent habiter la maison neuve qu'il avait bâtie et dont ils héritent.

1870
Août, Bar-le-Duc, L.-P. Claudel receveur de l'Enregistrement.

1873
Bar-le-Duc, P. C. entre à l'école des Sœurs de la Doctrine Chrétienne.

1875
Bar-le-Duc, P. C. entre au Lycée.

1876
Nogent-sur-Seine, L.-P. Claudel conservateur des Hypothèques. Mr. Colin, précepteur de P. C.

1878
P. C. conduit par son père à l'Exposition Universelle à Paris, assiste à *Hernani*.

1879
Wassy-sur-Blaise, L.-P. Claudel conservateur des Hypothèques. P. C. externe au collège de Wassy.

1880
Wassy, première communion, fin des « pratiques religieuses ».

1863
Renan : *Vie de Jésus.*

1864
Syllabus.

1866
Taine : *Philosophie de l'Art en Italie.*

1868
En cette année, Hugo a 66 ans, Wagner 55, Dostoïevski 47, Renan 45, Taine 40, Zola 28, Mallarmé 26, Verlaine 24, Huysmans 20, Maupassant 18, Van Gogh 15, Rimbaud 14, Foucauld 10, Bergson 9, Maeterlinck 6, Barrès 6, Rolland 2 ; Jammes naît la même année ; Gide en 69, Proust en 70, Valéry et Rouault en 71, Péguy et Thérèse Martin en 73, Teilhard et Picasso en 81, Mauriac en 85, Bernanos en 88.

1869
Déc., ouverture du Concile du Vatican.

1870
Juillet-sept., guerre entre la France et la Prusse.
Sept.-oct., les troupes piémontaises à Rome.

1873
Rimbaud : *Une saison en enfer.*

1875
Constitution de la IIIe République.
Discours de réception de Littré dans la Franc-Maçonnerie.

1876
Rimbaud à Batavia, déserte, revient en France.

1878
Mort de Pie IX. Léon XIII, pape.
Van Gogh, évangéliste dans le Borinage.

1879
Rimbaud à Chypre.

1880
Rimbaud à Aden, puis au Harrar.
Les Soirées de Médan.

Vie	Œuvre

1881
Avril, Paris, P. C. à Louis-le-Grand.
Sept., mort du grand-père A. Cerveaux.

1882
Paris, boul. Montparnasse.
Oct., P. C. entre en rhétorique à Louis-le-Grand.

1883
L.-P. Claudel nommé à Rambouillet.
P. C. échoue au baccalauréat; couronné par Renan à la distribution des prix.

1884
P. C. reçu au baccalauréat entre en philo.; Va aux concerts (Beethoven, Wagner) avec Romain Rolland.

1884
Mai, *Août* (BSPC, 67).

1885
P.C. assiste aux funérailles de Hugo; reçu à son bacc. de philo; commence licence en droit. Nouveau domicile : boul. de Port-Royal, 31.

1886
Mai ou juin, lecture des *Illuminations* de Rimbaud.
Été, voyage à l'île de Wight.
Déc. 25, Notre-Dame de Paris, conversion.

1886
Août, *Pour la messe des hommes* (r : PREMIERS VERS).

1887
L.-P. Claudel nommé à Compiègne.
P.C. aux mardis de Mallarmé.

1887
Le Sombre Mai, Ce qui n'est plus (r : Cor.)
Larmes sur la joue vieille (r : P. v.).
L'Endormie.

1888
P.C. licencié en droit.
Mariage de Louise Claudel avec F. de Massary.

1888
Une mort prématurée (cf. Fr. dr.).
Chant à cinq heures (cf. Déd.).

1889
Aux Sciences Po., P. C. consacre un mémoire à « l'impôt sur le thé en Angleterre ».

1889
Dans l'île de Wight (r : PR.)
Tête d'Or, 1 v.

1890
P. C. élève à l'École des langues orientales. Renonce et se présente au concours des Affaires étrangères où il est reçu.
Fév. 6, nommé attaché au Ministère, sous-direction des Affaires commerciales.
Déc., rentrée dans l'Église.

1890-1891
La Ville, 1 v.

1891
P. C. va voir Verlaine à l'hôpital.

Publications	Histoire
	1881 Mort de Dostoievski. Verlaine : *Sagesse*.
	1882 Mort de Darwin. Wagner : *Parsifal*.
	1883 Mort de Wagner. Exploration de Foucauld au Maroc. Bourget : *Essais de psychologie contemporaine*, I.
	1884 *Crime et Châtiment* de Dostoievski, première traduction française. Huysmans : *A rebours*. Zola : *la Joie de vivre*.
	1885 Mort de Hugo. Début de la « Revue Wagnérienne ». Bourget : *Essais de psychologie contemporaine*, II.
	1886 Mai 13, publication des *Illuminations* de Rimbaud dans « la Vogue ». Rimbaud : caravane d'armes en Abyssinie. Oct., conversion de Foucauld. Déc. 25, Grâce de Noël de Thérèse Martin. Bloy : *le Désespéré*. Voguë : *le Roman russe*. Van Gogh arrive à Paris.
	1887 Agitation nationaliste, Boulanger, Déroulède. *L'Idiot*, de Dostoïevski, 1re traduc. française. Baudelaire : *Œuvres posthumes*.
	1888 Barrès : *Sous l'œil des Barbares*. Van Gogh quitte Paris pour Arles.
1889 *Dans l'île de Wight* in « Revue Illustrée », août. (r. : PR.)	**1889** Bergson : *Essai sur les données immédiates de la conscience*. Bourget : *le Disciple*. Maeterlinck : *la Princesse Maleine*. Vanor : *l'Art symboliste*. Schuré : *les Grands Initiés*. Barrès : *Un homme libre*.
1890 TÊTE D'OR.	**1890** Mort de Van Gogh. Renan : *l'Avenir de la Science*.
	1891 Gide : *les Cahiers d'André Walter*. Rimbaud à Marseille, à Roche, enfin à Marseille où il meurt.

Vie	Œuvre

1892
P. C. a quitté l'appartement familial et habite 43 quai Bourbon, dans l'île St-Louis.
Oct. 16, nommé élève-consul.

1892-1893
La Jeune Fille Violaine, 1 v.
Commence trad. d'*Agamemnon*.

1893
Fév., P. C. nommé vice-consul.
Mars, affecté à New-York.
Avril, P. C. arrive à New-York.
Déc., P. C. gérant du consulat de Boston.

1893-1894
L'Échange, 1 v.
Travaille à la trad. d'*Agamemnon*.

1894
Boston. Oct., nommé consul suppléant.
Nov., affecté à Shanghaï.

1894
Tête d'Or, 2 v.

1895
Fév. 14, quitte Boston pour la France.
Fév.-mai, Paris et Villeneuve.
Mai ou juin, départ pour la Chine.
Juillet, vers le 10, arrivée à Shanghaï.

1895
Juillet (?), *le Cocotier*, *le Banyan* (r : C.d.e.).
Juillet-sept. (?), *Vers d'exil*.
Avant déc., *Pagode*, *Jardins*, *Ville la nuit* (r : C.d.e.).

1896
Mars, P. C. quitte Shanghaï, devient gérant du vice-consulat de Foutchéou.
Oct., signature de la convention de l'Arsenal.
Déc., quitte Foutchéou pour Shanghaï.

1896
Textes de *Connaissance de l'Est*.
Le Repos du septième jour.

1897
Mars, Hankéou, P. C. gérant du vice-consulat; négociations pour le chemin de fer Hankéou-Pékin; première lettre à Jammes.
Sept., P. C. quitte Hankéou. Voyages.

1897
La Ville, 2 v.
Textes de *Connaissance de l'Est*.

1898
Shanghaï. Voyages.
Mai-juin, voyage au Japon.
Juin 27, nommé consul de 2ᵉ classe.
Juin, Shanghaï.
Oct., Foutchéou, puis Shanghaï.

1898-1900
La Jeune Fille Violaine, 2 v.

1899
Consul à Foutchéou. 1ᵉᵉ lettre à Gide.
Oct. 25, P. C. quitte la Chine par mer.
Nov.-déc., Syrie et Palestine.
Déc. 25, Noël à Bethléem.

1900
Janv., arrivée en France.
Mars, Villeneuve.
Avril, Paris, première rencontre avec Gide et Jammes.
Sept., retraites à Solesmes et à Ligugé.
Oct., départ pour la Chine à bord de l'*Ernest-Simons*. Rencontre de R.
Nov., Colombo, puis Foutchéou.

1900
Avril-juillet, *Développement de l'Église*.
Sept., début des *Muses*.

1901
Foutchéou.

1901
Achèvement des *Muses* (?).
Textes 2ᵉ partie de *Connaissance de l'Est*.

Publications	Histoire
1892 *Morceau d'un drame*, in « Revue Indépendante », mai (Cf. Fr. dr.). *Larmes sur la joue vieille*, in « L'Idée libre », sept. (r : P. v.).	**1892** Mort de Renan. Conversion de Huysmans. Maeterlinck : *Pelléas et Mélisande*. Bloy : *le Salut par les Juifs*.
1893 LA VILLE. *Chant à cinq heures*, in « Entretiens », janv. (cf. Déd.).	**1893** Mort de Taine. Mort de Maupassant. Blondel : *l'Action*. Encyclique *Providentissimus* sur les études bibliques.
	1894 Procès de Dreyfus. Valéry : *Introduction à la méthode de Léonard de Vinci*.
1895 *Les Veilleurs*, in « Revue Blanche », mai (fragments de T. o. 2). *Le Cocotier*, in « Nouvelle Revue », sept. (r : C. d. e.).	**1895** Huysmans : *En route*. Maurras : *le Chemin de Paradis*.
1896 *Pagode, Jardins, Ville la nuit*, in « Revue de Paris », août (r : C. d. e.). AGAMEMNON.	**1896** Mort de Verlaine. Bergson : *Matière et Mémoire*. Blondel : *Lettre sur l'Apologétique*. Valéry : *la Soirée avec Monsieur Teste*.
1897 *Ville, Théâtre, Tourbe, Rumeurs, Fête des Morts le 7ᵉ mois, l'Entrée de la terre, Religion du signe, le Banyan*, in « Revue Blanche », juillet (r : C. d. e.). *La Dérivation, Portes, le Fleuve*, id. août (r : C. d. e.).	**1897** *Ville, Théâtre, Tombes, Rumeurs, Fête des Morts le 7ᵉ mois, l'Entrée de la terre, Religion du signe, le Banyan*, in « Revue Blanche », juillet (r : C. d. e.). *La Dérivation, Portes, le Fleuve*, id. août (r : C. d. e.).
1898 *La Pluie, la Nuit à la véranda, Splendeur de la lune, Rêves*, in « Revue Blanche », sept. (r : C. d. e.).	**1898** Zola : *J'accuse* (Affaire Dreyfus). Mort de Mallarmé. Huysmans : *la Cathédrale*.
1899 *Bouddha, le Sédentaire, Proposition sur la lumière*, in « Mercure de France », juin (r : C. d. e.).	**1899** Gide : *le Prométhée mal enchaîné*.
1900 *L'Échange*, 1 v., dans « l'Ermitage », juin-juillet-août. CONNAISSANCE DE L'EST.	**1900** En Chine, guerre des Boxers, qui occupent Tientsin de juin à juillet. Péguy entreprend les *Cahiers de la Quinzaine*.
1901 *La Ville*, 2 v., in « Mercure de F. », mars-avril.	**1901** Loi sur les Associations, contre les Congrégations religieuses.

Vie	Œuvre

1902
Foutchéou.

1903
Foutchéou.
Amitié avec Philippe et Hélène Berthelot.
Août, Kuliang, séjour d'été.

1902-1903
Connaissance du temps.

1904
Foutchéou.
Août, départ de R., début du *Journal*.

1904
De la co-naissance au monde et de soi-même (r : A. p.).

1905
Foutchéou.
Départ pour l'Europe.
Avril, Paris, Belgique, Hollande, à la recherche de R.
Juin-juil., avec Jammes, dans le Sud-Ouest.
Août, nommé consul de 1re classe.
Sept., Villeneuve.
Oct.-déc. Paris, conversations avec Gide.

1905
Poèmes de la Sexagésime.
L'Heure jaune,
Dissolution (r : C.d.e.).
Trad. de *Léonainie* de Poe.
Ténèbres, Obsession (r : Cor.).
Sept.-nov., *Partage de Midi.*

1906
Janv., Paris, opposition aux « Inventaires ».
Mars 15, Lyon, mariage avec Reine Sainte-Marie-Perrin.
Mars 18, départ avec sa femme pour la Chine.
Mai, Hankéou.
Juin, Pékin, 1er secrétaire de la Légation.
Juillet, Tientsin, consul.

1906
Ballade (r : Cor.).
L'Esprit et l'Eau.
Abrégé de toute la doctrine chrétienne.

1907
Janv., Tientsin, naissance de Marie Claudel.
Mars, 1re lettre à Rivière.
Sept., séjour d'été à Shan Haï Kwan.

1907
Magnificat.
La Muse qui est la grâce.
Processionnal.

1908
Tientsin.
Juillet, naissance de Pierre Claudel.

1908
La Maison fermée.
Hymnes : Pentecôte, Saint Paul, Saint Sacrement, Assomption.
Propositions sur les Anges (r : P.e.p.).

1909
Tientsin.
Mai, Pékin, pour les funérailles de l'Empereur.
Août, retour en France avec les siens par le Transsibérien.
Sept., Villeneuve.
Oct., Paris, 1ere visite à Rivière ; relations avec Gide. Séjour à Hostel.
Déc., Prague, consul.

1909-1910
L'Otage.

Publications	Histoire
L'ARBRE (*L'Échange* 1 v., *Tête d'Or* 2 v., *le Repos du 7ᵉ jour*, *la Ville*, 2 v., *la Jeune Fille Violaine*, 2 v.).	Foucauld s'établit à Beni-Abbès. Le P. Lebbe arrive en Chine, à bord de *l'Ernest-Simons*.
1902 *La Délivrance d'Amaterasu*, *Visite*, *La Lampe et la Cloche*, in « L'Occident », nov. (r : C. d. e.).	**1902** Loisy : *l'Évangile et l'Église*. Henri Poincaré : *la Science et l'Hypothèse*. Gide : *l'Immoraliste*. Mort de Zola.
1903 *Développement de l'Église*, in « Mercure de F. » mai. *Le Riz, le Point, Libation au jour futur, le Jour de la fête de tous les fleuves*, in « L'Occident », nov. (r : C. d. e.).	**1903** Huysmans : *l'Oblat*. Romain Rolland : *Vie de Beethoven*. Mort de Léon XIII. Pie X, pape.
1904 CONNAISSANCE DU TEMPS.	**1904** Romain Rolland : *Jean-Christophe* (*l'Aube*, *le Matin*).
1905 *Les Muses*, in « Vers et Prose », juin. *Vers* (= Vers d'exil), in « L'Ermitage », juillet. *Camille Claudel statuaire*, in « L'Occident », août (r : Pos. I). *Le Sombre Mai, Ce qui n'est plus, le Sommeil dans le chagrin*, in « L'Occident », oct. (r : Cor.). LES MUSES	**1905** Crise de Tanger. Séparation de l'Église et de l'État. Conversion de Jammes. Elémir Bourges : *la Nef*. Maurras : *l'Avenir de l'Intelligence*. Henri Poincaré : *la Valeur de la Science*. Péguy : *Notre patrie*.
1906 *Léonainie*, trad., in « L'Ermitage », janv. *Connaissance du temps*, in « Vers et Prose », mars-mai. ABRÉGÉ DE TOUTE LA DOCTRINE CHRÉTIENNE. PARTAGE DE MIDI.	**1906** Conférence d'Algésiras. Réhabilitation de Dreyfus. Baptême de Jacques et Raïssa Maritain Foucauld au Hoggar. Mort de Brunetière. Mort de Cézanne.
1907 CONNAISSANCE DE L'EST, éd. augmentée. ART POÉTIQUE.	**1907** Condamnation du Modernisme par le décret *Lamentabili* et l'encyclique *Pascendi*. Bergson : *l'Évolution créatrice*. Gide : *le Retour de l'enfant prodigue*. Mort de Huysmans.
	1908 Zola au Panthéon. Sorel : *Réflexions sur la violence*. Excommunication de Loisy.
1909 *Hymne du Saint-Sacrement*, in N. R. F. n° 3, avril (r : Cor.). *Hymne de la Pentecôte*, in « L'Occident », mai (r : Cor.). *Trois Hymnes* (St Paul, St Pierre, St Jacques) in N. R. F., déc. (r : Cor.).	**1909** Bloy : *le Sang du pauvre*. Gide : *la Porte étroite*. Décret de la Commission Biblique sur l'historicité de la Genèse. Mort de Charles-Louis Philippe.

Vie	Œuvre

1910
Prague.
Janv., Vienne, audition de Tannhäuser.
Fév., Prague, naissance de Reine Claudel.
Juin, voyage à Paris, voit Gide.
Oct., Nov., voyages à Paris et Villeneuve.

1910
Lettre à Arthur Fontaine (r : Pos. II).
Lettre à Sylvain Pitt (r : Pos. II).
Propositions sur la Justice (r : Pos. II).
Le cheval qui apportait le soleil (r : PR.)
Poèmes de Coventry Patmore (trad.).
La Physique de l'Eucharistie (r : Pos. II).
1910-1911, *l'Annonce faite à Marie*.

1911
Prague.
Fév., P. C. nommé consul général.
Fév. 12-19, P. C. entend pour la 1re fois la Tétralogie de Wagner.
Mai, article de Pierre Lasserre contre P. C. dans « l'Action Française ».
Juin, Hostel, puis Paris, Villeneuve, Hostel, le Jura, Genève, Prague.
Sept., P. C. quitte Prague, va à Villeneuve, Gérardmer, Hostel.
Oct., Francfort, consul général.

1911
Le Chemin de la Croix.
Hymne aux saints Anges (r : Cor.).
Travaille à *Sous le signe du dragon*.
1911-1912, *la Cantate à trois voix*.

1912
Francfort.
Avril 25, matinée poétique consacrée à l'œuvre de P. C. au théâtre Michel. P. C. absent.
Juillet, voyage à Roche et Charleville sur les traces de Rimbaud.
Août, naissance d'Henri Claudel.
Oct., à Paris pour répétitions de *l'Annonce*.
Nov., voyage à Paris, entretien avec Gide.
Déc. 21, première de L'ANNONCE FAITE A MARIE, théâtre de l'Œuvre.

1912
Arthur Rimbaud (r : Pos. I).

1913
Francfort.
Mars, mort de L.-P. Claudel; P. C. à Villeneuve, puis fait entrer Camille Claudel en maison de santé.
Juin, séjour dans le Würtemberg.
Juillet-août, Hostel, Paris, Villeneuve.
Sept., à Hellerau pour préparer représentation allemande de *l'Annonce*.
Oct., Hambourg, consul général.

1913
Protée
Travaille aux *Choéphores* et aux *Euménides*.
Ma conversion (r : C.e.c.).
1913-1914, *le Pain dur*.

1914
Hambourg.
Janv. 9-24, Paris, répétitions et générale de L'ÉCHANGE au Vieux-Colombier (22 janv.).
Mars, rupture avec Gide.
Mai 28 à Juin 10, Paris, pour répétition et première de L'OTAGE à l'Œuvre (5 juin).

1914
L'Offrande du temps.

Publications

1910
Charles-Louis Philippe, in N. R. F., fév. (r : Cor.).
Magnificat, in N. R. F., mai.
Méditation pour le samedi soir, in « La Phalange », juillet (r : Cor.).
Dédicace, in « L'Art Libre », juillet.
L'Otage, acte I, in N. R. F., décembre.
CINQ GRANDES ODES.

1911
L'Otage, actes II, III, in N.R.F., janv. fév.
Propositions sur la Justice, in « l'Indépendance », mai (r : Pos. II).
Propositions sur les Anges, in « l'Amitié de France », août (r : P.e.p.).
Poèmes de Coventry Patmore (trad.), in N.R.F., sept.-oct.
Deux Apôtres (St Philippe, St Jude).
Images saintes de Bohême, in « l'Indépendance », nov. (r. : Cor.).
L'Annonce faite à Marie, acte I, in **N.R.F.**, déc.
LE CHEMIN DE LA CROIX.
L'OTAGE.
THÉÂTRE, PREMIÈRE SÉRIE (vol. I, **II, III**).

1912
L'Annonce faite à Marie, actes II, III, et IV, in N.R.F., janv. - fév. - mars.
Chant de marche de Noël, in « L'Amitié de France », mars (r : Cor.).
Francis Jammes, in « La Vie », avril (r : PR.).
Arthur Rimbaud, in N.R.F., oct. (r : Pos. I).
Mes idées sur la manière générale de jouer mes drames, in « Bulletin de l'Œuvre », déc. (r : CPC 5).
POÈMES DE COVENTRY PATMORE (trad.).
L'ANNONCE FAITE A MARIE.
THÉÂTRE, PREMIÈRE SÉRIE (vol. IV).

1913
Cantique de la Pologne, in N. R. F., mars (fragment de la *Cantate*).
Entre le printemps et l'été, in « Rev. de Paris », mars (fragm. de la *Cantate*).
La Physique de l'Eucharistie, in « Rev. de la Jeunesse », juin (r : Pos. II).
Strasbourg, in N. R. F., août (r : Cor.).
Ma conversion, in « Rev. de la Jeunesse, oct. (r : C.e.c.).
CETTE HEURE QUI EST ENTRE LE PRINTEMPS ET L'ÉTÉ.

1914
Lettre sur Coventry Patmore, in « Études Franciscaines », fév. (r : Pos. II).
Protée, 1 v., in N. R. F., avril-mai.
Lettre au « Temps » sur l'Otage, juin 28.
D'un théâtre catholique, in « Figaro », 14 juil. (r : Pos. I).

Histoire

1910
Condamnation du *Sillon*.
Péguy : *le Mystère de la charité de Jeanne d'Arc*.

1911
Crise d'Agadir.
Péguy : *le Porche du mystère de la deuxième vertu*.
Foucauld à l'Asekrem.

1912
Péguy : *le Mystère des Saints Innocents*.
Mort d'Henri Poincaré.

1913
R. Poincaré, président de la République.
Rétablissement du service militaire de 3 ans.
Conversion de Psichari.
Barrès : *la Colline inspirée*.
Alain-Fournier : *le Grand Meaulnes*.
Proust : *Du côté de chez Swann*.
Péguy : *la Tapisserie de Notre-Dame*.
Martin du Gard : *Jean Barois*.
Wieger : *les Pères du système taoïste*.

1914
Juin 28, assassinat de l'archiduc François-Ferdinand.
Août 2, déclaration de guerre de l'Allemagne à la France.
Août 28, le gouvernement français à Bordeaux.

Vie	Œuvre
Juin 10-12, couvent du Saulchoir (en Belgique), voit Massis. Août 3, quitte Hambourg. Sept. 4, Bordeaux, ministère de la Guerre. Nov., avec Jammes à Lourdes. Déc., Paris, Hostel, Paris.	
1915 Paris, ministère des Affaires étrangères. Mars 27, conférence aux « Annales ». Avril-mai, tournée de conférences en Suisse et en Italie avec Ève Francis. Août, Hostel. Octobre, Rome, Mission économique. Projet de Chemin de Fer du 45ᵉ parallèle.	**1915** *La Nuit de Noël 1914.* *Sainte Thérèse* (r : F. d. s.). *La Jolie Foi de mon enfance* (r : Pos. II). 1915-1916, *le Père humilié.*
1916 Rome, attaché commercial. Juillet, Paris, Villeneuve, Hostel, Paris. Nov., nommé chargé d'affaires au Brésil. Déc., Paris.	**1916** Achève *les Euménides.* Commence *Sainte Geneviève* (r : F. d. s.).
1917 Janv. 2, P. C. nommé ministre plénipotentiaire de 2ᵉ classe. Janv. 10, départ pour Rio-de-Janeiro, sans sa famille. Darius Milhaud, secrétaire. Fév. 1, débarque à Rio. Août, naissance de Renée Claudel à Paris. Juillet-août, voyage au Rio Grande do Sul. Première lettre de R. après treize ans. Déc., voyage dans le Sud.	**1917** *Ballade* (r : F.d.s.). *Lettre au P. de Tonquédec* (r : O.C. XVIII). *L'Ours et la Lune.* *L'Homme et son Désir.* *La Messe là-bas.*
1918 Rio-de-Janeiro. Nov. 15, départ, avec Milhaud, par mer. Voyage mouvementé de 55 jours par la Martinique, Porto-Rico, New York.	**1918** Fin de *Sainte Geneviève* (r. : F. d. s.). Divers poèmes de *Feuilles de Saints.*
1919 Janv., Washington. Mars, Paris, ministère des Aff. étrangères. Avril, s'installe quai de Passy. Mai 30, conférence au théâtre du Gymnase sur son œuvre. Juillet, nommé ministre plénipotentiaire de 1ʳᵉ classe. Août, s'embarque à Dunkerque pour le Danemark. Sept., Légation de France à Copenhague.	**1919** *Introduction à quelques œuvres.* *Lettre à Alexandre Cingria* (r : Pos. II). Commence *le Soulier de Satin* (4ᵉ journée).

Publications	Histoire
L'Offrande du temps, in « Les Cahiers » I. *Commémoration des fidèles défunts*, in « L'Amitié de France », août (r : Cor.). DEUX POÈMES D'ÉTÉ.	Sept. 5-9, bataille de la Marne. Psichari est tué le 22 août, Péguy le 5 septembre, Alain-Fournier le 21 septembre. Août, mort de Pie X. Sept., Benoît XV, pape. Gide : *les Caves du Vatican*.
1915 *La Nuit de Noël 1914*, in « Correspondant », avril. *Sainte Cécile*, in « Cahiers Vaudois », mai (r : F. d. s.). *Sainte Thérèse*, in « Correspondant », juillet (r : F. d. s.). *Rome*, in « Rev. des Jeunes », nov. (r : P. d. g.). LA NUIT DE NOEL 1914. TROIS POÈMES DE GUERRE. CORONA BENIGNITATIS ANNI DEI.	**1915** Avril, entrée en guerre de l'Italie contre l'Autriche. Sept., bataille de Champagne.
1916 *A la mémoire de Georges Dumesnil*, in « L'Amitié de France », déc. (r : F. d. s.). SAINTE THÉRÈSE. AUTRES POÈMES DURANT LA GUERRE.	**1916** Fév.-juillet, bataille de Verdun. Déc., assassinat de Charles de Foucauld.
1917 L'HOMME ET SON DÉSIR.	**1917** Fév., les U. S. A. en guerre. Mars, Révolution russe. Valéry : *la Jeune Parque*. Mort de Bloy. Mort de Rodin.
1918 *Ballade*, in « Mercure de F. », juin (r : F d. s.). *L'Architecte*, in « Correspondant », juill. (r : F. d. s.). LE PAIN DUR. SAINTE CÉCILE.	**1918** Fév., traité de Brest-Litowsk. Nov. 11, armistice entre l'Allemagne et les Alliés.
1919 *La Messe là-bas* (fragments), in N. R. F., juin. *Verlaine*, in « Mercure de F. », juin (r : F. d. s.). *Lettre sur St Joseph*, in « La Rose Rouge », juin (r : Pos. II). *Lettre à A. Cingria*, in « Rev. des Jeunes », août (r : Pos. II). *Le Père humilié*, in N. R. F. sept.-oct. L'OTAGE, avec variante. L'OURS ET LA LUNE. LA MESSE LA-BAS.	**1919** Janv., Conférence de la Paix, à Paris. Fév., pacte de la S. D. N. Juin, traité de Versailles. Proust : *A l'ombre des jeunes filles en fleur*. Breton, Aragon, Soupault fondent la revue « Littérature ». Gide : *la Symphonie pastorale*.

Vie	Œuvre

1920
Copenhague, P. C. commissaire français à la Commission internationale du Slesvig.
Juin, voyage à Paris, rentre à Copenhague avec Milhaud.
Juillet, Elseneur.

1920
Interrompt le *Soulier* pour écrire l'*Ode jubilaire pour le 6ᵉ centenaire de Dante*.

1921
Copenhague.
Janv., nommé ambassadeur de France.
Fév., quitte le Danemark.
Printemps, Paris, quai de Passy, 12.
Mai 17, conférence sur Dante.
Juin. L'HOMME ET SON DÉSIR, au théâtre des Champs-Élysées.
Août, Hostel, la Grande Chartreuse.
Sept. 2, embarquement à Marseille pour le Japon.
Oct.-nov., Indochine, Saïgon, Angkor.
Nov., Tokyo.

1921
Introduction à un poème sur Dante (r : Pos. I)
Reprise du *Soulier de Satin*.
Du mal et de la liberté (r : Pos. II).
Mon voyage en Indochine (r : O.C. IV).
Sur la mode (r : Pos. I).

1922
Tokyo.
Juillet-août, Chuzenji.
Août, conférence aux étudiants de Nikkô.

1922
La Femme et son Ombre, 1 v.
Ecce sto ad ostium et pulso (r : Pos. II).
Un coup d'œil sur l'âme japonaise (r : O. n. s. l.).
Achève la 2ᵉ journée du *Soulier*.

1923
Tokyo.
Mars, LA FEMME ET SON OMBRE au Théâtre Impérial.
Juillet, Chuzenji.
Sept. 1, tremblement de terre au Japon, destruction de l'Ambassade de France, perte de la 3ᵉ journée du *Soulier* et de divers manuscrits.

1923
La Femme et son Ombre, 2 v.
Troisième journée du *Soulier* (détruite).
A travers les villes en flammes (r : O. n. s. l.).
Le Poète et le Vase d'encens (r : O. n. s. l.).

1924
Tokyo.
Août, Chuzenji.

1924
Achèvement du *Soulier de Satin*.
La Parabole du Festin.

1925
Tokyo.
Janv.-févr., voyage en Indochine.
Mars, Paris, rue de Passy, 80.
Avril, Solesmes.
Mai, entretien avec Gide, le 1ᵉʳ depuis 13 ans.
Juillet 1-7, en Espagne.
Juill.-août, Château de Lutaine.
Sept., visite aux Maritain, à Meudon.
Oct., conférences en Angleterre.
Nov., conférences en Belgique.
Déc., conférences en Suisse.

1925
Cent Phrases pour éventail.
Réflexions et Propositions sur le vers français (r : Pos. I).
Préface pour « A la trace de Dieu » de Rivière (r : Pos. II).
Jacques Rivière (r : F. d. s.).
La Philosophie du livre (r : Pos. I).
Jeudi des *Conversations dans le Loir-et-Cher*.
Religion et Poésie (r : Pos. II).

Publications	Histoire

1920
St Louis, in N. R. F., août (r : F. d. s.).
St Martin, in N. R. F., déc. (r : F. d. s.).
CORYMBE DE L'AUTOMNE, trad. de Thompson.
SAINTE COLETTE.
INTRODUCTION A QUELQUES ŒUVRES.
LE PÈRE HUMILIÉ.
LES CHOÉPHORES. LES EUMÉNIDES.

1921
A la mémoire de l'abbé Fontaine, in « Mercure de F. », avril (r : F. d. s.).
Ode jubilaire in « Bull. du Jubilé », avril (r. : F. d. s.).
Introduction à un poème sur Dante, in « Correspondant », sept. (r : Pos. I).
St Joseph, in N. R. F., oct. (r : F. d. s.).
Sur la mode (Catalogue de collection) (r : Pos. I).
ODE JUBILAIRE POUR LE 600ᵉ ANNIVERSAIRE DE LA MORT DE DANTE.

1922
Mon voyage en Indochine, in « Revue du Pacifique », mai. (r : O.C. IV).
POÈMES DE GUERRE.
VERLAINE.

1923
Un coup d'œil sur l'âme japonaise, in N. R. F., oct. (r : O. n. s. l.).
UN COUP D'ŒIL SUR L'AME JAPONAISE.
SAINTE GENEVIÈVE.

1924
A travers les villes en flammes, in « Lectures pour tous », janv. (r : O. n.s.l.).
A TRAVERS LES VILLES EN FLAMMES.

1925
La Parabole du Festin, in « Revue des Jeunes », janv.
Le Vieillard sur le mont Omi, in « Commerce », printemps (r : O.n.s.l.1).
La Poésie japonaise, in « Le Navire d'argent », juillet. (r : O.P.).
La Philosophie du livre, in « Le Navire d'argent », août (r : Pos. I).
Correspondance avec Jacques Rivière, in N. R. F., août-sept.-oct.
A la trace de Dieu, préface, in « Correspondant », sept. (r : Pos. II).
Réflexions et Propositions sur le vers français, in N. R. F., oct.-nov. (r : Pos. I).
Ecce sto ad ostium et pulso, in « Revue des Jeunes », nov. (r : Pos. II).
Le Soulier de Satin, première journée, in « Le Roseau d'Or ».

1920
Deschanel, président de la République.
Montherlant : *la Relève du matin.*
Encyclique *Spiritus Paraclitus* sur l'Écriture Sainte.

1921
Bazin : *Charles de Foucauld.*

1922
Mussolini chef du gouvernement italien.
Mort de Benoît XV. Pie XI pape.
Mort de Proust.
Maritain : *Antimoderne.*
Mauriac : *le Baiser au lépreux.*

1923
Mustapha-Kemal au pouvoir en Turquie.
Primo de Rivera au pouvoir en Espagne.
Mort de Barrès.
Teilhard arrive en Chine.
Valéry : *Eupalinos ou l'Architecte.*

1924
Breton : *Manifeste du Surréalisme.*
Saint-John Perse : *Anabase.*
Mauriac : *Génitrix.*

1925
Traité de Locarno (Briand et Stresemann).
Mort de Jacques Rivière.
Mauriac : *le Désert de l'amour.*

Vie	Œuvre
1926 Paris, rue de Passy. Janv. 14, départ pour Tokyo. Avril, interview à la *Germania* en faveur de l'entente franco-allemande. Juillet-août, Chuzenji. Déc., P.C. nommé ambassadeur aux U.S.A.	**1926** *Protée*, 2 v. *Hang-Tchéou* (r : O. n. s. l.). *Nô* (r : O. n. s. l.). *Le Poète et le Shamisen* (r : O. n. s. l.). *Mies* (r : O. n. s. l.). *Idéogrammes occidentaux.* *Jules ou l'Homme aux deux cravates* (r : O. n. s. l.). *Lettre au Professeur Miyajima* (r : O.n.s.l.) *Richard Wagner, rêverie d'un poète français* (r : F. e. p.).
1927 Tokyo. Fév. 17, P. C. quitte le Japon pour les U. S. A. Mars, arrive à San Francisco. Avril, Washington, New York. Mai, Paris, rue de Passy. Juillet-août, Brangues. Août 24, quitte Paris pour Washington. Nov., conférence à Baltimore.	**1927** *Et toi que penses-tu du Christ?* (r : Pos. II). *Le Regard américain vers la France* (r : Acc.). *Sous le rempart d'Athènes.* *Hong-Kong* (r : C. d. e.). *Dimanche* des *Conversations dans le Loir-et-Cher.* *Le Livre de Christophe Colomb.*
1928 Washington. Juillet 20, part pour la France sur l'*Ile-de-France*. Août-sept., Brangues. Août 27, à Paris pour la signature du Pacte Briand-Kellogg. Sept., Paris, rue de Passy. Oct. 10, s'embarque à St-Nazaire pour la Guadeloupe. Nov., voyages U. S. A. et Canada.	**1928** *Les Invités à l'attention.* *Le Voleur volé.* Achèvement des *Conversations dans le Loir-et-Cher.*
1929 Washington. Juin, mort de la mère de P.C., Mme L.-P. Claudel.	**1929** *Au milieu des vitraux de l'Apocalypse.* *Lettres à Madame Agnès Meyer* (r : Pos. II).
1930 Washington. Mars, conférence à Yale. Mai, arrivée à Paris, rue de Passy. Juin-Juillet, Brangues. Août, La Salette.	**1930** *Au milieu des vitraux de l'Apocalypse.* *Le Drame et la Musique* (r : L.c.c.). *Sur la grammaire* (r : O.C. XVIII).

Publications	Histoire

FEUILLES DE SAINTS.
L'ENDORMIE (fac-similé d'autographe).

1926
Léon Bloy, in « Le Taudis », fév.
Tendre la joue gauche, in « Les Lettres » juillet (r : Pos. II).
Le Poète et le Shamisen, in « Commerce » automne (r : O. n. s. l.).
La Catastrophe d'Igitur, in N. R. F. nov. (r : Pos. I).
IDÉOGRAMMES OCCIDENTAUX.
POÈMES DU PONT-DES-FAISANS.
LA JEUNE FILLE VIOLAINE, 1 v.
LA PARABOLE DU FESTIN.
CORRESPONDANCE AVEC JACQUES RIVIÈRE.

1926
Condamnation de l'*Action Française*.
Mort de l'empereur du Japon Yoshi-Hito ; Hiro-Hito empereur.
Bernanos : *Sous le soleil de Satan*.
Aragon : *le Paysan de Paris*.
Eluard : *Capitale de la douleur*.
Gide : *Si le grain ne meurt*.

1927
Et toi, que penses-tu du Christ?, in « Revue des Jeunes », fév. (r : Pos. II).
Les Funérailles du Mikado, in « L'Illustration » (r : E. d.).
Lettre à l'abbé Bremond sur l'inspiration poétique, in « Nouvelles Litt. », 16 juillet (r : Pos. I).
DEUX FARCES LYRIQUES.
L'OISEAU NOIR DANS LE SOLEIL LEVANT.
CENT PHRASES POUR ÉVENTAIL.

1927
Aux U. S. A., affaire Sacco-Vanzetti.
Julien Green : *Adrienne Mesurat*.
Gabriel Marcel : *Journal métaphysique*.

1928
Dimanche des Conversations dans le Loiret-Cher, in « Feuilles Libres », janv. (fragment).
A propos du pacte de la guerre hors-la-loi. La valeur morale du pacte, in « L'Europe Nouvelle », 25 août.
Les Invités à l'attention, in « Vers la Vie », déc. (r : Pos. II).
SOUS LE REMPART D'ATHÈNES.
POSITIONS ET PROPOSITIONS I.

1928
Pacte Kellogg.
Giraudoux : *Siegfried*.
Malraux : *les Conquérants*.
Rolland : *Beethoven, les époques créatrices*, vol. I.

1929
Jeudi des Conversations dans le Loir-et-Cher, in « Chantecler », fév.
Dimanche des Conversations dans le Loir-et-Cher, in « Commerce », printemps.
Le Voleur volé, in « Nouv. Rev. des Jeunes », juin (r : F. e. p.).
Le Livre de Christophe Colomb, in « Commerce », automne.
Jeudi des Conversations dans le Loir-et-Cher, in « Le Roseau d'Or ».
LE LIVRE DE CHRISTOPHE COLOMB.
L'OISEAU NOIR DANS LE SOLEIL LEVANT.
LE SOULIER DE SATIN.

1929
A New-York, crise boursière (oct.).
Bernanos : *la Joie*.

1930
Samedi des Conversations dans le Loir-et-Cher, in « Vigile », n° 1.
Le Drame et la Musique, in « Revue de Paris », mai (r : L. c. c.).
Sur la grammaire, in « Nouv. Litt. », 3 mai.

1930
Évacuation de la Rhénanie.
Succès des Nazis aux élections allemandes.
En Espagne, démission de Primo de Rivera.
Malraux : *la Voie royale*.

Vie	Œuvre

Sept., Bruges.
Sept. 24, départ pour Washington.

1931
Washington.
Fév., visite du P. Teilhard.
Sept., en France, Brangues et Paris.
Oct., Washington, réception de Laval.

1931
Les Révélations de la Salette.
La Confession (r : V. ra.).
La Troisième Rencontre (r : Pos. II).
Lettre à Madame d'A. (r : Pos. II).
Le Départ de Lao-Tzeu (r : F. e. p.).
Seconde note sur les Anges (r : P. e. p.).
Judith (r : A. d. s.).
Au milieu des vitraux de l'Apocalypse.

1932
Washington.
Août-sept., Brangues et Paris.
Oct., Washington.

1932
Note sur l'art chrétien (r : Pos. II).
Commentaire sur le psaume 28 (r : A. d. s.).
Les Dix Commandements (r : A. d. s.).
Sinara (r : F. e. p.).
La Pérégrination nocturne (r : F. e. p.).
Ernest Psichari (r : V. ra.).

1933
Washington.
Mars 8, nommé ambassadeur à Bruxelles.
Avril 18, quitte les U. S. A. pour Bruxelles.
Mai-juin, voyages à Liège et Anvers.
Juillet, voyages en Hollande.
Août-sept., Brangues.
Oct., Bruxelles.
Déc. 18, conférence à Liège sur l'harmonie imitative.

1933
La Sensation du divin (r : P. e. p.).
Hommage à Liège (r : C. e. c.).
Hommage à Anvers (r : C. e. c.).
L'abbé Bremond et la prière (r : O.C. XXV)
Pan et Syrinx.
L'Harmonie imitative (r : O.C. XVIII).
1933-1935, *Un poète regarde la Croix.*

1934
Bruxelles.
Juillet-août, Brangues.
Nov. 20, conférence à La Haye sur la peinture hollandaise.
Nov. 25, discours aux obsèques de Philippe Berthelot.

1934
La Nuit de Pâques (r : V. ra.).
Le Festin de la Sagesse.
Introduction à la peinture hollandaise.
Jeanne d'Arc au bûcher.
Discours funèbre (r : Acc.).

1935
Bruxelles.
Janv., voyage à Berne.
Fév., voyage à Bruges.
Fév., à Paris, visites de candidature à l'Académie française.
Mars 28, Farrère élu contre P. C. à l'Académie.
Avril, voyage en Hollande.
Mai, mort de sa sœur Louise de Massary.

1935
Paul Verlaine (r : Acc.).
Le Livre de Tobie (r : A. d. s.).
Avril en Hollande (r : O. ec.).
Victor Hugo (r : O.C. XVII).
Commentaire sur le psaume 147 (r : A. d. s.).
La Science chrétienne (r : A. d. s.).
Aux confluents de la musique (r : C. e. c.).
Éloge du vin (r : Acc.).
1935-1937, *l'Épée et le Miroir.*

Publications

Mardi des *Conversations dans le Loir-et-Cher*, in « Alm. des Champs », mai-nov.
LE VOLEUR VOLÉ, suivi DU BON SAMARITAIN.

1931
Discours aux acteurs catholiques de New-York, in « Nouv. Rev. des Jeunes », juillet (r : Pos. II).
Les Plaies d'Égypte, in « Commerce », été.
Le Départ de Lao-Tzeu, in « Vie Intellectuelle », déc. (r : F. e. p.).
La Troisième Rencontre, in « Vigile » (r : Pos II).
Du mal et de la liberté, in « Roseau d'Or » (r : Pos. II).
LA CANTATE A TROIS VOIX suivie de SOUS LE REMPART D'ATHÈNES.

1932
La Pérégrination nocturne, in « Nouv. Litt. », 10 sept. (r : F. e. p.).
Sur la présence de Dieu, in « Vie Intellectuelle », oct. (r : P. e. p.).
Note sur l'art chrétien, in « Vigile » (r : Pos. II).
RELIGION ET POÉSIE.

1933
La Salle d'attente, in « Nouv. Litt. » (r : F. e. p.).
Psichari, in « Nouv. Litt. » (r : V. ra.).
Le Point de vue de Ponce-Pilate, in N. R. F. avril (r : F. e. p.).
Mort de Judas, in N. R. F., juin (r : F. e. p.).
Quelques principes d'exégèse, in N. R. F., oct. (r : F. e. p.).
La Légende de Prâkriti, in N. R. F., déc. (r : F. e. p.).

1934
Le Jardin aride, in N.R.F., janv. (r : F.e.p.).
Les Instruments mystiques, in « Revue Musicale », mars (r : U. p. r. c.).
La Nuit de Pâques, in « Revue Générale Belge », avril (r : V. ra.).
La Voix humaine, in « Revue Musicale », mai (r : U. p. r. c.).
Richard Wagner, in « Revue de Paris », juillet (r : F. e. p.).
LA LÉGENDE DE PRAKRITI.
POSITIONS ET PROPOSITIONS II.

1935
Judith, in « Mesures », janv. (r : A. d. s.).
Le Marchand de colombes, in N. R. F., fév. (r : F. e. p.).
Introduction à la peinture hollandaise, in « Revue de Paris », fév.
Avril en Hollande, in « Rev. de P. », juin (r : O. ec.).
Poèmes, in « Rev. de P. », juillet.
Trois Poèmes mystiques, in « Mesures ».

Histoire

1931
L'Espagne établit la République.
Saint-Exupéry : *Vol de nuit*.
Giraudoux : *Judith*.
Teilhard à la « Croisière jaune ».

1932
Roosevelt, président des U. S. A.
En Allemagne, von Papen chancelier.
Bergson : *les Deux Sources de la morale et de la religion*.
Maritain : *les Degrés du savoir*.
Mauriac : *le Nœud de vipères*.

1933
Hitler, Chancelier d'Allemagne.
L'Allemagne quitte la S. D. N.
Malraux : *la Condition humaine*.
La Tour du Pin : *la Quête de joie*.

1934
A Paris, émeute du 6 février.
En Autriche, assassinat de Dollfuss.
En Allemagne, Hitler, chef de l'État.
Mort de Philippe Berthelot.

1935
Accord Laval-Mussolini.
Plébiscite de la Sarre pour le retour à l'Allemagne.
Conférence de Stresa.
Guerre de l'Italie contre l'Éthiopie.
Malraux : *le Temps du mépris*.
Giraudoux : *La guerre de Troie n'aura pas lieu*.
Gabriel Marcel : *Être et Avoir*.

Vie	Œuvre

Mai 9, fin de la carrière diplomatique.
Juin-oct., Brangues.
Nov., s'installe à Paris, rue Jean-Goujon, 11 bis.
Nov. 27, discours pour le soixantenaire de l'Institut Catholique de Paris *(La Science chrétienne)*.

1936
Paris.
Mars-avril, la Sainte-Baume, Lérins, Solesmes.
Mai, conférence à St-Pierre de Chaillot.
Juin-sept., Brangues.
Oct.-nov., grave maladie.

1936
Opinion pour l'éther (r : PR).
Le Nom (r : C. e. c.).
Le Monastère In Corde Maris (r : C. e. c.).
La Papouasie (r : C. e. c.).
Non impedias musicam (r : A. d. s.).
Ossements (r : O. ec.).
La Motocyclette (r : C. e. c.).
La Mort du lion.
Ecce Virgo concipiet (r : P. e. p.).
Consolation à une mère (r : C. e. c.).
L'Avion et la Diplomatie (r : C. e. c.).

1937
Paris.
Mars, Bruxelles, pour représentations de *l'Annonce*.
Mai-sept., Brangues.
Nov. 16, conférence *Mon pays*.
Déc. 17, conférence sur la poésie française et l'Extrême-Orient.

1937
Aegri somnia (r : O. ec.).
Vitraux (r : O. ec.).
Cantate de la Paix.
Aux martyrs espagnols (r : P. g. t. a.).
Cantate des deux Cités.
Vision de la route (r : O. ec.).
Du sens figuré de l'Écriture Sainte, introduction au Livre de Ruth.
Salut à Francis Jammes (r : C. e. c.).
Le Sauvetage d'un continent (r : C. e. c.).
Mon pays (r : C. e. c.).
L'Étoile collective (r : C. e. c.).
Le Plaidoyer pour le corps (r : C. e. c.).
Le goût du fade (r : C. e. c.).
L'Anarchie dirigée (r : C. e. c.).

1938
Paris.
Mai, à Bâle pour la première de JEANNE AU BUCHER.
Juin, Paris, malade
Août-sept., Brangues.
Oct., Paris, désormais avenue Hoche, 4.
Déc. 20, deuxième rencontre avec Teilhard.

1938
Saint Jean Bosco (r : C. e. c.).
Le Jet de pierre (r : T. 2).
Aux jeunes gens de 1938 (r : C. e. c.).
Aux lépreux de l'hôpital St-Louis (r : C. e. c.).
Le Poison wagnérien (r : C. e. c.).
Une visite à Bâle (r : C. e. c.).
L'Enfant Jésus de Prague (r : C. e. c.).
Histoire de Tobie et de Sara.
La Mort de Francis Jammes (r : C. e. c.).
Nouvel *acte IV* de *l'Annonce.*
Le Chant religieux (r : C. e. c.).
Une saison en enfer (r : C. e. c.).
Les Bienfaits de la contradiction (r : C. e. c.)

Publications	Histoire

juillet (r : V. ra).
Les Dix Commandements, in « Vie Intellect. », oct. (r : A. d. s.).
La Science chrétienne, in « Vie Cathol. », 30 nov. (r : A. d. s.).
Le Livre d'Esther, in N. R. F., nov. (r : A. d. s.).
UN POÈTE REGARDE LA CROIX.
INTRODUCTION A LA PEINTURE HOLLANDAISE.
CONVERSATIONS DANS LE LOIR-ET-CHER.

1936
La Bible dev. la Science, « Choisir », 9 fév.
Le Livre de Tobie, in « Vie Intell. », mars-avril (r : A. d. s.).
Choses de Chine, in « Nouv. Litt. », 28 mars (r : E. d.).
Le Chat noir et la douzaine du boulanger, in « Nouv. Litt. », 11 avril (r : PR.).
Connaissance du Japon, in « Nouv. Litt. », 9 mai (r : E. d.).
Suite de printemps et d'été (poèmes), in « Revue de P. », août.
Petits Poèmes japonais, in « Rev. de P. », nov. (r : Dod.).
Commentaire sur le psaume 28, in « Vie Intell. », nov. (r : A. d. s.).
Commentaire sur le psaume 147, in N. R. F., déc. (r : A. d. s.).
TOI, QUI ES-TU ?
FIGURES ET PARABOLES.

1937
Paul Verlaine, in « Rev. de P. » (r : Acc.).
Aegri somnia, in « Mercure de F. », 15 mars (r : O. ec.).
Vitraux, in N. R. F., juillet (r : O. ec.).
Souvenirs de Pékin, in « Figaro », 7 août (r : E. d.).
Vision de la route, in « Figaro », 4 sept. (r : O. ec.).
Virgo paritura, in « Vie Intellectuelle », oct. (*Ecce Virgo concipiet*, r : P. e. p.).
Le Triomphe de F. Jammes, in « Écho de Paris », 28 oct. (r : C. e. c.).
Il n'y a rien, in « Figaro », 17 déc.
VITRAUX DES CATHÉDRALES DE FRANCE
LES AVENTURES DE SOPHIE.

1938
Les Rubens d'Anvers, in « Mesures », janv. (r : U. p. r. c.).
Le Vieux Quai d'Orsay, in « Figaro », 4 fév.
L'Absent professionnel, in « Figaro », 12 fév. (r : PR.).
La Poésie française et l'Extrême-Orient, in « Conférencia », mars (r : E. d.).
Le Visage du Christ, in « Figaro », 9 avril (r : C. e. c.).
Une saison en enfer, in N. R. F., août (r : C. e. c.).
Le Régime du bouchon, in N. R. F., sept. (r : C. e. c.).

1936
Réoccupation de la Rhénanie par l'armée allemande.
Élections françaises ; Front populaire.
Insurrection Franco en Espagne.
Bernanos : *Journal d'un curé de campagne*.
Maritain : *Humanisme intégral*.
Mauriac : *Vie de Jésus*.

1937
Guerre civile en Espagne.
Encyclique de Pie XI sur le Nazisme.
Giraudoux : *Électre*.
Malraux : *l'Espoir*.

1938
Expulsion des Juifs d'Allemagne.
Annexion de l'Autriche à l'Allemagne.
Menace allemande sur la Tchécoslovaquie.
Accords de Munich.
Mort de Jammes.
Bernanos : *les Grands Cimetières sous la lune*.
Sartre : *la Nausée*.

Vie	Œuvre
	Le Régime du bouchon (r : C. e. c.).

1939
Paris.
Mars, conférences en Alsace.
Mars 12, représente la France au couronnement de Pie XII.
Mars, conférence à Paris sur Péguy.
Mai 6, à Orléans pour JEANNE AU BUCHER.
Juin, 6, Cambridge, Docteur honoris causa.
Juin-sept., Brangues; entre juin et août va à Genève à l'exposition du Prado.

1939
Le Pape Pie XI (r : C. e. c.).
Le Couronnement du pape Pie XII (r : C. e. c.).
Charles Péguy (r : C. e. c.).
Un après-midi à Cambridge (r : C. e. c.).
Moab ou le recul d'Israël (r : P. e. p.).
La Peinture espagnole (r : O. ec.).
La Prophétie des oiseaux (r : C. e. c.).

1940
Paris.
Fév., conférences à Genève et à Bâle.
Avril, visite à R. Rolland à Vézelay.
Juin, Brangues occupé par les Allemands; P. C. s'embarque à Toulon, va à Alger, y voit Saint-Exupéry.
Juillet 4, retour à Brangues.

1940
Assise et qui regarde le feu (r : R. e. r.).
Noël 1940 (r : R. e. r.).
1940-1943, *Paul Claudel interroge l'Apocalypse.*
1940-1946, *La Rose et le Rosaire.*

1941
Brangues.
Projets avec J.-L. Barrault pour mise en scène de *Tête d'Or, Soulier de Satin, Christophe Colomb.*

1941
Quelques réflexions sur le métier diplomatique.
Lettre au Grand Rabbin Schwartz (24 déc.).

1942
Brangues.
Voyages à Lyon.

1942
Le 25 Décembre 1886 (r : V. ra.).
La Dame en rouge (r : PR.)
Sur la musique (r : O. ec.).

1943
Brangues.
Mars, voyage à Paris pour préparer la mise en scène du *Soulier de Satin.*
Oct., mort de Camille Claudel.
Nov., voyage à Paris pour la représentation du *Soulier de Satin.*
Nov. 27, première du SOULIER DE SATIN à la Comédie-Française.

1943
Lettre à un séminariste (r : Acc.).
Louis Gillet (r : Acc.).
1943-1945 - *Paul Claudel interroge le Cantique des Cantiques.*

1944
Brangues.
Fév., entretien avec Schaeffer et Madaule.
Avril, voyage à Paris.
Oct., voyage à Paris.

1944
La Liturgie, l'Église et la Ste Vierge (r : Acc.).
Psaumes graduels (trad.).

Publications

La Mort de Francis Jammes, in « Figaro », 5 nov. (r : C. e. c.).
INTRODUCTION AU LIVRE DE RUTH.
LA MYSTIQUE DES PIERRES PRÉCIEUSES.
JEANNE D'ARC AU BUCHER.

1939
Les Fossiles, in « Mesures », janv. (r: E.e.m.).
Nicolas Maës, in N. R. F., fév. (r : O. ec.).
Le Pape Pie XI, in N. R. F., mars (r : C. e. c.).
Jean Steen, in N. R. F., mai (r : O. ec.).
Un après-midi à Cambridge, in « Figaro », 17 juin (r : C. e. c.).
Attendez que l'ivraie ait mûri, in « Figaro Litt. », 24 juin (r : Q. n. s.).
La Cathédrale de Strasbourg, in N. R. F., août (r : O. ec).
La Peinture espagnole, I, in « Rev. de P. ». déc. (r : O. ec.).
LA SAGESSE OU LA PARABOLE DU FESTIN.
L'ÉPÉE ET LE MIROIR.

1940
La Peinture espagnole II, in « Rev. de P. », janv. (r : O. ec.).
CONTACTS ET CIRCONSTANCES.
L'ANNONCE FAITE A MARIE avec nouvel acte IV.
AINSI DONC ENCORE UNE FOIS.

1942
La Dame en rouge, in « Fig. Litt. », 17 oct.
PRÉSENCE ET PROPHÉTIE.
CENT PHRASES POUR ÉVENTAIL.
SEIGNEUR, APPRENEZ-NOUS A PRIER.
L'HISTOIRE DE TOBIE ET DE SARA.

1943
Sur la musique, in « Comœdia » 27 fév. (r : O. ec.).
Le Souvenir de Louis Gillet, in « Confluences » (r : Acc.).

1944
Quelques réflexions sur le métier diplomatique, in « Figaro », 22 juillet (r : PR.)
PRIÈRE POUR LES PARALYSÉS, suivie de QUINZE PSAUMES GRADUELS.
LE SOULIER DE SATIN, édition de scène.

Histoire

1939
Hitler établit le protectorat de Bohême-Moravie.
Chute de Madrid.
Conflit de Dantzig.
Pacte germano-russe.
Invasion allemande en Pologne.
Entrée en guerre de la France et de l'Angleterre contre l'Allemagne.
Mort de Pie XI. Pie XII pape.
Bernanos : *Scandale de la vérité*.
Saint-Exupéry : *Terre des hommes*.

1940
Avril, attaque allemande en Norvège.
Mai 10, attaque allemande en Hollande, en Belgique et en France.
Juin 22, armistice franco-allemand.

1941
Batailles de Libye, de Yougoslavie, de Grèce.
Juin, l'Allemagne attaque l'U. R. S. S.
Déc., attaque japonaise sur Pearl-Harbour.
Mort de Bergson.
Emmanuel : *Tombeau d'Orphée*.

1942
Chute de Singapour.
Bataille du Pacifique.
Nov., débarquement en Afrique du Nord.
Saint-Exupéry : *Pilote de guerre*.
Camus : *l'Étranger*.

1943
Bataille de Stalingrad.
Débarquement en Sicile.
Chute de Mussolini.
Sartre : *les Mouches*.
Encyclique *Divino afflante Spiritu*.

1944
Janv., débarquement en Italie.
Juin, débarquement en Normandie.
Août, libération de Paris.
Mort de Romain Rolland.
Mort de Giraudoux.

Vie	Œuvre

1945
Brangues.
Fév.-mars, Paris, hôtel Lancaster.
Sept., Bruxelles.

1945
Paris, drame et théâtre (r : Acc.).
Arthur Honegger (r : O. ec.).
Modifications au *Père Humilié* (2 v.).
Préface au Père Paternot (r : Acc.).
L'Agneau mystique (r : Acc.).

1946
Brangues.
Janv., voyage à Bâle, Berne, Zurich.
Fév., Bruxelles.
Fév. 10, conférence à l'Institut catholique sur l'Apocalypse.
Avril 4, élection à l'Académie française.
Mai, première du PÈRE HUMILIÉ aux Champs Élysées.
Automne, s'installe à Paris, 11, boul. Lannes.
Oct., Brangues.
Déc., voyage à Bruxelles, Louvain, Bruges.

1946
Ils n'ont point de vin (r : R. e. r.).
Discours à la réunion des publicistes chrétiens (r : D. e. r.).
Les mots ont une âme (r: PR.).
Préface à Chine d'Hélène Hoppenot (r : O. C. IV).
Le Monument de Victor Hugo.
1946-1947, *Emmaüs*.

1947
Paris, boul. Lannes.
Mars 12, réception à l'Académie française.
Mai, Brangues.

1947
Discours à la Radio vaticane (r : D. e. r.).
L'Iliade (r : Acc.).
L'Odyssée (r : Acc.).
La Lune à la recherche d'elle-même.
Préface à Cosmos et Gloire (r : Acc.).

1948
Paris, boul. Lannes.
Été, Brangues.
Oct., Bruxelles, conférence sur R. Rolland.
Déc. 16, première de PARTAGE DE MIDI, 2 v.

1948
Préface à Partage de Midi, 1 v.
Partage de Midi, 2 v.
La pensée religieuse de R. Rolland (r : Acc.).
1948-1950, *l'Évangile d'Isaïe*.

1949
Paris, boul. Lannes.
Mars, première du PAIN DUR à l'Atelier.
Mars, mai, polémiques sur le sens de la Sainte Écriture.
Mai 12, conférence « *L'art et la foi* » à la Semaine des Intellectuels Catholiques.
Été, Brangues.

1949
Préface aux Œuvres Complètes.
Préface à une réédition de Tête d'Or.
Ébauche de *Tête d'Or*, 3 v.

Publications

1945
Paris, drame et théâtre, in « Théâtre ».
LES SEPT PSAUMES DE LA PÉNITENCE.
POÈMES ET PAROLES DURANT LA GUERRE DE TRENTE ANS.
DODOITZU.
LE PÈRE HUMILIÉ, 2 v.
VISAGES RADIEUX.

1946
L'Agneau mystique, in « Formes et Couleurs », n° 1 (r : Acc.).
Le Beethoven de Romain Rolland, in « Figaro Litt. », 6 avril (r : Acc.).
Les mots ont une âme, in « Labyrinthe », n° 21 (r : PR.).
CONTACTS ET CIRCONSTANCES.
LES RÉVÉLATIONS DE LA SALETTE.
L'ŒIL ÉCOUTE.
LE LIVRE DE JOB.
INTRODUCTION A L'APOCALYPSE.
LA ROSE ET LA ROSAIRE.

1947
Le Monument de Victor Hugo, in « Figaro litt. », 7 janv.
Lecture de l'Odyssée, in « Fig. Litt. », 27 sept. (r : Acc.).
En relisant l'Illiade, in « Rev. de P. », déc. (r : Acc.).
VISAGES RADIEUX.
DU COTÉ DE CHEZ RAMUZ.
L'ENDORMIE.
DISCOURS ET REMERCIEMENTS.

1948
Il est temps que les femmes s'en mêlent, in « Fig. Litt. » 31 janv. *Éloge du chinois*, in « Fig. Litt. », 5 fév., (r : E. d.). *Quatre-vingts ans*, in « Fig. Litt. » 7 août (r : PR.). *Interroga jumenta*, in « Fig. Litt. », 9 oct. (r : B. s.). *L'Écriture sainte*, in « Vie Intell. », mai.
PARTAGE DE MIDI, 1 v.
L'ANNONCE FAITE A MARIE, 2 v.
PAUL CLAUDEL INTERROGE LE CANTIQUE DES CANTIQUES.
SOUS LE SIGNE DU DRAGON.

1949
La Lune à la recherche de son envers, in « Cahiers de la Pléiade ».
La Pinacothèque de Munich, in « France-Amérique » (r : PR.).
L'Art et la Foi, in « Fig. Litt. », 21 mai (r : PR.).
Lettres au Père Maydieu sur l'exégèse biblique, in « Dieu Vivant », oct. (r : J. a. b.)
LE BESTIAIRE SPIRITUEL.
PARTAGE DE MIDI, 2 v.
ACCOMPAGNEMENTS.
CORRESPONDANCE AVEC GIDE.
PAUL CLAUDEL RÉPOND LES PSAUMES.
EMMAÜS.

Histoire

1945
Mai, capitulation de l'armée allemande.
Août, bombes atomiques sur le Japon.
Sartre : *les Chemins de la liberté*.
Emmanuel : *La liberté guide nos pas*.
Rolland : *Beethoven, les époques créatrices*, dernier volume.
Mort de Valéry.

1946
Constitution de la IVe République.
Début de la guerre d'Indochine.
La Tour du Pin : *Une somme de poésie*.

1947
Cayrol : *Je vivrai l'amour des autres*.
Camus : *la Peste*.

1948
Mort de Bernanos.
Sartre : *les Mains sales*.

1949
Mao-Tsé-Toung s'empare de Pékin, Nankin et Shanghaï.
Mort de Maeterlinck.
Estang : *les Stigmates*.

Vie	Œuvre

1950
Paris, boul. Lannes.
Avril 29, Rome, matinée poétique consacrée à l'œuvre de P. C. au Vatican devant Pie XII.

1951
Paris, boul. Lannes.
Première série d'entretiens avec Jean Amrouche *(Mémoires improvisés)*.
Mai, opération de la cataracte.
Juin-sept., Brangues.
Oct., deuxième série d'entretiens avec Jean Amrouche *(Mémoires improvisés)*.

1952
Paris, boul. Lannes.
Janv. 19, conférence à Lyon sur la Bible.
Mai 16, discours à la Soc. des Gens de lettres.
Mai, Barcelone, Congrès eucharistique, discours; pèlerinage à Montserrat.
Juillet-août, Brangues.
Oct. Paris.

1953
Paris, boul. Lannes.
Mai 21, première du LIVRE DE CHRISTOPHE COLOMB, au festival de Bordeaux.

1954
Paris, boul. Lannes.
Mars, conférence au Séminaire de Versailles.
Juin-juillet, Brangues.
Août, Aix-les-Bains, en clinique.

1955
Paris, boul. Lannes.
Janv., aux répétitions de *l'Annonce*.
Fév. 17, *l'Annonce* à la Comédie-Française.
Fév. 22, à 16 heures, crise cardiaque.
Fév. 23, mercredi des Cendres, à 2 heures 40 du matin, mort de Paul Claudel.
Fév. 28, obsèques nationales à Notre-Dame.
Sept. 4, inhumation à Brangues.

1950
Le Prêtre.

1951
L'Échange, 2 v.
Camille Claudel.
Eve Lavallière (r : T. f. s.).
Le Dernier Quart d'Heure.

1952
J'aime la Bible.
Préface à l'Échange, 2 v.
Le Double Abîme de Victor Hugo.
Méditations complémentaires sur la Salette.
Préface au Dr. Percheron (sur la Mongolie).

1953
La Création et le Salut.
Nouvelle version de l'*Histoire de Tobie et de Sara*.
L'Enthousiasme.
Le Rétable portugais.

1954
Fulgens Corona (r : J. a. b.).
Lettre à une jeune Autrichienne sur l'Annonce.
Conversation sur Racine.

Publications	Histoire
1950 *Tête d'Or* (préface à réédition), in « Figaro Litt. », 24 juin. (r : O.C. VI). *La Prophétie d'Isaïe*, in « Rev. de Paris », oct. UNE VOIX SUR ISRAËL.	**1950** Encyclique *Humani Generis*.
1951 *Les deux témoins de l'Apocalypse*, in « Rev. de Paris », mars. *Ma sœur Camille*, in Catalogue de l'exposition, nov.-déc. (r : PR.). L'ANNONCE FAITE A MARIE, éd. pour la scène. L'ÉVANGILE D'ISAÏE. CORRESPONDANCE AVEC SUARÈS.	**1951** Mort de Gide.
1952 *L'Échange*, 2 v., et *Préface*, in « Mercure de France », avril. *J'aime la Bible*, in « Rev. de Paris », juillet (r : J. a. b.). *Le Cor d'Hernani*, in « Figaro Litt. », 18 oct. (r : PR.). *Le Ravissement de Scapin*, in « Opéra ». PAUL CLAUDEL INTERROGE L'APOCALYPSE. LE SYMBOLISME DE LA SALETTE. CORRESPONDANCE AVEC JAMMES ET FRIZEAU.	**1952** Mort de Maurras.
1953 *L'Enthousiasme*, in « Cahiers Barrault ». *L'Esprit de prophétie*, in « Revue de Paris », fév. (r : J. a. b.). *Le Dernier Quart d'Heure*, in « Arts », 17 avril. *Un chemin de la Croix* (Mimodrame), in « Figaro Litt. », 4 avril.	**1953** Mort de Staline. Déposition du Sultan du Maroc.
1954 *Le Retable portugais*, in « Plaisir de France » août. L'ÉCHANGE, 2 v. MÉMOIRES IMPROVISÉS.	**1954** Accords de Genève mettant fin à la guerre d'Indochine. Début de la guerre d'Algérie.
1955 *Conversation sur Jean Racine*, in « Cahiers Barrault », n° 8 (r : PR.). *Fulgens Corona*, in « Revue de Paris », mars (r : J. a b.). *Psaumes d'après David*, in N.R.F., sept. *Supplément à l'Apocalypse*, in N.R.F., sept. LETTRES AU P. PAROISSIN SUR LA BIBLE. J'AIME LA BIBLE.	**1955** Mort de Teilhard de Chardin. Mort d'Einstein.
1956 CONVERSATION SUR JEAN RACINE.	
1958 QUI NE SOUFFRE PAS.	
1966 AU MILIEU DES VITRAUX DE L'APOCALYPSE. PSAUMES.	
1968 JOURNAL, I (1904-1932).	
1969 JOURNAL, II (1933-1955).	

Bibliographie

1. Œuvres (ordre alphabétique)
à l'exception de la correspondance et des anthologies

(Sous le titre de l'œuvre en petites capitales, les mentions en minuscules italiques désignent des titres de livres, les mentions en minuscules romaines des textes qui ne sont édités que dans des recueils).

Sigle	Titre
A. d. c.	ABRÉGÉ DE TOUTE LA DOCTRINE CHRÉTIENNE, r : *Correspondance Claudel-Gide*
Acc.	ACCOMPAGNEMENTS, c (n) : Homère, *Verlaine*, Jammes, R. Rolland, L. Gillet, Philippe Berthelot, *Jean Charlot*, l'Agneau mystique, Drame et théâtre, Fatima, la Liturgie l'Église et la Ste Vierge, Cosmos e Gloire, Sur l'Écriture Sainte.
Ag.	AGAMEMNON, d'Eschyle (t), r : *Théâtre, première série, IV.*
A. d. e. f.	AINSI DONC ENCORE UNE FOIS, r : *Poèmes et Paroles durant la guerre de trente ans.*
Ann. 1	L'ANNONCE FAITE A MARIE (1 v)
Ann. 1 *bis*	L'ANNONCE FAITE A MARIE (1 v, suivie de la variante* pour l'acte IV).
Ann. 2	L'ANNONCE FAITE A MARIE (2 v).
Ar.	L'ARBRE, c : l'Échange (1 v), le Repos du septième jour, Tête d'Or (2 v), la Ville (2 v) la Jeune Fille Violaine (2 v).
A. p.	ART POÉTIQUE, c : *Connaissance du Temps*, Traité de la co-naissance au monde et de soi même, Développement de l'Église.
A. m. v. a.	AU MILIEU DES VITRAUX DE L'APOCALYPSE
Aut. p. c.	AUTRES POÈMES D'APRÈS LE CHINOIS,
Aut. p. g.	AUTRES POÈMES DURANT LA GUERRE, r : *Poèmes de guerre.*
Aui. t. a.	AUTRES TEXTES SUR L'ART, c (n) : l'Art et la Foi, l'Art religieux, la Peinture cubiste, la Pinacothèque de Munich, Camille Claudel, Rodin, le Drame et la Musique Magie du verre.
A. d. s.	LES AVENTURES DE SOPHIE, c : Judith, le Livre d'Esther, le Livre de Tobie, les Dix Commandement de Dieu, Commentaires sur le ps. 28, Commentaires sur le ps. 147, 1 Science chrétienne, Non impedias musicam.
B. s.	LE BESTIAIRE SPIRITUEL, (Extraits des œuvres, complétés d'inédits).
C. t. v.	LA CANTATE A TROIS VOIX. (Nouveau titre de : *Cette heure qui est entre le printemps et l'été*). r : *Deux poèmes d'été.*

r = recueilli dans
c = comprend
n = notamment
t = traduction
1 v., 2 v. = 1ʳᵉ ou 2ᵉ version
O. P. = Œuvre Poétique (Pléiade, 1957).
PR. = Œuvres en Prose (Pléiade, 1965).
T. 1, T. 2 = Théâtre I ou Théâtre II (Pléiade, 1956, 1959).

Date de composition	Date de 1ʳᵉ publication en volume	Éditeur	Œuvres complètes (O. C.)	Pléiade
1906	1906	Impr. H. Jouve	XXVIII	
	1949	Gallimard		
1927-1948	1949	Gallimard		
			XVIII	PR.
				PR.
			XVII	PR.
			XXV	
1892-1894	1896	Foochow Print. Pr.	VIII	T. 1
	1912	Mercure		
1937-1939	1940	Gallimard	II	O. P.
	1945	Gallimard		
1910-1911	1912	Gallimard	IX	T. 2
*1938	1940	Gallimard	IX	T. 2
1947-1948	1948	Gallimard	IX	T. 2
1893-1900	1901	Mercure		
1900-1905	1907	Mercure	V	O. P.
1929-1932	1966	Gallimard	XXVI	
			IV	O. P.
1916	1916	Gallimard	II	O. P.
	1922	Gallimard		
1910-1953			XVII	PR.
1931-1936	1937	Gallimard	XIX	
	1949	Mermod	V	PR.
1911-1912			I	O. P.
	1914	Gallimard		

Sigle	Titre
C. t. v.	LA CANTATE A TROIS VOIX, suivie de *Sous le rempart d'Athènes* et de traductions diverses. c : *Poèmes de Coventry Patmore* (t), *Corymbe de l'automne, de Francis Thompson* (t).
C. p. e.	CENT PHRASES POUR ÉVENTAIL.
C. h. p. e.	CETTE HEURE QUI EST ENTRE LE PRINTEMPS ET L'ÉTÉ, (cf. *Cantate à trois voix*).
C. d. c.	LE CHEMIN DE LA CROIX, r : *Corona benignitatis anni Dei*.
Chi.	CHINE (photographies d'Hélène Hoppenot), r : *Sous le signe du dragon*.
Cho.	LES CHOÉPHORES, d'Eschyle (t).
C. g. o.	CINQ GRANDES ODES, c : *Les Muses, l'Esprit et l'Eau, Magnificat, la Muse qui est la Grâce, la Maison fermée, Processionnal pour saluer le siècle nouveau.*
C. d. e. 1	CONNAISSANCE DE L'EST.
C. d. e. 2	CONNAISSANCE DE L'EST, (augmentée des textes postérieurs à 1900).
C. d. t.	CONNAISSANCE DU TEMPS, r : *Art poétique*.
C. e. c.	CONTACTS ET CIRCONSTANCES, c (n) : Ma conversion, Mon pays, le Chant religieux, le Visage du Christ, Une saison en enfer, le Poison wagnérien, Salut à F. Jammes, Aux jeunes gens de 1938, Une visite à Bâle, Charles Péguy.
C. d. l. c.	CONVERSATIONS DANS LE LOIR-ET-CHER.
C. j. r.	CONVERSATION SUR JEAN RACINE.
Cor.	CORONA BENIGNITATIS ANNI DEI, c : la Première Partie de l'année, le Groupe des apôtres, Images et Signets entre les feuillets, la Deuxième Partie de l'année, le Chemin de la Croix.
C. a.	CORYMBE DE L'AUTOMNE, de Francis Thompson (t), r : *Cantate à trois voix*, suivie de *Sous le rempart d'Athènes*.
Ded.	DÉDICACE (appelé d'abord : Chant à cinq heures), r : *Théâtre, première série, I*.
D. f. l.	DEUX FARCES LYRIQUES, c : Protée (2 v), l'Ours et la Lune.
D. p. e.	DEUX POÈMES D'ÉTÉ, c : Protée (1 v). *la Cantate à trois voix*.
D. d. l. e.	DÉVELOPPEMENT DE L'ÉGLISE, r : *Art poétique*.
D. r. a. f.	DISCOURS DE RÉCEPTION A L'ACADÉMIE FRANÇAISE, r : *Discours et Remerciements*.
D. e. r.	DISCOURS ET REMERCIEMENTS, c : Discours à la réunion des Publicistes chrétiens, A la radio vaticane, Remerciements à la Belgique, Discours de réception à l'Académie française.
Dod.	DODOITZU.
D. c. c. r.	DU CÔTÉ DE CHEZ RAMUZ.

Date de composition	Date de 1re publication en volume	Éditeur	Œuvres complètes (O. C.)	Pléiade
	1931	Gallimard	I	O. P.
927			XIII	T. 2
910-1911				O. P.
925	1927	Koshiba	IV	O. P.
911-1912	1913	Gallimard	I	O. P.
911	1911 1915	Durendal Gallimard	I	O. P.
946	1946 1948	Skira Table ronde	IV	PR.
913-1914	1920	Gallimard	VIII	T. 1
900-1908	1910	Bibl. de l'Occident	I	O. P.
895-1900	1900	Mercure	III	O. P.
895-1904	1907	Mercure	III	O. P.
902-1903	1904 1907	Veuve Rozario Mercure	V	O. P.
913-1939	1940 et 1946	Gallimard	XVI	PR.
925-1928	1935	Gallimard	XVI	PR.
954	1956	Gallimard	XVIII	PR.
887-1914	1915	Gallimard	I	O. P.
	1920 1931	Gallimard Gallimard		
888 ou 1891	1911 1927	Mercure Gallimard	I et VI	O. P.
926 917				
	1914	Gallimard		
913			XIII	T. 2
911-1912			I	O. P.
900			V	O. P.
	1907	Mercure		
946	1947 1947	Institut de France Gallimard	XVIII	PR.
946-1947	1947	Gallimard	XVIII	PR.
	1945	Gallimard	IV	O. P.
937-1947	1947	Ides et Calendes	XVIII	PR.

Sigle	Titre
Ech. 1	L'ÉCHANGE (1 v), r : *l'Arbre*.
Ech. 2	L'ÉCHANGE (2 v).
E. d.	ÉCRITS DIVERS (sur l'Extrême-Orient), c (n) : Mon voyage en Indo-Chine, les Funérailles du Mikado, Choses de Chine, Souvenir de Pékin, la Poésie française et l'extrême-orient, Adieu au Japon, l'Éloge du chinois.
Emm.	EMMAÜS.
End.	L'ENDORMIE, (fac-simile d'autographe), (éd. imprimée).
E. e. m.	L'ÉPÉE ET LE MIROIR, c (n) : Méditations sur les sept douleurs de la Ste Vierge, le Miroir, les Colonnes, les Chevaux et les Quadriges de Zacharie, Le cœur compte, les Fossiles.
E. e. e.	L'ESPRIT ET L'EAU, r : *Cinq Grandes Odes*.
E. t. q. p.	ET TOI, QUE PENSES-TU DU CHRIST ? r : *Positions et Propositions II*.
Eum.	LES EUMÉNIDES, d'Eschyle (t).
Ev. d. i.	L'ÉVANGILE D'ISAÏE c (n) : la Restauration d'Israël (= *Une voix sur Israël*).
F. s, o 1	LA FEMME ET SON OMBRE (1 v), r : *l'Oiseau noir dans le soleil levant*, 1re ed. *le Livre de Christophe Colomb*.
F. s. o. 2	LA FEMME ET SON OMBRE (2 v). r : *le Livre de Christophe Colomb*.
Sag.	LE FESTIN DE LA SAGESSE (Cf. *la Sagesse*).
F. d. s.	FEUILLES DE SAINTS, c (n) : *Verlaine, Sainte Thérèse, Sainte Geneviève, Ode jubilaire pour l six centième anniversaire de Dante*.
F. e. p.	FIGURES ET PARABOLES, c : Les Quatre Animaux sages (ou quelques principes d'exégèse), le Marchand de Colombes, Smara, *le Voleur volé*, le Regard en arrière. Mort de Judas, le Point de vue de Ponce-Pilate, le Jardin aride, *la Légende de Prâkriti*, Richard Wagner, la Pérégrination nocturne, la Salle d'attente, le Départ de Lao-Tzeu.
Fr. dr.	FRAGMENT D'UN DRAME.
H. t. s.	L'HISTOIRE DE TOBIE ET DE SARA.
H. e. s. d.	L'HOMME ET SON DÉSIR, r : *le Livre de Christophe Colomb*.
Id. o.	IDÉOGRAMMES OCCIDENTAUX.
I. a. a.	INTRODUCTION A L'APOCALYPSE.
I. l. r.	INTRODUCTION AU LIVRE DE RUTH (DU SENS FIGURÉ DE L'ÉCRITURE).
I. p. h.	INTRODUCTION A LA PEINTURE HOLLANDAISE, r : *L'œil écoute*.
I. q. o.	INTRODUCTION A QUELQUES ŒUVRES.

Date de composition	Date de 1re publication en volume	Éditeur	Œuvres complètes (O. C.)	Pléiade
1893-1894	1901	Mercure	VIII	T. 1.
1951	1954	Mercure	VIII	T. 1
			IV	PR.
1930-1947	1949	Gallimard	XXIII	
Entre 1886 et 1888	1925 1947	Champion Ides et Calendes	VI	T. 1
1935-1937	1939	Gallimard	XX	
1906	1910	Bibl. de l'Occident	I	PR. O. P.
1927	1927 1934	s. l. n. d. Gallimard	XV	
1913-1916	1920	Gallimard	VIII	T. 1
1948-1950	1951	Gallimard	XXIV	
1922	1927 1935	Excelsior Gallimard	III	T. 2
1923 ou 1926	1935	Gallimard	III	T. 2
1934-1935	1938	Gallimard	XIII	T. 2
1910-1925	1925	Gallimard	II	O. P.
1926-1936	1936	Gallimard	V	
				PR.
1888			VI	T. 1
1938	1942	Gallimard	XIV	T. 2
1917	1918 1935	Gallimard Gallimard	XIII	T. 2
1926	1926	Blaizot	XVIII	PR.
1946	1946	L. U. F.	XXI	
1937	1938	Desclée de Br.	XXI	
1934	1935 1946	Gallimard Gallimard	XVII	PR.
1919	1920	Adr. Monnier	XVIII	

Sigle	Titre
J. a. b.	J'AIME LA BIBLE, c : J'aime la Bible, Rendre l'Ancien Testament au peuple chrétien. Du sens de l'Écriture Sainte (lettres au P. Maydieu), l'Esprit de prophétie, Fulgens corona, le Mal avant le péché originel.
J. Ch.	JEAN CHARLOT r : *Accompagnements*.
Jeanne	JEANNE D'ARC AU BUCHER
J. d. p.	LE JET DE PIERRE.
J. f. v. 1	LA JEUNE FILLE VIOLAINE (1 v).
J. f. v. 2	LA JEUNE FILLE VIOLAINE (2 v). r : *l'Arbre*, et *Théâtre, première série, III*.
J. 1	JOURNAL, I (1904-1932).
J. 2	JOURNAL, II (1933-1955).
L. p.	LA LÉGENDE DE PRAKRITI, r : *Figures et Paraboles*.
L. c. c. 1	LE LIVRE DE CHRISTOPHE COLOMB.
L. c. c. 2	LE LIVRE DE CHRISTOPHE COLOMB, c : le Drame et la Musique, le Livre de Christophe Colomb, l'*Homme et son Désir*, la Femme et son Ombre (1 v et 2 v), *la Parabole du Festin*, Pan et Syrinx.
L. d. j.	LE LIVRE DE JOB.
L. r. e. m.	LA LUNE A LA RECHERCHE D'ELLE-MÊME.
Mag.	MAGNIFICAT, r : *Cinq Grandes Odes*.
M. f.	LA MAISON FERMÉE, r : *Cinq Grandes Odes*.
M. i.	MÉMOIRES IMPROVISÉS.
M. l. b.,	LA MESSE LA-BAS, suivi de l'Offrande du Temps.
M. q. e. g.	LA MUSE QUI EST LA GRACE, r : *Cinq Grandes Odes*.
Mus.	LES MUSES, r : *Cinq Grandes Odes*.
M. p. p.	LA MYSTIQUE DES PIERRES PRÉCIEUSES, r : *L'œil écoute*.
N. a. c.	NOTE SUR L'ART CHRÉTIEN, r : *Positions et Propositions II*.
N. n.	LA NUIT DE NOEL 1914, r : *Poèmes de guerre*.
O. j. m. d.	ODE JUBILAIRE POUR LE SIX-CENTIÈME ANNIVERSAIRE DE LA MORT DE DANTE, r : *Feuilles de Saints*.
O. ec.	L'ŒIL ÉCOUTE, c (n) : *Introduction à la peinture hollandaise*, La peinture espagnole, Vitraux des cathédrales de France, le Chemin dans l'art, Sur la musique, Arthur Honegger, *la Mystique des pierres précieuses*, Ossements.

Date de composition	Date de 1re publication en volume	Éditeur	Œuvres complètes (O. C.)	Pléiade
1949-1954	1955	Fayard	XXI	
1931	1933	Gallimard	XVII	PR.
	1949	Gallimard		
1934	1938	Gallimard	XIV	T. 2
1938			XIV	T. 2
1892-1893	1926	Excelsior	VII	T. 1
1898-1900			VII	T. 1
	1901	Mercure		
	1911	Mercure		
1904-1932	1968	Gallimard		
1933-1955	1969	Gallimard		
	1934	Gallimard	V	PR.
	1936	Gallimard		
1927	1929	Éd. Universelle	XIV	T. 2
	1935	Gallimard		
1930			XVII	PR.
1927			XIV	T. 2
1917			XIII	T. 2
1922 et 1923			III	T. 2
1925			XIII	T. 2
1933				
	1936	Plon	XXI	
1947			XIV	T. 2
1906-1907			I	O. P.
	1910	Bibl. de l'Occident		
1908			I	O. P.
	1910	Bibl. de l'Occident		
1951-1952	1954	Gallimard		
1917	1919	Gallimard	II	O. P.
1914			II	O. P.
1907			I	O. P.
	1910	Bibl. de l'Occident		
1900-1904	1905	Bibl. de l'Occident	I	O. P.
	1910	Bibl. de l'Occident		
1938	1938	Cartier	XVII	PR.
	1946	Gallimard		
1932	1933	Desclée de Br.	XIV	PR.
	1934	Gallimard		
1915	1915	L'Art Cath.	XIII	T. 2
	1922	Gallimard		
1920	1921	Gallimard	II	O. P.
	1925	Gallimard		
1934-1945	1946	Gallimard	XVII	PR.

179

Sigle	Titre
Of.	L'OFFRANDE DU TEMPS, r : *la Messe là-bas.*
O. n. s. l. 1	L'OISEAU NOIR DANS LE SOLEIL LEVANT,
O. n. s. l. 2	L'OISEAU NOIR DANS LE SOLEIL LEVANT, (éd. augmentée) c (n) : Un regard sur l'âme japonaise, A travers les villes en flammes, Nô, le Poète et le Shamisen, Jules ou l'Homme aux deux cravates, (ne comprend plus : le Vieillard sur le mont Omi).
Ot. 1	L'OTAGE.
Ot. 2	L'OTAGE (suivi de la variante * pour l'acte 4).
O. e. l.	L'OURS ET LA LUNE, r : *Deux Farces lyriques.*
P. d.	LE PAIN DUR.
P. e. s.	PAN ET SYRINX, r : *le Livre de Christophe Colomb.*
P. f.	LA PARABOLE DU FESTIN, r : *Le Livre de Christophe Colomb.*
P. d. m. 1	PARTAGE DE MIDI (1 v).
P. d. m. 1 *bis*	PARTAGE DE MIDI (1 v, et préface de 1948).
P. d. m. 2	PARTAGE DE MIDI (2 v).
P. d. m. 2 *bis*	PARTAGE DE MIDI (version jouée par Barrault).
P. c. i. a.	PAUL CLAUDEL INTERROGE L'APOCALYPSE.
P. c. i. c.	PAUL CLAUDEL INTERROGE LE CANTIQUE DES CANTIQUES.
P. c. r. p.	PAUL CLAUDEL RÉPOND LES PSAUMES.
P. h. 1	LE PÈRE HUMILIÉ (1 v).
P. h. 2	LE PÈRE HUMILIÉ (2 v).
P. p. c.	PETITS POÈMES D'APRÈS LE CHINOIS.
P. e.	LA PHYSIQUE DE L'EUCHARISTIE, r : *Positions et Propositions II.*
P. c. p.	POÈMES DE COVENTRY PATMORE (t), r : *Cantate à trois voix, suivie de Sous le rempart d'Athènes.*
P. d. g.	POÈMES DE GUERRE 1914-1916, c : *Trois Poèmes de guerre,* *Autres poèmes durant la guerre,* r : *Poèmes et Paroles durant la guerre de Trente ans.*
P. g. t. a.	POÈMES ET PAROLES DURANT LA GUERRE DE TRENTE ANS, c (n) : *Poèmes de guerre,* *Ainsi donc encore une fois.*
P. div.	POÉSIES DIVERSES, c (n) : les Deux Cités, *Prière pour les paralysés*, la Vierge qui écoute, Saint François, la Mort du lion.
Pos. I	POSITIONS ET PROPOSITIONS, c (n) : Réflexions et Propositions sur le vers français, Lettre à Brémond sur l'inspiration poétique, la Philosophie du livre, Préface aux œuvres de Rimbaud, Camille Claudel statuaire, la Catastrophe d'Igitur, Nijinsky, le Théâtre catholique, Introduction à un poème sur Dante.
Pos. II	POSITIONS ET PROPOSITIONS II, c (n) : Religion et Poésie, Sur Coventry Patmore, Note sur l'art chrétien.

Date de composition	Date de 1re publication en volume	Éditeur	Œuvres complètes (O. C.)	Pléiade
1914			II	O. P.
	1919	Gallimard		
1923-1927	1927	Excelsior	III	PR.
	1929	Gallimard	III	PR.
1908-1910	1911	Gallimard	X	T. 2
*1914	1919	Gallimard	X	T. 2
1917	1919	Gallimard	XIII	T. 2
	1927	Gallimard		
1913-1914	1918	Gallimard	X	T. 2
1933				
	1935	Gallimard		
1924	1926	Ronald Davis	XIII	T. 2
	1935	Gallimard		
1905	1906	Bibl. de l'Occident	XI	T. 1
	1948	Mercure	XI	T. 1
1949	1949	Gallimard	XI	T. 1
1948			XI	
1940-1943	1952	Gallimard	XXV	
1943-1947	1948	L. U. F.	XXII	
	1949	Ides et Calendes		
1915-1916	1920	Gallimard	X	T. 2
1945	1945	Gallimard	X	T. 2
1935			IV	O. P.
1910			V et XV	
	1934	Gallimard		
1905-1911	1912	Gallimard		O. P.
	1931	Gallimard		
1915-1916	1922	Gallimard	II	O. P.
1915	1915	Gallimard		
1916	1916	Gallimard		
	1945	Gallimard		
1915-1944	1945	Gallimard	II	O. P.
1915-1916	1922	Gallimard		
1937-1940	1940	Gallimard		
1925-1950			II	O. P.
1905-1927	1928	Gallimard	XV	PR.
1906-1933	1934	Gallimard	XV	PR.

Sigle	Titre
	Discours aux catholiques de New York, Propositions sur la justice, la Physique de l'Eucharistie, A la trace de Dieu, Du mal et de la liberté, la «Jolie Foi de mon enfance », *Et toi que penses-tu du Christ*, Ecce sto ad ostium et pulso, les Invités à l'attention.
P. v.	PREMIERS VERS.
P. e. p.	PRÉSENCE ET PROPHÉTIE, c : Sur la présence de Dieu, la Sensation du divin, Ecce Virgo concipiet, Moab ou le recul d'Israël, Première et Deuxième Note sur les Anges.
P. p. p.	PRIÈRE POUR LES PARALYSÉS, suivie de Quinze Psaumes graduels (t).
P. s. s. n.	PROCESSIONNAL POUR SALUER LE SIÈCLE NOUVEAU, r : *Cinq Grandes Odes*.
Pr. 1	PROTÉE (1 v), r : *Deux Poèmes d'été*.
Pr. 2	PROTÉE (2 v), r : *Deux Farces lyriques*.
Ps.	PSAUMES (t)
Q. n. s.	QUI NE SOUFFRE PAS... c (n) : « Attendez que l'ivraie ait mûri », Etatisme et Liberté. Nationalisation et Entreprise, le Droit de la charité, l'Exemple danois.
R. d. s.	LE RAVISSEMENT DE SCAPIN.
R. e. p.	RELIGION ET POÉSIE, r : *Positions et Propositions II*.
R. s. j	LE REPOS DU SEPTIÈME JOUR, r : *l'Arbre* et *Théâtre, première série, IV*.
R. d. l. s.	LES RÉVÉLATIONS DE LA SALETTE, r : *Le Symbolisme de la Salette*.
R. e. r.	LA ROSE ET LE ROSAIRE, c (n) : Éloge de la sagesse, les Quatre Éléments, Ils n'ont point de vin, Après l'Assomption, les Huit Béatitudes.
Sag.	LA SAGESSE OU LA PARABOLE DU FESTIN, (appelé aussi : *le Festin de la sagesse*).
S. g.	SAINTE GENEVIÈVE, r : *Feuilles de Saints*.
S. t.	SAINTE THÉRÈSE, r : *Feuilles de Saints*.
S. a. a. p.	SEIGNEUR, APPRENEZ-NOUS A PRIER.
S. p. p.	LES SEPT PSAUMES DE LA PÉNITENCE (t).
S. d. s. 1	LE SOULIER DE SATIN.
S. d. s. 2	LE SOULIER DE SATIN (TEXTE POUR LA SCÈNE).
S. r. a.	SOUS LE REMPART D'ATHÈNES, r : *Cantate à trois voix* suivie de *Sous le rempart d'Athènes*.
S. s. d.	SOUS LE SIGNE DU DRAGON.
S. d. l. s.	LE SYMBOLISME DE LA SALETTE, c : *les Révélations de la Salette*, Méditations complémentaires.

Date de composition	Date de 1re publication en volume	Éditeur	Œuvres complètes (O. C.)	Pléiade
86-1897			I	O. P.
08-1939	1942	L. U. F.	XX	
44	1944	Horizons de France	II	O. P.
07			I	O. P.
	1910	Bibl. de l'Occident		
13			XIII	T. 2
	1914	Gallimard		
26			XIII	T. 2
	1927	Gallimard		
18-1953	1966	Desclée de Br.		
39-1946	1958	Gallimard		
				PR.
51			XIV	T. 2
27	1932	Desclée de Br.	XV	PR.
	1934	Gallimard		
96			VIII	T. 1
	1901	Mercure		
	1912	Mercure		
30-1931	1946	Table Ronde	V	
	1952	Gallimard		
40-1946	1946	L. U. F.	XXI	
34-1935	1939	Gallimard	XIII	T. 2
16-1918	1923	Chinchiocha	II	O. P.
	1925	Gallimard		
15	1916	Art Cathol.	II	O. P.
	1925	Gallimard		
41	1942	Gallimard	XXIII	
44	1945	Seuil		
19-1924	1929	Gallimard	XII	T. 2
42-1943	1944	Gallimard	XII	T. 2
27	1928	Gallimard	XIII	T. 2
	1931	Gallimard		
08-1911	1948	Table Ronde	IV	PR.
51	1952	Gallimard	V	
30-1931	1946	Table Ronde		
52				

183

Sigle	Titre
T. o. 1	TÊTE D'OR (1 v), r : *Théâtre, première série, I.*
T. o. 2	TÊTE D'OR (2 v), r : *l'Arbre,* et *Théâtre, première série, I.*
T. p. s. 1	THÉATRE, PREMIÈRE SÉRIE, I, c : Dédicace, *Tête d'Or* (1 v et 2 v).
T. p. s. 2	THÉATRE, PREMIÈRE SÉRIE, II, c : *la Ville* (1 v et 2 v).
T. p. s. 3	THÉATRE, PREMIÈRE SÉRIE, III, c : L'Échange (1v) la Jeune Fille Violaine (2 v).
T. p. s. 4	THÉATRE, PREMIÈRE SÉRIE, IV, c : le Repos du septième jour, *Agamemnon,* Vers d'exil.
T. q. e. t.	TOI, QUI ES-TU ?
T. c. m.	TRAITÉ DE LA CO-NAISSANCE AU MONDE ET DE SOI-MÊME, r : *Art poétique.*
T. f. s.	TROIS FIGURES SAINTES POUR LE TEMPS ACTUEL, c : le Frère Charles, Sainte Thérèse de Lisieux, Ève Lavallière.
T. p. g.	TROIS POÈMES DE GUERRE, r : *Poèmes de guerre,* *Poèmes et Paroles durant la guerre de trente ans.*
U. c. o.	UN COUP D'ŒIL SUR L'AME JAPONAISE, r : *l'Oiseau noir dans le soleil levant.*
U. p. r. c.	UN POÈTE REGARDE LA CROIX.
U. v. s. i.	UNE VOIX SUR ISRAEL, r : *l'Évangile d'Isaïe.*
Verl.	VERLAINE, r : *Feuilles de Saints.*
V. e.	VERS D'EXIL, r : *Théâtre, première série, IV.*
V. s. m. o.	LE VIEILLARD SUR LE MONT OMI, r : *l'Oiseau noir dans le soleil levant*, 1ère éd.
Ville 1	LA VILLE (1 v), r : *Théâtre, première série, II.*
Ville 2	LA VILLE (2 v), r : *l'Arbre,* et *Théâtre, première série, II.*
V. ra.	VISAGES RADIEUX, c (n) : Saint Jérôme, le 25 décembre 1886, Sainte Thérèse de Lisieux, Nuit de Pâques, Ernest Psichari, Pâques, la Vierge de Moissac.
V. c. f.	VITRAUX DES CATHÉDRALES DE FRANCE, r : *L'œil écoute.*
V. v.	LE VOLEUR VOLÉ, SUIVI DU BON SAMARITAIN, r : *Figures et Paraboles.*

Date de composition	Date de publication en volume	Éditeur	Œuvres complètes (O. C.)	Pléiade
1889	1890	L'Art Indépendant	VI	T. 1
	1911	Mercure		
1894			VI	T. 1
	1901	Mercure		
	1911	Mercure		
	1911	Mercure		
1888 ou 1891			VI	O. P.
1889 et 1894			VI	T. 1
	1911	Mercure		
1890 et 1897			VII	T. 1
	1911	Mercure		
1894 et 1900			VIII et VII	T. 1
	1912	Mercure		
1896 et 1894			VIII	T. 1
1895			I	O. P.
1907-1935	1936	Gallimard		
1904-1905			V	O. P.
	1907	Mercure		
1951	1953	Amiot-Dumont	XXIV	
1915	1915	Gallimard	II	O. P.
	1922	Gallimard		
	1945	Gallimard		
1923	1923	Gallimard	III	PR.
	1929	Gallimard		
1933-1935	1935	Gallimard	XIX	
1949	1950	Gallimard		
	1951	Gallimard		
1910 et 1919	1922	Gallimard	II	O. P.
	1925	Gallimard		
1895			I	O. P.
	1912	Mercure		
1925	1928	Le Livre	III	
	1927	Excelsior		
1890-1891	1893	L'Art Indépendant	VII	T. 1
	1911	Mercure		
1897			VII	T. 1
	1901	Mercure		
	1911	Mercure		
1927-1944	1945	L .U. F.	II	O. P.
1937	1937	Plon	XVII	PR.
	1946	Gallimard		
1928	1930	Émile Paul	V	
	1936	Gallimard		

2. Correspondance

J. L. B.   *Correspondance Claudel-Jean-Louis Barrault*, C. P. C. 10, Gallimard, 1974. Et sur *Partage de Midi*, in O. C. XI, p. 313-328.
P. B.   *Lettres de Paul Claudel à Paterne Berrichon*, publ. par Petralia in *Rivista di letteratura moderna e comparata*, 1955, pp. 3-33.
E. B.   Paul Claudel et Elémir Bourges : *Lettres inédites* (1903-1910) présentées par Jacques Petit, in *Cahiers Paul Claudel*, 1, Gallimard, 1959.
G. B.   Lettre à Georges Bernanos, 1926, in *Bernanos, Essais et Témoignages* réunis par A. Béguin, Seuil, 1949.
H. B.   Lettres à Henri Bremond, in A. Blanchet, *Claudel lecteur de Bremond*, *Études*, sept. 1965.
J. C.   *Correspondance avec Copeau, Dullin, Jouvet*, in *Claudel homme de théâtre*, *Cahiers Paul Claudel*, 6, Gallimard, 1966.
E. F.   *9 Lettres à Ève Francis* (1919-1926), in « Fig. Litt. », 13 fév. 1964.
G.   *Lettres inédites de Paul Claudel à G.* (1937-1946), in *L'Orient Littéraire*, 2 juin 1962.
A. G.   Paul Claudel et André Gide : *Correspondance 1899-1926*. Préface et notes par Robert Mallet, Gallimard, 1949.
F. G.   *La Porte ouverte* (Lettres à France du Guérand), Presses Monastiques, 1970.
L. G.   *Lettre de Paul Claudel à Louis Gillet*, à propos de « Présence et Prophétie » (1941), in *la Table Ronde*, avril 1955.
F. J.   Paul Claudel, Francis Jammes, Gabriel Frizeau : *Correspondance 1897-1938, avec des lettres de Jacques Rivière*. Préface et notes par André Blanchet, Gallimard, 1952.
P. J.   Paul Claudel : *Lettres à Piero Jahier* (1912-1915), in *N. R. F.*, sept. 1955.
M. K.   Paul Claudel : *Lettres à Marie Kalff* (1909-1912), in *la Table Ronde*, avril 1955.
P. L.   Paul Claudel : *Lettre à Pierre Lhoste* (1934), in *N. R. F.*, septembre 1955.
L. P.   *Correspondance avec Lugné-Poe*, in *Claudel homme de théâtre*, *Cahiers Paul Claudel*, 5, Gallimard, 1964.
H. M.   Paul Claudel : *Lettres à Henri Massis* (1916-1938), in *la Table Ronde*, avril 1955 et *Itinéraires*, janv. 1961.
D. M.   *Correspondance Paul Claudel - Darius Milhaud* (1912-1953). Préface de Henri Hoppenot, introduction et notes de Jacques Petit, in *Cahiers Paul Claudel*, 3, Gallimard, 1961.

L. M.   *Claudel-Massignon*, DDB, 1973.
S. M.   Stéphane Mallarmé et Paul Claudel : *Correspondance* (1891-1897), commentée par Henri Mondor, in *Cahiers Paul Claudel*, 1, Gallimard, 1959.
M. P.   Paul Claudel : *Lettres inédites à Maurice Pottecher* (1892-1955), annotées par Pierre Moreau, in *Cahiers Paul Claudel*, 1, Gallimard, 1959.
R. P.   *Lettres sur la Bible au R. P. Paroissin* (1949-1954), Debresse, 1955.
J. R.   Jacques Rivière et Paul Claudel : *Correspondance (1907-1914)*, nouv. éd. compl., C. P. C. 12, Gallimard, 1984, Plon, 1926.
A. S.   André Suarès et Paul Claudel : *Correspondance 1904-1938*. Préface et notes par Robert Mallet, Gallimard, 1949.
D. S.   A. du Sarment : *Lettres inédites de mon parrain Paul Claudel*. Préface de Stanislas Fumet, Gabalda, 1959.
M. S.   Lettres à Marcel Schwob, in Pierre Champion : *Marcel Schwob et son temps*, Grasset, 1927.
V. S.   Paul Claudel et Victor Ségalen; *Correspondance* (1912-1916), in *Cahiers du Sud*, n° 288 (1948).
CPC 1   *Autour de la publication de « Tête d'Or »*, lettres inédites de Paul Claudel, Maurice Mæterlinck, Marcel Schwob, Henri de Régnier, Octave Mirbeau, etc., in *Cahiers Paul Claudel*, 1, Gallimard, 1959.

3. Anthologies

Écoute, ma fille, Gallimard, 1934.
Toi, qui es-tu? Gallimard, 1936.
Pages de prose, recueillies et présentées par André Blanchet, Gallimard, 1944.
La Perle noire, textes recueillis et présentés par André Blanchet, Gallimard, 1947.
Je crois en Dieu, choix de textes par Agnès du Sarment, Gallimard, 1961.
Réflexions sur la poésie, coll. « Idées », Gallimard, 1963.
Mes idées sur le théâtre, Gallimard, 1966.

4. Œuvres Complètes (Gallimard)

I. *Poésie 1* : Premiers Vers, Vers d'exil, Cinq grandes Odes et Processionnal, Cantate à trois voix. Corona benignitatis anni Dei, Chemin de la Croix.
II. *Poésie 2* : la Messe là-bas, Feuilles de Saints, Poèmes de guerre, Visages radieux, Poésies diverses.
III. *Extrême-Orient 1* : Connaissance de l'Est, l'Oiseau noir dans le soleil levant.
IV. *Extrême-Orient 2* : Sous le signe du dragon, Cent Phrases pour éventail, Petits Poèmes d'après le chinois, Autres poèmes d'après le chinois, Dodoitzu, Écrits divers.
V. *Connaissances* : Art poétique, la Physique de l'eucharistie, Figures et Paraboles Quelques planches du bestiaire spirituel, le Symbolisme de la Salette, Deux Préfaces.
VI. *Théâtre 1* : l'Endormie, Fragment d'un drame, Tête d'Or.
VII. *Théâtre 2* : la Ville, la Jeune Fille Violaine.
VIII. *Théâtre 3* : l'Échange, le Repos du septième jour, Agamemnon, les Choéphores, les Euménides.
IX. *Théâtre 4* : l'Annonce faite à Marie.
X. *Théâtre 5* : l'Otage, le Pain dur, le Père humilié.
XI. *Théâtre 6* : Partage de Midi.
XII. *Théâtre 7* : le Soulier de Satin.
XIII. *Théâtre 8* : Protée, la Nuit de Noël 1914, l'Ours et la Lune, l'Homme et son désir, la Sagesse ou la Parabole du Festin, Sous le rempart d'Athènes.
XIV. *Théâtre 9* : le Livre de Christophe Colomb, Jeanne au bûcher, l'Histoire de Tobie et de Sara, la Lune à la recherche d'elle-même, le Jet de pierre, le Ravissement de Scapin.
XV. *Positions et Propositions*.
XVI. *Conversations dans le Loir-et-Cher. Contacts et Circonstances*.
XVII. *L'œil écoute* : L'œil écoute, Autres textes sur l'art.
XVIII. *Accompagnements. Discours et Remerciements*.
XIX. *Commentaires et Exégèses 1* : Un poète regarde la Croix, les Aventures de Sophie.
XX. *Commentaires et Exégèses 2* : Présence et Prophétie, l'Épée et le Miroir.
XXI. *Commentaires et Exégèses 3* : Du sens figuré de l'Écriture, Introduction à l'Apocalypse, le Livre de Job, la Rose et le Rosaire, J'aime la Bible.
XXII. *Commentaires et Exégèses 4* : le Cantique des Cantiques.
XXIII. *Commentaires et Exégèses 5* : Emmaüs, Seigneur apprenez-nous à prier.
XXIV. *Commentaires et Exégèses 6* : L'Évangile d'Isaïe, Trois figures saintes pour le temps actuel.
XXV. *Commentaires et Exégèses 7* : Paul Claudel interroge l'Apocalypse, la Liturgie, l'Église et la Sainte Vierge, textes divers.
XXVI. *Commentaires et Exégèses 8* : Au milieu des vitraux de l'Apocalypse.
XXVII. *Commentaires et Exégèses 9* : Jérémie, Isaïe.
XXVIII. *Commentaires et Exégèses 10* : Corps glorieux, Genèse, Cœur, Apocalypse.

Bibliographie sur Paul Claudel

1. Témoignages et souvenirs (par ordre alphabétique d'auteurs) :

Jean-Louis Barrault : *Souvenirs pour demain*, Seuil, 1972.

Jean-Louis Barrault, in *Cahiers de la Compagnie Renaud-Barrault*, n° 1, 1953 et n° 25, 1958.

Princesse Bibesco : *Promenades avec Claudel*, in *Revue de Paris*, Septembre 1961.

F. Charles-Roux : *Souvenirs diplomatiques, Rome-Quirinal*, Fayard, 1958.

Pierre Claudel : *la Bonne Humeur claudélienne*, in *Cahiers Paul Claudel*, 2, Gallimard, 1960.

Ève Francis : *Temps héroïques*, Denoël, 1949, et *Un autre Claudel*, Grasset, 1973.

André Gide : *Journal*, 1889-1939, Coll. de la Pléiade, Gallimard.

Henri Hoppenot : *Préface* à la *Correspondance Paul Claudel - Darius Milhaud*, in *Cahiers Paul Claudel*, 3, Gallimard, 1961.

Francis Jammes : *les Caprices du poète*, Plon, 1923.

Francis Jammes et André Gide : *Correspondance 1893-1938*. Préface et notes de R. Mallet, Gallimard, 1948.

Frédéric Lefèvre : *Une heure avec...* Troisième série, 1925; cinquième série, 1930; Gallimard.

Lugné-Poe : *Dernière Pirouette*, Sagittaire, 1946.

Robert Mallet : *Une mort ambiguë*, Gallimard, 1955.

Maurice Martin du Gard : *les Mémorables*, tome 2, Flammarion, 1960.

Henri Massis : *Jugements*, II, Plon, 1924.

Darius Milhaud : *Études*, Aveline, 1927, et *Notes sans musique*, Julliard, 1963.

Henri Mondor : *Claudel plus intime*, Gallimard, 1960.

Reine-Marie Paris : *Camille Claudel*, Gallimard, 1984.

Henriette Psichari : *Des jours et des hommes*, Grasset, 1962.

Jules Renard : *Journal*, coll. de la Pléiade, Gallimard, 1960.

Isabelle Rivière : *le Bouquet de roses rouges*, Corrêa, 1935.

Jacques Rivière et Alain-Fournier : *Correspondance (1905-1914)*, 4 vol., Gallimard 1926-1928.

Romain Rolland : *le Cloître de la rue d'Ulm* (Journal de R. R. à l'École Normale), Cahiers Romain Rolland, 4, Albin Michel, 1952.

Romain Rolland : *Mémoires*, Albin Michel, 1956.

Daniel-Rops : *Claudel tel que je l'ai connu*, « Ecclesia » février 1960.

A. du Sarment : *Lettres inédites de mon parrain Paul Claudel*, Gabalda, 1959.

Stéphane, Barrault, Milhaud, Hoppenot, C. Roy, Guillemin, etc., *Portrait-Souvenir* (Télévision), extraits in *Cahiers de la Télévision*, n° 3, mars 1963.

Claudel parle, entretiens avec Schaeffer et Madaule, enregistrés à Brangues en fév. 1944 Société Paul Claudel, 1965.

N. R. F. 55.	*Souvenirs :* par Armand Lunel *(Découverte de Claudel)*, Arthur Honegger *(Collaboration avec Claudel)*, Darius Milhaud *(Quelques souvenirs)*, Maxime Alexandre *(Mon parrain Paul Claudel)*, Robert Mallet *(Un esprit concret)*, Franz Hellens *(Claudel en Belgique)*, in *N. R. F.*, septembre 1955.
T. R. 55.	*La Table Ronde*, avril 1955 : *Claudel avait-il une nature peu expansive?* par Jacques Chevalier. *L'Annonce faite à Marie au théâtre de l'Œuvre en 1912*, par Jean Variot. *Claudel et le « bonheur d'expression »*, par Pierre Barbier. *« J'ai une bonne nouvelle à vous annoncer »*, par Jean Amrouche *« Il est »*, par Jean Guitton.
B. S. P. C.	*Bulletin de la Société Paul Claudel.*
C. P. C.	*Cahiers Paul Claudel*, Gallimard.

2. Biographie

Henri Guillemin, I, *Claudel jusqu'à sa conversion*, in *Revue de Paris*, avril 1955. II, *Claudel avant sa conversion*, in *Revue de Paris*, mai 1955. III, *La « conversion » de Paul Claudel*, in *Les Études Classiques*, Namur, XXV, 1, janvier 1957. Le tout refondu et développé dans *le « Converti » Paul Claudel*, Gallimard, 1968.

Louis Chaigne, *Vie de Paul Claudel et genèse de son œuvre*, Mame, 1961.

M. J. Gillet-Maudot, *Paul Claudel*, (iconographie) Gallimard, 1965.

Paul-Émile Cadilhac, *la Maison de Paul Claudel à Brangues* in P.-É. Cadilhac et R. Coiplet, *Demeures inspirées et sites romanesques*, III, Éd. de l'Illustration, 1958.

Adrien Jans, *Paul Claudel et la Belgique*, Soledi, 1946.

André Blanchet, *Claudel à Notre-Dame*, dans *la Littérature et le Spirituel* (I. *la Mêlée littéraire)*, Aubier, 1959.

Eugène Roberto, *l'Endormie de Paul Claudel*, Éd. de l'Université, Ottawa, 1963.

Paul Claudel, Premières œuvres (catalogue de l'exposition), Bibliothèque Doucet, 1965.

Paul Claudel, 1868-1955 (catalogue de l'exposition), Bibliothèque Nationale, 1968.

3. Études

A. ÉTUDES GÉNÉRALES (dans l'ordre chronologique).

Jacques Rivière, *Paul Claudel poète chrétien*, in *l'Occident*, octobre-décembre 1907. Repris dans *Études*, Gallimard, 1911.

André Rouveyre, *Visage de Paul Claudel*, in *Mercure de France*, juin 1911.

Georges Duhamel, *Paul Claudel*, Mercure de France, 1913.

Joseph de Tonquédec, *l'Œuvre de Paul Claudel*, Beauchesne, 1917.

Pierre Lasserre, *les Chapelles littéraires*, Garnier, 1920.

E. Sainte-Marie-Perrin, *Introduction à l'œuvre de Paul Claudel*, Bloud et Gay, 1926.

Frédéric Lefèvre, *les Sources de Paul Claudel*, Lemercier, 1927.

G. Benoist-Méchin et G. Blaizot, *Bibliographie des œuvres de Paul Claudel*, Blaizot, 1931.

Paul Petit, *Bibliographie claudélienne*, in *Documents de la Vie Intellectuelle*, décembre 1931 - février 1932.

Jacques Madaule, *le Génie de Paul Claudel*, Desclée de Brouwer, 1933.

Charles Du Bos, *Commentaires au bas d'un grand texte* (1934), in *Approximations*, Fayard, 1965.

Jacques Madaule, *le Drame de Paul Claudel*, Desclée de Brouwer, 1936. (Nouv. Éd. 1964).

Ernest Friche, *Études claudéliennes*, Portes de France, Porrentury, 1943.

François Mauriac, *Réponse au discours de Paul Claudel à l'Académie française*, Institut de France, 1947.

Stanislas Fumet, *Claudel*, la Bibliothèque idéale, Gallimard, 1958.

Gabriel Marcel, *Regards sur le théâtre de Claudel*, Beauchesne, 1964.

Pierre Claudel, *Paul Claudel*, Bloud et Gay, 1965.

François Varillon, *Claudel*, Desclée de Brouwer, 1967.

Entretiens sur Paul Claudel (Décade de Cerisy, 1963), Mouton, 1968.

Les Critiques de notre temps et Claudel, prés. A. Blanc, Garnier, 1970.

Jean-Bertrand Barrère, *Claudel, le destin et l'œuvre*, Sedes, 1979.

Michel Malicet, *Lecture psychanalytique de l'œuvre de Claudel*, Belles-Lettres, 1979.

B. ÉTUDES PARTICULIÈRES.

I. *Le Langage*

Henri Guillemin, *Claudel et son art d'écrire*, Gallimard, Paris, 1955.

M.-F. Guyard, *Claudel et l'Étymologie*, in *Recherches claudéliennes*, Klincksieck, 1963.

J. Samson, *Paul Claudel poète-musicien*, Éd. du Milieu du monde, Genève, 1948.

Jacques Madaule, *Claudel et le langage*, Desclée de Brouwer, 1968.
Gérald Antoine, *les Cinq Grandes Odes de Claudel ou la Poésie de la répétition*, Lettres Modernes, 1959 et *l'Art du comique chez Claudel*, in C. P. C. 2, Gallimard, 1960.

II. *La Femme et l'Amour*
Simone de Beauvoir, *Claudel et la Servante du Seigneur*, in *le Deuxième Sexe*, t. I, Gallimard, 1949.
Jacques Duron, *le Mythe de Tristan*, in *N. R. F.*, septembre 1955.
Ernest Beaumont, *le Sens de l'amour dans le théâtre de Claudel, le thème de Béatrice*, Lettres Modernes, Paris, 1958.
P.-A. Lesort, *l'Amour et la Vallée de larmes*, in *Entretiens sur Paul Claudel*, Mouton, 1968.
B. Howells, *Sur la trace de Camille Claudel dans l'œuvre de son frère*, in R. M. Paris, *Camille Claudel*, Gallimard, 1984.

III. *La Musique*
Joseph Samson, *Paul Claudel poète-musicien*, Milieu du monde, 1948.
A. Espiau de la Maestre, *Claudel et la Musique*, in *Les Lettres romanes*, tome XIII, 1959, Louvain.

IV. *La Bible*
R. P. Rywalski, *Claudel et la Bible*, Aux Portes de France, Porrentruy, 1948.
H. I. Marrou, *Dans la plénitude de la foi*, in « Vie Intell. », mai 1948.
J. Grosjean, *Claudel biblique ou non*, in *N. R. F.*, septembre 1955.
Célestin Charlier, *Paul Claudel et la Bible*, in *Bible et Vie Chrétienne*, nov. 1955.
Pierre Grelot, *les Commentaires bibliques de Claudel*, in *Recherches et Débats* n° 65, Desclée de Brouwer, 1969.
Jacques Petit, *Claudel lecteur de* la Bible, Minard, 1981.

V. *Thèmes divers*
A. du Sarment, *Paul Claudel et la Liturgie*, Desclée de Brouwer, 1942.
Michel Carrouges, *la Symbolique de Claudel*, in *Éluard et Claudel*, Éd. du Seuil, 1945.
Georges Poulet, *les Métamorphoses du cercle* (chap. XVII), Plon, 1961.
Jean-Paul Weber, *Genèse de l'œuvre poétique* (chap. VI), Gallimard, 1960.
Jean Rousset, *la Structure du drame claudélien*, in *Forme et Signification*, Corti, 1962.
G. Gadoffre, *Claudel et l'univers chinois*, C.P.C. 8, Gallimard, 1968.
G. Gadoffre, *les Trois Sources de l'analogie claudélienne*, in *French Studies*, mars 1960.
Pierre Emmanuel, *Claudel et le mythe grec*, in *le monde est intérieur*, Seuil, 1967.
A. Vachon, *le Temps et l'Espace dans l'œuvre de Paul Claudel*, Éd. du Seuil, 1965.
J. Petit, *Genèse et thèmes de « la Ville »*, in *la Ville*, éd. critique, Mercure, 1967.
J. Petit et coll., *Claudel et l'Histoire*, Lettres Modernes, 1967.
J. Petit, *Claudel et l'Usurpateur*, DDB, 1971.
La Figure d'Israël, C.P.C., 7, Gallimard, 1968.
J. de Labriolle, *le Christophe Colomb de Claudel*, Klincksieck, 1972.

Illustrations

Nous remercions particulièrement Monsieur Pierre Claudel et Madame Jacques Nantet, Madame Jacques de Massary, Monsieur et Madame Henri Hoppenot, Monsieur François Chapon, de l'aide qu'ils nous ont apportée dans nos recherches.

Arch. Claudel/Friedland : p. 1 cv, pp. 4, 20, 23, 39, 43, 56, 132, 135. - Arch. Claudel, Seuil : pp. 18, 24, 25, 54, 67, 73, 100, 104, 115, 125. - Henri Hoppenot : pp. 99, 101, 102, 103. - Collection particulière : pp. 59, 60, 63. - Collection François Chapon : pp. 48, 49, 50, 51. - Fonds Doucet/Seuil : pp. 2, 35, 66, 71, 93, cv 3. - Bibliothèque Nationale/Seuil : p. 131. - Yves Gillon/Seuil : pp. 9, 10, 13, 15, 37, 45, 81, 85. - Lipnitzki : p. 55. - Roland Bardet : p. 27. - Harlingue : pp. 94, 122. - Magnum : pp. 89, 109, 128. L'Illustration : pp. 116, 117. Travaux photographiques : *Publicité Roland Bardet*.

Index

Thèmes

Absence : 61, *89-91*, 98, 111, 112.
Action de grâces : 72, 91.
Amour : 22, 29, 33, 41, 43, *51-55*, 68, *69-70*, 74, 83, 84, 86, 87, 90, 95, 111.
Anima : 42, 112.
Bible : 22, 28, 33, 61, 76, 102, 112, 116, 118, *119-127*, 133.
Cause : 32, 46, 57, 58.
Clef : 61, 63.
Composition : 44, *57-63*, 129.
Co-naissance : 12, *58*, 63, 72, 96, 124.
Contrat : 16.
Corps : 44, 58, 83, 86, 102, 111.
Création : 46, 59, 72, 74, 75, 79, 110, 112, 119.
Désir : 7, 17, 22, 29, *31-33*, 36, 39, 40, 41, 42, 43, 90, 106, 110, 111, 125, 127.
Eau : 42, *67-69*, 75, 87, 102, 110, 125.
Église : 8, 32, 70, 75, 87.
Esprit : 67, 68, 69, 72.
Exil : 36, 39, 42, 118.
Femme : 32, 34, *41-42*, 75, *111-113*.
Feu, flamme : 22, 32, 42, *51*, 54, 74, 87, 110, 111, 125.
Fin : 46, 82.
Foi : 26, 28, 41, 46, 74.
Forme : *58-61*.
Grâce : 38, 40, 41, 52, 72, 88, 110, 112, 118.
Harmonie : 58, 61, 96, 98, 110, 124, 130.
Histoire : 22, 61, 96, 108, 123, 124, 126, 127, 133.
Israël : 96, 132.
Joie : 29, 33, 34, 47, 70, 73-74, 88, 110.
Justice : 34, 46, 74, 87, 96, 110.
Liberté : 40, 41, 46, 57, 67, 74, 98, 110.
Liturgie : *74-80*, 87, 98, 112, 120.
Loi : 24, 36, 41, 52, 74, 82.
Lumière : 67-68, 96.

Lune : 98, 107, 113, 134.
Mal : 46, 84.
Mariage : *82-83*, 95, 111.
Mer : 36, 80, 99, 102, 110, 118.
Métaphore : 61, 67, 118, 124.
Mort : 17, 21, 31, 32, 46, 53, 55, 57, 63, 69, 75, 95.
Naissance : 87, 88.
Nature : 59, 115, 127, 128.
Noël : *26-30*, 39, 70, 72, 87, 92.
Offrande : 7, 33, 46, 47, 98.
Ordre : 16, 61, 96.
Parole : 33, 36, 37, 63, 79.
Peur : 34, *41*.
Pierre : 74, 87.
Poids : 87.
Possession : 17, 36, 40, 51, 74, 92, 98.
Prière : 47, 72, 75, 87.
Puissance : 7, 33, 35.
Rire : 31, *99-12*, 98.
Rond : 107, 111, 134.
Rose : 65, *68-70*, 72, *90-91*, 98, 114.
Sacerdoce : *46-47*, 72.
Sacrifice : *36-38*, 47, 53, 82, 84, 91, 95, 106.
Soleil : 7, 11, 32, 33, 70, 123. 134.
Solitude : 17, 19, 21, 33, 39.
Souffle : 7, *33*, 48, 69, 74, 79.
Symbole : 32, 44, 67, 75, 114, 116-119, 121, 124, 126, 129.
Temps : 44, *57-61*, 83, 89, 95, 124, 127.
Terre : 36, 38, 44, 72, 80, 96, 106, 118, 119.
Univers : 12, 16, 44, 48, *57-61*, 75, 79, 105, 110, 118, 130.
Ville : 22, 34.
Villeneuve : *11-17*, 80.
Vocation : 30, 31, 34, 35, 43, 48, 57, 63, 72, 82, 87, 88, 95, 105, 106, 118, 127.

Œuvres

Annonce faite à Marie, 14, 19, 38, *83-88*, 92, 97, 120.
Art poétique, 12, 16, *57-63*, 108, 114, 124, 126.
Au milieu des vitraux de l'Apocalypse, 123.
Cantate à trois voix, 63, 69, *88-91*, 96, 97, 112.
Cent Phrases pour éventail, 69.

Connaissance de l'Est, 42, *43-44*, 58, 112, 130.
Conversations dans le Loir-et-Cher, 19, *113-114*, 117, 118, 119.
Corona benignitatis anni Dei, 74, 78, 79.
Échange, 14, 16, *40-42*, 46, 52, 92, 133.
Endormie, 31, 92.

Esprit et l'Eau, 61, *67-69*, 75, 130.
Femme et son Ombre, 112.
Festin de la sagesse, 113.
Fragment d'un drame, 31.
Homme et son Désir, 100, 112.
Introduction à la peinture hollandaise, 44, *129-130*.
Introduction au Livre de Ruth, 126-127.
Jeanne au bûcher, 113, *127*.
Jeune Fille Violaine, 14, 19, *36-38*, 42.
Journal, 19, 64.
Livre de Christophe Colomb, 113, *118*.
Magnificat, 29-30, 72, 75.
Maison fermée, 61, 74.
Mémoires improvisés, 11, 19, 40, 84, 133.
Messe là-bas, 69, 96, 97, 98, 102, 106.
Muses, 41, 47, *48-51*.
Muse qui est la grâce, 41, *72-74*, 79, 112.
Ode jubilaire, 70, 111-112.
Œil écoute, *128-131*.
Oiseau noir, 69, 112, 116, 117, 128.

Otage, *16-17*, *80-83*, 96, 97.
Ours et la Lune, 98.
Pain dur, 16, 19, 80, 82, *95-96*, 97.
Partage de Midi, 14, 17, 38, 41, 42, *51-55*, 57, 65-66, 69, 92, 107, 108, 111, 133.
Paul Claudel interroge l'Apocalypse, 123, 126, 133.
Père Humilié, 14, 19, 80, 83, *95-96*, 97.
Présence et Prophétie, 132-133.
Processionnal, 74-77.
Protée, 14, *92*, 97.
Repos du septième jour, 42, 44-47, 57.
Seigneur, apprenez-nous à prier, 131.
Soulier de Satin, 14, 41, 42, 53, 69, 83, 92, *105-111*, 112, 116.
Tête d'Or, 5-7, 14, *31-33*, 35, 79, 92, 112, 133.
Un poète regarde la Croix, *124-126*, 129.
Vers d'exil, 36, 43.
Ville, 14, 30, *33-35*, 36, 39, 42, 46, 47, 111, 112.

Table

5 La voix de Paul Claudel
7 Tête d'Or au naturel
11 Villeneuve-sur-Fère-en-Tardenois
14 Turelure et Coûfontaine
19 Taine-et-Renan
24 Arthur Rimbaud
26 Noël 1886
31 Le combat spirituel
36 Menace de Violaine
39 Ma vie est à moi
42 Dis-moi ce que tu veux
48 Partage de Midi
57 L'heure et la cause
64 Tu n'es plus nulle part, ô rose
70 Ces choses bien grosses
74 Poésie et liturgie
80 Mon grand ennemi
83 La pierre et le feu

88 Le bonheur dans le moment
91 Ris, immortel!
95 La vraie vie est absente
96 Aucune demeure
105 Quelque chose de nécessaire
107 Le rond complet
111 La Lune parfaite
113 Le domaine de la signification
116 Cette rive ultérieure
119 La grande enquête symbolique
123 Le temps retrouvé
128 La limite des deux mondes
130 A livre ouvert
133 Figure et Parabole
136 *Notes et références*
146 *Chronologie*
172 *Bibliographie*
191 *Index*

ACHEVÉ D'IMPRIMER EN 1985 PAR L'IMPRIMERIE TARDY QUERCY S.A. - BOURGES
D. L. 1er TRIM. 1963 - N° 1417.6 (12132)